JN290796

生活保護の経済分析

阿部　彩・國枝繁樹
鈴木　亘・林　正義

東京大学出版会

The Economics of Public Assistance in Japan
Aya ABE, Shigeki KUNIEDA, Wataru SUZUKI and Masayoshi HAYASHI
University of Tokyo Press, 2008
ISBN 978-4-13-040238-5

はしがき

　貧困問題に対処する公的扶助制度の設計は経済学おける最も重要な課題の一つであり，特に欧米では，公共経済学や労働経済学と呼ばれる分野において，数多くの重要な研究が蓄積されてきている．その一方，日本の近代経済学では公的扶助（生活保護）研究が正面から取り組まれてきたは言い難く，むしろ，関心さえも十分に持たれることはなかったようだ．これには様々な要因が推測されるが，その結果，日本の経済学者は，公共経済において公的扶助が重要な問題であるにもかかわらず，本来期待されるべき役割を十分に果たすことができなかったといえるだろう．

　しかし，近年，経済格差やワーキングプア等に対する社会的関心が大きくなるにつれ，少なくない経済学者が研究対象として生活保護に関心を持ち始めたのも事実である．また，公的な審議会や研究会では，経済社会の変化に応じた生活保護改革が探られており，複数の報告や提言が頻繁に行われている．その潮流としては，欧米の公的扶助改革にならい「福祉から雇用へ」というかけ声の下，受給者が「貧困の罠」から抜け出すためのインセンティブ設計に力点が置かれているようである．インセンティブにかかわる問題は経済学の接近法が最も得意とするところであり，このことも経済学者の関心を喚起しているのであろう．

　このような背景のもと，本書は次のような目論見のもと企画された．第1に本書では，公的扶助（生活保護）に関わる経済理論および実証分析を，日本の生活保護の文脈でコンパクトに紹介する．この作業は既述の理由で，主に欧米で蓄積された研究に依存せざるを得ない．しかし，経済分析の観点から生活保護を包括的に検討した類似書が存在しないことを鑑みると，日本における既存の公的扶助論からは得られない知見を得ることができるであろう．また，これから公的扶助に関わる諸問題に経済学的に接近しようとする読者にとっては，便利な水先案内にもなるだろう．

　第2に本書では，他の社会保障制度や行財政制度との関わり合いから，生活保護制度の問題点を浮き彫りにすることを目的とする．生活保護は最後の安全

網であるから，その役割は他の社会保障制度のありかたに大きな影響をうける．また，生活保護は地方によって実施されることから，社会保障制度における国と地方の役割分担という視点も重要になる．幸いこれらの隣接制度に関する研究は比較的豊富であるから，それらの成果を生活保護に引き寄せて再吟味することによって，生活保護制度の理解を深めることができるであろう．

　本書の執筆にあたっては，研究者だけではなく，生活保護や社会保障に関心のある一般の読者にも親しんでいただけるように配慮したつもりである．本書は，阿部，國枝，鈴木，林の共著となっているが，実際は，第6章を除き，章単位で各人が執筆を等しく分担している（その意味で，本書の著者名は五十音順で表記している）．また，各章には政策提言的な記述もあるが，そこでは共著者間で多少の温度差が感じられる部分があるかもしれない．これは生活保護が再分配に関わる問題であることを反映した当然の結果であり，むしろ，筆者間の相違点を発見し，楽しんでいただければと思う．残念ながら，筆者達が直面した様々な制約もあり，十分に意を尽くせなかった部分があるかもしれないが，上に述べた本書の目論見がどの程度成功しているかは，読者の方々に判断して頂くしかない．たとえ沢山のご批判やお叱りを頂くことになったとしても，本書が今後期待される経済学による本格的な生活保護研究の契機となればそれに代わる喜びはない．

　本書は，科学研究費補助金（基盤研究A）「アジアの税制改革──少子高齢化とグローバル化への対応」（研究代表者：田近栄治）からの助成を得て開催した，複数の研究会合（定期研究会，国際シンポジウム，および，国内カンファレンス）の成果に基づいている．これらの会合は少子高齢化と公的扶助という2つのトピックについて進められたが，公的扶助に関わるパートの幹事を國枝と林がつとめ，本書の執筆者全員がこれらに研究メンバーとして参加した．特に2006年度から行ってきた定期研究会（公的扶助パート）では，木村陽子（総務省），福本浩樹（厚生労働省），安部由起子（北海道大学），北澤剛（神奈川県），および，玉田桂子（福岡大学）の諸氏に講師を引き受けて頂いた．また，2007年2月には内外から専門家を招き，Social Policy in Asiaと題した国際シンポジウムを開催した．特に公的扶助に関する部分では，橘木俊詔（同志社大学），Mukul G. Asher (National University of Singapore), Peter

Wen-Hui Cheng（Tatung Institute of Commerce and Technology），金早雪（信州大学），上村泰裕（法政大学）の諸氏が，発表者もしくは討論者として快く参加してくださった．さらに 2007 年 9 月には，本書の草稿を共著者達が発表する形で 2 日間にわたるカンファレンスを開催した．その際に，岩田正美（日本女子大学），木村陽子（総務省），駒村康平（慶応義塾大学），熊谷成将（近畿大学），阪東美智子（国立保健医療科学院），山重慎二（一橋大学）の諸氏から，討論者として有益なコメントを頂いている．これら折々の研究会合でご協力頂いた諸先生方には，ここで改めて感謝申し上げたい．

　また，一橋大学国際・公共政策大学院公共経済プログラムの教員・スタッフおよび大学院経済学研究科事務室の方々にも感謝したい．特に，本研究の母体となった科学研究費プロジェクト「アジアの税制改革——少子高齢化とグローバル化への対応」の研究代表者である田近栄治，ならびに，同プロジェクト運営の中心となられた渡辺智之の両先生には，この研究を自由に企画させて頂いただけではなく，研究遂行の様々な局面で頼もしい援護射撃を頂戴した．また，多数の研究会合の準備やその他煩雑な事務手続きで，渋谷米子および杉本浩子の両氏には何度もご迷惑をおかけした．

　最期に，本書の企画段階では池田知弘氏に，また，原稿のチェックから出版に至るとりまとめにあたっては東京大学出版会の白崎孝造氏にお世話になった．特に白崎氏には，突然の担当にもかかわらず，短い期間で手際よい編集の労をとって頂いた．記してお礼申し上げる．

2008 年 2 月

共著者を代表して
林　正義

目　次

はしがき　i

序章　生活保護制度の現状と本書の課題──────林正義　1
1. はじめに　1
2. 生活保護制度　3
3. 生活保護の現状と動向　10
4. 本書の特徴とねらい　13

第Ⅰ部　貧困の現状と経済理論

第1章　日本の貧困の実態と貧困政策──────阿部彩　21
1. はじめに──格差と貧困　21
2. 最低生活（貧困基準）の定義　23
3. 日本の貧困率の現状　28
4. 社会保障と税の防貧機能　42
5. おわりに　47

第2章　公的扶助の経済理論Ⅰ：公的扶助と労働供給──國枝繁樹　53
1. はじめに　53
2. 公的扶助政策の目的　54
3. 伝統的な公的扶助政策──最低所得保障政策と「貧困の罠」　56
4. 「負の所得税」の理論と実証　57
5. 低所得への補助金──勤労所得税額控除　60
6. 低所得者の労働供給行動──実証研究　63
7. 最適な公的扶助制度の経済理論　66
8. taggingの経済学──カテゴリー別の公的扶助政策の必要性　69
9. 現金給付と現物給付　70
10. 経済厚生以外の目的──最低所得保障その他　73
11. おわりに──我が国における公的扶助政策をめぐる議論への含意　75

第3章　公的扶助の経済理論Ⅱ：公的扶助と公的年金──國枝繁樹　81
1. はじめに　81
2. 公的年金と生活保護をめぐる最近の議論　82
3. 高齢者世帯を対象とした公的扶助制度と公的年金──理論的分析　88
4. 最適な最低所得保障年金のデザイン──限界税率の設定　97
5. 最適な最低所得保障年金のデザイン──高齢者に保障されるべき最低所得　101
6. 最適な最低所得保障年金──財源確保の方法　105
7. おわりに　109

第Ⅱ部　生活保護制度と関連領域

第4章　国民年金の未加入・未納問題と生活保護──阿部彩　115
1. はじめに──社会保険と生活保護の補完性　115
2. 生活保護と公的年金　119
3. 国民年金の未加入・未納の動態と政府の対応　122
4. 未加入・未納者の属性　126
5. 未加入・未納の動態　134
6. 国民年金の未加入・未納の要因分析　137
7. 結語──高齢者の生活保障を何が担うべきか　143

第5章　医療と生活保護──鈴木亘　147
1. はじめに　147
2. 国民健康保険の未納問題　150
3. 医療扶助費の実態　154
4. 医療扶助の適正化をどのように進めるか　159
5. おわりに──医療扶助と医療保険の一体的改革を　166

第6章　就労支援と生活保護──阿部彩・國枝繁樹・鈴木亘・林正義　173
1. はじめに　173
2. 積極的雇用政策の経済分析　176
3. 母子世帯への就労支援　179
4. ホームレスへの就労支援　190
5. おわりに　194

補論：就業継続期間の分析　198
1. はじめに　198
2. データ　198
3. 分析結果　199

第7章　ホームレス対策と生活保護─────鈴木亘　205
1. はじめに　205
2. ホームレスの現状と対策　206
3. ホームレス問題の経済分析　218
4. おわりに──ホームレス問題の抜本的対策に向けて　231

第8章　地方財政と生活保護─────林正義　239
1. はじめに　239
2. 生活保護と地方行財政制度　241
3. 国際比較　248
4. 地方による再分配政策の経済分析　256
5. おわりに　265

索引　269

序　章　生活保護制度の現状と本書の課題

　　　　　　　　　　　　　　　　　　　　　　　　　　　林　　正義

1. はじめに

　生活保護制度は貧困から人々を救い，すべての国民に対して健康で文化的な生活を保障する最後の安全網とされている．現行の生活保護は1950年に制定されて以来，半世紀以上その原型を保ったままであり，高齢化の進行や格差顕在化といった社会経済状況の変化の中で，以前に増して制度疲労を起こし，抜本的な改革が必要であると議論されるようになっている．

　例えば，2000年国会における，いわゆる社会福祉基礎構造改革関連法案の成立に際し，生活保護について十分検討すべき旨の附帯決議が採択されている．社会保障審議会においても2003年6月の「今後の社会保障改革の方向性に関する意見」において生活保護のあり方についてより専門的に検討していく必要性が示されるとともに，同年8月には福祉部会に専門委員会が設置され，2004年12月に生活保護改革の方向を示した報告書が提出されている（生活保護制度の在り方に関する専門委員会 2004）．

　また財政再建の観点からも生活保護が再び俎上に登るようになった．「骨太の方針2003」において経済財政諮問会議は，その他福祉の各分野とともに生活保護においても各種の改革を推進することを強調し，2005年の三位一体改革においては，地方への生活保護基準の権限移譲とともに国庫負担の削減や一般財源化が提案された．これが地方に与えたインパクトは小さくなく，2005年4月から国と地方の関係者からなる「生活保護費及び児童扶養手当に関する関係者協議会」が開催され，それぞれの立場から生活保護行政に関する分析と議論が行われた[1]．同協議会は結論を出せないまま同年11月に打ち切りとな

---

[1] 同協議会の記録には厚生労働省ウェブサイト内の「厚生労働省関係審議会議事録等：その他

ったが，同月中に全国知事会と全国市長会が「生活保護制度等の基本と検討すべき課題」と題したアピールを行い，これを受けて学識経験者と地方公共団体関係者による検討会が組織され，翌年10月に提言を行っている（新たなセーフティーネット検討会 2006）．

このような政策動向や社会的関心にもかかわらず，我が国の公共経済学は一部の貧困研究を除いて（e.g., 駒村 2003, 橘木・浦川 2006），生活保護（公的扶助）を十分に研究してきたとは言い難いようである．もちろん経済学者は，多くの社会保障研究を行ってきたが，それらは年金制度のように社会保険制度を主とした「泥臭くない」分野が中心ではなかったであろうか[2]．また経済学者が生活保護に関して発言をする場合，多くは，その実態を十分に考察することなしに，特定の観点からの議論に終始しているのではないであろうか．いずれにせよ，このような我が国の現状は，公的扶助政策に関して理論的にも実証的にも数多くの研究蓄積がある欧米の公共経済学（e.g., Boadway and Keen 2000）とは驚くほど対照的である．

このような問題意識のもと，本書は既存の研究に対して新たな視角を提供することを目的に，主に経済学の観点から，我が国の生活保護制度に関わる諸問題に対して理論分析や実態分析を行うものである．特に本書では生活保護制度だけではなく，同制度に隣接する各種の社会保障制度や行財政制度との関わり合いからも分析が加えられる．本序章では，本書における議論の前提知識となる生活保護の仕組みと実態，ならびに，本章につづく各章のねらいについて解説を加える．まず，つづく第2節において公的扶助に関する概念を整理するとともに，我が国の生活保護制度の歴史と仕組みを簡単に概観する．そして，第3節において，生活保護の実態と傾向を簡単に確認した後に，第4節においてつづく各章の位置づけを明らかにしながら，本書の特徴とねらいを解説したい．

（検討会，研究会等）」（URL: http://www.mhlw.go.jp/shingi/other.html#syakai）の「生活保護費及び児童扶養手当に関する関係者協議会」の項にリンクがある．また木村（2006）も参照せよ．

2) 例えば，定評のある社会保障に関する経済学の教科書（e.g., 小塩 2005）をみても，年金や健康保険などの社会保険に関しては多くの部分が充てられているが，公的扶助に関してはほとんど議論されていないようだ．また，日本における公共経済学一般に関する教科書をみてみても，広くは再分配政策，狭くは公的扶助に関する部分は隅へと追いやられている感がある．

2. 生活保護制度[3]

2.1 所得保障と公的扶助

我が国の生活保護制度は，ひろく所得保障（income maintenance）と呼ばれる機能の一形態を有する．所得保障制度とは，個人所得の減少・中断・喪失や必要な支出の増加による生活破綻を防ぐための仕組みであり，その機能は次の2つの軸を用いて類型化できる．

第1は防貧と救貧という軸である．防貧とは生活の破綻を事前に防止することをさし，救貧とは生活が破綻した者を事後的に救済することをさす．後述のように，保険料の納付を給付要件とする社会保険は防貧を主たる機能とし，公的扶助たる生活保護はもっぱら救貧をその機能としている．

第2は従前生活保障と最低生活保障という軸である．従前生活保障は，極端な所得の落ち込みによる生活の混乱を回避することを目的とする．本来それは，それまでの生活水準を保障することを目指すものであるが，公共部門による場合，従前所得の全額は保障されず，公的年金の所得比例部分や失業給付のように従前所得の一定割合になる場合が多い．一方，最低生活保障は，人として生活するために必要な最低限の所得水準を維持することを目的とする．生活保護は，この最低生活保障を目的としている．

所得保障制度は，給付要件と資金調達という観点から，主に，社会保険，社会手当，そして，公的扶助に区別される．我が国の社会保険には失業保険や国民年金などがある．これらの受給は，一定期間定められた保険料を支払うという要件を満たすことによって初めて可能となる．社会保険は部分的に租税を原資にすることがあるが，原則，保険料で賄われ，その会計は政府の一般会計とは別立になっている．その一方，社会手当と公的扶助には拠出要件はない．社会手当と公的扶助は，給付対象制限や資力調査（means test）の有無によって区別される．社会手当は給付の対象が子どもをもつ者や障害者など特定の範疇にある人々に限定される．社会手当は，狭義には，給付対象ならば無条件に

---

[3] 本節の執筆にあたっては複数の社会福祉関連の解説書も参照した．類似書は多数存在するが，ここでは特に，坂田（2000），武川（2001），加藤ほか（2007），岩田ほか（2003）を掲げておく．

与えられるデモグラント（demogrant）を意味するが，日本の児童手当のように所得制限があっても特定の対象に給付されるならば社会手当と呼ばれることもある．

一方，公的扶助は，ナショナル・ミニマムとしての生活水準を保障する点において社会手当と異なり，最低生活水準に足りない部分を補うように給付される．したがって，我が国における公的扶助たる生活保護制度では，給付にあたり，保護申請者の資力（資産，所得，稼得能力）が調査される[4]．

2.2 日本における公的扶助制度の展開

近代国家としての日本の公的扶助は，1874年の恤救規則に始まる．しかし，前文と5条からなる同規則は，救済要件が非常に厳しく[5]，大正から昭和にかけて発生した社会不安や貧困者の増大に応えられるものではなかった．したがって，保護対象を拡大すべく，新たに救護法が1929年に定められた（ただし，当時の財政難より実施は1932年）．救護法では，生活扶助・医療扶助・助産扶助・生業扶助という区分，市町村長による救護実施，国庫による救護費用の補助（5割以内）など，現在の生活保護制度につながる制度が定められている．

日中戦争から太平洋戦争の戦時体制において日本の公的扶助は拡大する．兵役で世帯主が離れた家庭や戦死した遺族の生活保障が問題となり，軍事扶助法（1937年），母子保護法（1937年），医療保護法（1941年），戦時災害保護法（1942年）が制定された．これら戦時立法により，複数の扶助制度が分立することになり，それらの被保護者は以前から存在していた救護法による被保護者を上回るほどであった．

太平洋戦争終了直後の日本では，従来の制度では対応不可能となるほどの，大量の戦災者・引揚者・離職者が発生することになった．そのため，1945年に生活困窮者緊急生活援護要綱が閣議決定され（翌年4月から実施），1946年に

---

4) なお社会手当を含む租税が充当される給付一般を広義の「公的扶助」とする定義もある．本書の第1章も参照せよ．

5) 恤救規則による救済の対象者は，①重度の身体障害者，②70歳以上の高齢者，③重病人，④13歳以下の児童であり，かつ，親族など身よりがなく，労働不能で，極貧のものであるという条件が付いていた．

は，連合軍総司令部（GHQ）の覚書（SCAPIN 775）を受け（旧）生活保護法が制定される（9月交布・翌月実施）．この戦後最も早く制定された福祉法制は，保護の無差別平等原則を明示した日本初の公的扶助に関する基本法であり，当時複数の法規に分散していた救済制度を改廃・統一することになった．なお，旧生活保護制度における生活扶助基準は戦中最も高かった軍事扶助法の基準を改定したものであった．

社会保障審議会が「生活保護制度の改善強化に関する勧告」（1949年）で示したように，旧生活保護法はいくつかの不備を有していた．勧告では特に次の3点が指摘されている．第1は，同年公布され翌年施行された日本国憲法25条（生存権規定）との関係である．憲法公布前に制定された旧生活保護法には社会権に関する言及はなかった．そこで，憲法25条にある「健康で文化的な水準」をもって国家責任として保障される最低生活水準とすることが勧告された．第2は，生活保護請求権の明示である．生活に困窮した国民の当然の権利として保護を請求できることを明示し，不服がある場合の権利保障措置を明らかにするよう求められた．第3は欠格条項に関する．旧生活保護法には品行が著しく粗悪な者は保護されないという欠格条項が存在していたが，その具体的な判断基準が明示されていなかった．したがって，恣意的な運用が懸念され，欠格の基準を明確にするよう勧告された．

こうして旧生活保護法が改正されるかたちで，1950年に（新）生活保護法が制定された．その1条では「この法律は，日本国憲法25条に規定する理念に基づき，国が生活に困窮するすべての国民に対し，その困窮の程度に応じ，必要な保護を行い，その最低限度の生活を保障するとともに，その自立を助長することを目的とする」とされ，憲法25条に基づく国家責任として生活保護が行われることが明示された．そしてこの法律は現在まで，半世紀以上にわたって日本の公的扶助の基本法として機能することになる．

2.3　生活保護の原理と原則

生活保護法の2条から4条は，同法が基づく思想と運用にあたっての判断基準として3つの「原理」を示している．第1は，無差別平等の原理（2条）である．生活保護を請求する権利（保護請求権）はすべての国民に無差別平等に

与えられる．ここで無差別平等とは，生活困窮原因・人種・信条・性別・社会経済的地位などによる優先的もしくは差別的な取り扱いを受けないことを意味する[6]．第2は最低生活の原理（3条）である．生活保護法における最低限度の生活とは，「健康で文化的な生活水準を維持することができるもの」とされ，単なる衣食住に足りる水準を超えた水準であることが明示されている．第3は，補足性の原理（4条）である．資産があるものは資産を（資産活用），稼働能力があるものは労働を（能力活用），家族・親類の援助があるものはその援助を（扶養義務の履行），そして，他の公的援助が利用可能ならば当該制度を（他法活用）優先活用しなければならない．これら利用できる手段を尽くしても最低限度の生活が不可能な場合に生活保護が与えられる．

これら3つの原理に対し，生活保護を実施するための手順として4つの「原則」が規定されている．第1は，申請保護の原則である（7条）．保護請求権が無差別平等に認められるとしても，保護を受けるためには要保護者による申請が必要である[7]．第2は基準及び程度の原則である（8条）．生活保護法の「健康で文化的な生活水準」の具体的な基準は厚生労働大臣（国）が別途設定し，給付金額は当該水準のうち要保護者が自ら満たせない部分を補う程度を超えないことが要請されている．第3は必要即応の原則であり（9条），年齢・性・健康等の違いによる個別的なニーズに応じて保護を行うことが求められている．第4は世帯単位の原則である（10条）．これは，原則的には，世帯を単位として保護の要否や給付額が決定されることを意味する．

2.4 生活保護給付の算定

世帯単位の原則に従い，要保護者の収入認定や給付額は世帯単位で算出される．ただし，保護されるべき人々が保護されない場合は，実際は同居している世帯員を書類上では別世帯とみなすこと（世帯分離）もある．また，世帯に保障される支出額である生活保護基準額は1カ月単位で算定され，保護世帯に収

---

[6] 既述のように，旧生活保護法では品行が著しく粗悪な者は保護されないと規定され，恣意的な欠格条項の運用が可能であったが，新法ではそのような欠格条項は存在しない．
[7] 場合により，要保護者の扶養義務者や他の同居の親族も申請することは可能である．また，急を要する場合は，本人の申請がなくとも保護の実施機関が職権として保護できる．

入があると認定された場合は，収入充当額としてみなされた部分を生活保護基準額から差し引いた金額が給付される（基準及び程度の原則）．

　生活保護基準額の算定では，給付額が世帯の困窮程度に対応できるように複数の扶助や特別加算が用意されている（必要即応の原則）．そのうち8つの扶助には年齢・世帯人員・所在地域などに応じて一般基準が設定されている．それらは，生活扶助（日常生活に必要な衣料費，食料費，光熱費など），教育扶助（学用品，学校給食費など），住宅扶助（家賃，補修など住宅維持費），医療扶助（治療費，薬剤費，治療材料費など），介護扶助（介護保険の自己負担部分など），出産扶助，生業扶助（生業に必要な資金，職業能力開発校等の費用），葬祭扶助（要保護者死亡の場合の葬祭経費）である．生活扶助には2007年度現在，8つの加算（妊産婦加算，母子加算，障害者加算，介護施設入所者加算，在宅患者加算，放射線障害者加算，児童養育加算，介護保険料加算）がある．以前は老齢加算[8]が存在したが，2004年度から段階的に減額され2006年度に廃止された．また母子加算[9]も，2007年度から3年間で段階的に廃止される予定である．

　これらの扶助や加算が合計されて生活保護基準額が決定される（図0-1）．なお，これら一般基準では対応できない場合は，一時扶助[10]のように特別基準による扶助が行われる．特別基準はその場限りのものとして公にされていないが，実務上は，支給事由，費目，上限額が定められ，その枠内で特別基準が設定されたものとされる．

　医療扶助と介護扶助では，サービス提供者に直接経費が支払われることによ

---

[8]　老齢加算としては，70歳以上を対象に「老齢者は咀嚼力が弱いため，他の年齢層に比し消化吸収がよく良質な食品を必要とするとともに，肉体的条件から暖房費，被服費，保健衛生費等に特別な配慮を必要とし，また，近隣，知人，親戚等への訪問や墓参などの社会的費用が他の年齢層に比し余分に必要となる」（昭和55年12月中央社会福祉審議会生活保護専門分科会中間とりまとめ）との理由から，例えば，東京等の都市部では月額1万7,930円が加算されていた．

[9]　母子加算としては，18歳以下の子どもがいる1人親世帯を対象に「母子については，配偶者が欠けた状態にある者が児童を養育しなければならないことに対応して，通常以上の労作に伴う増加エネルギーの補填，社会的参加に伴う被服費，片親がいないことにより精神的負担をもつ児童の健全な育成を図るための費用などが余分に必要となる」（出典：注8と同じ）との理由から，例えば，子どもが1人の場合は東京等の都市部で月額2万3,310円が加算されていた．

[10]　一時扶助は，保護開始時，出生，入学，入退院時に際して必要不可欠な物資を欠いており，かつ，緊急やむを得ない場合に限って支給される．

図 0-1 最低生活費の算定

生活扶助（生活費） ＋ 住宅扶助（家賃等） ＋ 教育扶助（義務教育費） ＋ 介護扶助（介護費） ＋ 医療扶助（医療費） ＝ 最低生活費

・このほか，出産，葬祭等がある場合は，その基準額が加えられる．

（収入充当額の計算）
　平均月額収入－（必要経費の実費＋各種控除）＝ 収入充当額

（扶助額の計算）
　最低生活費－収入充当額 ＝ 扶助額

出所：厚生労働省『平成 19 年度版　厚生労働白書』．

って，医療と介護サービスが現物給付される．これら以外にも必要に応じて現物が給付され，特に住居に関しては，保護施設への入所が可能である．保護施設には，救護施設（身体や精神の著しい障害をもつ要保護者），更生施設（身体や精神の理由により養護および生活指導を必要とする要保護者），医療保護施設（医療を必要とする要保護者），授産施設（身体や精神上の理由や世帯の事情により就業能力の限られている要保護者），および，宿所提供施設（住居のない要保護者）がある．

　現行の生活保護基準額は，水準均衡方式と呼ばれる，生活保護基準額を一般消費水準額の約 6 割で均衡させる方法で算定されている．標準世帯の生活扶助基準額の推移は表 0-1 のとおりである．生活保護基準額の設定に際しては，被保護世帯の人員の数や各世帯構成員の年齢などが考慮され，特に生活扶助，住宅扶助，葬祭扶助においては，地価を含む地域物価を斟酌した基準が設定されている．この基準は市町村を単位とした「級地」と呼ばれる 3 つの地域区分に従い，生活扶助の基準生活費に関しては，さらに各級地が 2 分割されている（表 0-2）．

　旧生活保護法が制定され，現行の水準均衡方式が用いられるまでに，生活保護基準額の算定方法は何度か変化している．以下では，特に生活扶助に関する算定方式の変遷を概観しよう．まず，旧生活保護法が施行された 1946 年からは標準生計費方式が採用された．これは戦前の救貧制度のうち最も給付水準が高かった軍事扶助法の基準を利用したものであり，その基準の根拠は明示されていない．

　1948 年 8 月からは，マーケット・バスケット方式が採用された．物品を買い物かごに入れて，最後にそれらの費用を合計するというイメージに由来する

表 0-1 標準世帯の生活扶助基準額の推移

(単位：円)

実施年度	標準3人世帯 1級地-1	
	基準額 (円)	前年比 (%)
1994	155,717	101.6
1995	157,274	101.0
1996	158,375	100.7
1997	161,859	102.2
1998	163,316	100.9
1999	163,806	100.3
2000	163,970	100.1
2001	163,970	100.0
2002	163,970	100.0
2003	162,490	99.1
2004	162,170	99.8
2005	162,170	100.0
2006	162,170	100.0
2007	162,170	100.0

出所：厚生労働省『平成19年度版 厚生労働白書』．

表 0-2 世帯類型別生活扶助基準 (2007年度)

(単位：円)

	標準3人世帯 (33歳男・29歳女・4歳子)	高齢単身世帯 (68歳女)	高齢夫婦世帯 (68歳男・65歳女)	母子3人世帯 (30歳女・9歳子・4歳子)
1級地-1	162,170	80,820	121,940	155,970
1級地-2	154,870	77,190	116,460	148,950
2級地-1	147,580	73,540	110,960	141,930
2級地-2	140,270	69,910	105,480	134,910
3級地-1	132,980	66,260	99,990	127,900
3級地-2	125,680	62,640	94,500	120,870

出所：厚生労働省『平成19年度版 厚生労働白書』．

この方式は，生活に必要な，飲食物，被服，家具什器などの費用を列挙し，その合計値として最低生活費を算定していた．しかし，この方式を適切に運営するためには，常に国民の消費状況を細部にわたって把握しなければならず，毎年の改訂作業が煩雑になるという問題があった．

このマーケット・バスケット方式は1960年度を最後に廃止され，翌年度からエンゲル方式が採用された．エンゲル方式は，日本人の標準栄養所要量を満たす飲食物費 (F) と，低所得者家計のエンゲル係数 (e) を利用する．エン

ゲル係数は，家計消費支出に占める飲食物費の割合であるから，家計消費支出が「飲食物費÷エンゲル係数」として得られるように，保護基準額は $(F) \div (e)$ として算出された．しかし，この方式は，飲食物以外の消費の変化を適切に反映させにくく，さらに当時の急速な経済成長もあって，一般勤労世帯の消費水準の半分にも満たない保護水準額が算定されていた．

このエンゲル方式は4年間で廃止され，一般勤労世帯所得との格差を縮めるために1965年度から格差縮小方式が採用された．この方式のもとでは，毎年の予算編成直前に算定される政府経済見通しによる民間消費の伸び率に若干の下駄を履かせた値を用いて保護基準額が改正されていった．この結果，1983年度には格差が66.4%までに縮小したため，1984年度以降は現行の水準均衡方式が用いられるようになった．

3. 生活保護の現状と動向

3.1 生活保護の現状

図0-2と図0-3は，2004年度の生活保護給付の内訳を表したものである．これらの表から，我が国の生活保護費に関して次の3点を指摘できる．第1に，支出目的別に生活保護費をみると（図0-2），総額約2.5兆円のうち，被保護世帯の医療支出に充てられる経費（医療扶助）が51.9%と半分以上を占めている．その一方，生活保護という言葉からイメージされる日常生活のための経費は，45.7%（生活扶助33.5%，住宅扶助12.2%）と半分にも満たない．第2に，受給世帯総数の構成比（図0-3）は，高齢者世帯46.7%，母子世帯8.8%，傷病者世帯24.8%，障害者世帯10.3%，その他の世帯9.4%となっており，高齢者と傷病・障害者世帯で約8割以上を占めている．第3に，条件さえ整えば稼働能力があると考えられる受給世帯（母子世帯およびその他）は受給世帯総数の2割以下である．公的扶助制度は，しばしば労働インセンティブとの関わり合いで批判されるが，このように就労が現実的な問題となる受給者が我が国の生活保護に占めるウエイトは小さい．

ここから，日本では単一の生活保護制度が性格の異なる対象を丸抱えしていることがわかる．主要な他の先進諸国では，無拠出の老齢年金制度や高齢者に

序　章　生活保護制度の現状と本書の課題　　　11

図 0-2　生活保護費

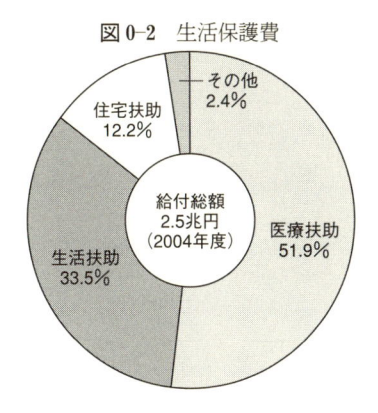

- その他 2.4%
- 住宅扶助 12.2%
- 生活扶助 33.5%
- 医療扶助 51.9%
- 給付総額 2.5兆円 (2004年度)

図 0-3　生活保護受給世帯数

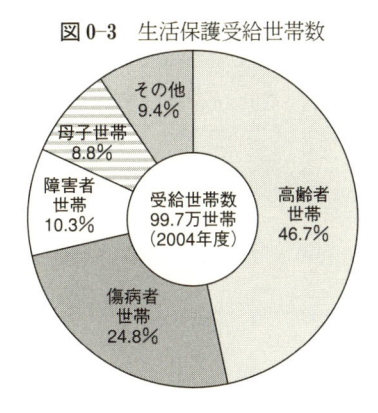

- その他 9.4%
- 母子世帯 8.8%
- 障害者世帯 10.3%
- 傷病者世帯 24.8%
- 高齢者世帯 46.7%
- 受給世帯数 99.7万世帯 (2004年度)

特化した公的扶助のように，高齢者に対する独立した所得保障制度が用意されている．また医療保障に関しても，租税方式による原則無料の医療給付制度であったり，公的医療保険による場合も保険料を公的扶助で支払い被保護者を公的医療保険制度内にとどめたりしている．いずれにせよ，日本の生活保護は，他の多くの先進諸国では独立した制度で対応している高齢者の所得保障や低所得者の医療保障までをも抱え込んでいることに留意する必要があろう．

3.2　生活保護費の動向

図 0-4 は，1975 年度からの生活保護費の推移を扶助別に示している．ここでは価格変動の影響を取り除くために，2000 年（暦年）基準のデフレータ（最終家計消費支出）を用いて生活保護費を基準化している[11]．保護費総額の推移は景気変動に対応しており，1985 年までは徐々に増加しているが，それ以降はバブル景気に歩調を合わせ 1992 年まで減少を続けている．それ以降は再び増加に転じ，特に 1990 年代終盤から，増加速度が大きくなっている．

図 0-5 は生活保護費総額の変化を扶助別に要因分解している．保護費の大部分を占めている医療扶助と生活扶助の変動が全体の変動の大部分を占めている．とりわけ医療扶助の変動は全期間を通じて大きく，特に 1970 年代後半や 1995

---

11)　なお 93SNA では 1994 年からのデフレータしか得ることができないため，1994 年時点で 68SNA を用いて算定された「長期推計」におけるデフレータと接続している．この方法には正確さに関して疑問は残るが，一応の趨勢をみる際には大きな問題はないであろう．

12　　序　章　生活保護制度の現状と本書の課題

図0-4　生活保護費の推移

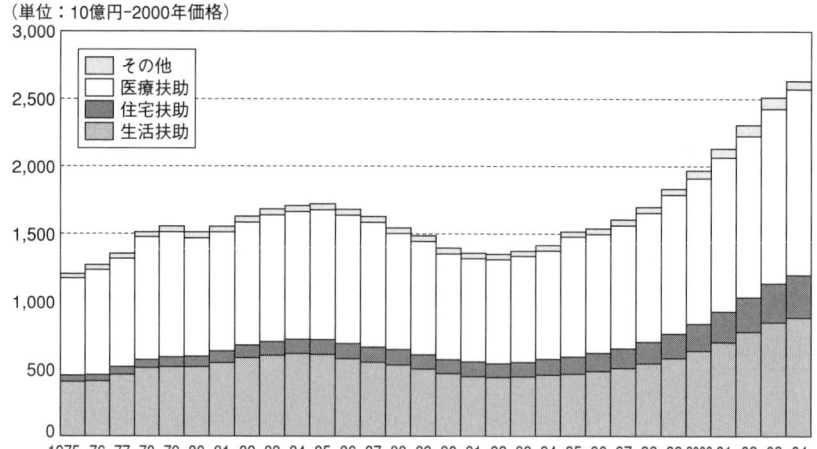

（単位：10億円-2000年価格）

出所：厚生労働省「生活保護費国庫負担金事業実績報告」，内閣府経済社会総合研究所「国民経済計算」．

図0-5　生活保護費変化率の推移と要因分解

（単位：％）

出所：厚生労働省「生活保護費国庫負担金事業実績報告」，内閣府経済社会総合研究所「国民経済計算」．

年以降現在までの期間が顕著である．また，「その他」の扶助は総量が小さいことから，その変動が保護費総額の変動に与える影響は小さかったが，特にここ数年（2000年以降）は，その影響は大きくなっている．なお景気の回復を反映してか2002年以降の生活扶助の効果は減少しているが，医療扶助の効果は

序　章　生活保護制度の現状と本書の課題　　　13

図 0-6　被保護世帯数の推移

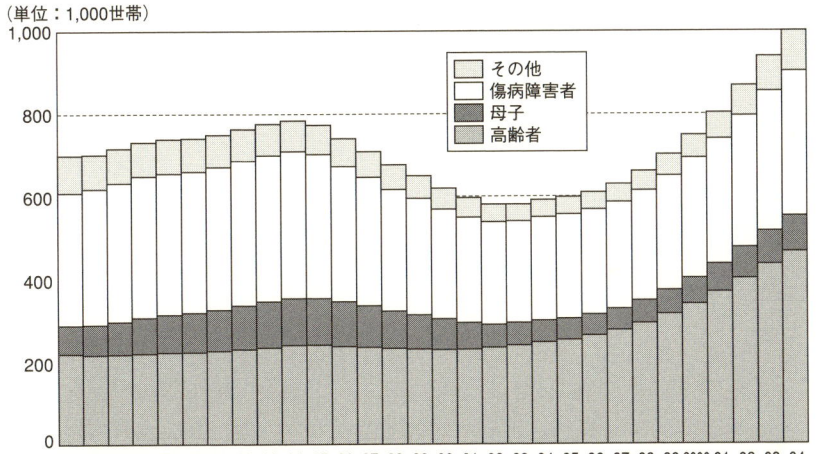

(単位：1,000世帯)

凡例：その他／傷病障害者／母子／高齢者

出所：厚生労働省「社会福祉行政業務報告」．

1997年から直近まで大きい値のままである．

3.3　被保護世帯数の動向

　図 0-6 は，1975年度からの被保護世帯数の推移を世帯属性別に示している．1984年までは徐々に増加し，それ以降は1992年まで減少しているように，ここでも被保護世帯総数はおおよそ景気の山と谷に対応している．これら世帯数の変化率を属性別に要因分解したのが図 0-7 である．この図から，1990年代以降，高齢者が全体の変動に与える影響が増大していることがわかる．このような高齢者世帯数は，他の世帯数の変化がすべて負の値を示していた時期（1991〜1993年）から正の値を示している．これは不況の影響がまず高齢者から現れたとも解釈できるが，さらにそれ以降の変動をみると，そこに高齢化の進展による低所得高齢者の増加という構造的要因が加わったと解釈できるであろう．

4．本書の特徴とねらい

　本書は2部から構成される．第Ⅰ部では既存の貧困研究や経済理論に基づい

図 0-7 被保護世帯数の変化率の推移

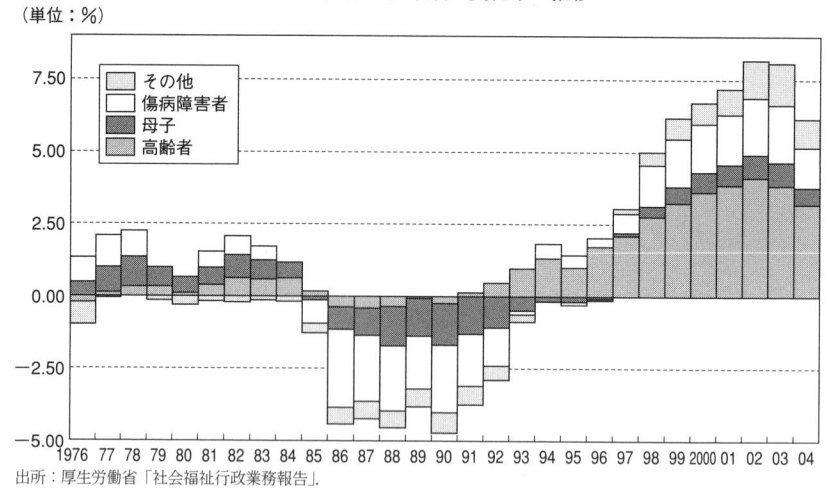

(単位：%)

凡例：その他／傷病障害者／母子／高齢者

出所：厚生労働省「社会福祉行政業務報告」．

て生活保護制度を検討するための理論的枠組みを提供する．第 II 部では生活保護制度の実際に重点を移し，同制度と隣接する社会保障・行財政制度との関連から生活保護制度のあり方を考察する．

4.1 第 I 部：貧困の現状と経済理論

我が国の公共経済学は，生活保護（公的扶助）制度の政策的・社会的な重要性にもかかわらず，当該制度を十分に研究してきたとは言い難い．しかし貧困研究そのものについては経済学以外の研究領域でもあることから，豊富な研究成果が蓄積されている．本書の第 1 章「日本の貧困の実態と貧困対策」では，これら貧困研究の成果に言及しながら，生活保護を検討するために必要となる我が国の貧困と貧困対策の実態を明らかにしていく．また同章では，生活保護基準の設定に大きく関連する，最低生活（貧困基準）の考え方についても議論の整理を行っている．

第 2 章と第 3 章では，我が国の公的扶助制度を評価する経済学的視点を提供することを目的に，欧米で展開されてきた公的扶助に関する経済理論を概観・整理している．第 2 章「公的扶助の経済理論 I：公的扶助と労働供給」は，「貧困の罠」や「負の所得税」などの古くからの論点に加え，情報の非対称性

を前提とした近年の理論分析の結果を踏まえて，稼働能力を有する世帯を対象とする公的扶助のあり方を議論している．つづく，第 3 章「公的扶助の経済理論 II：公的扶助と公的年金」は，老齢期の所得保障が若年稼働期の貯蓄行動に与える影響を理論的に議論し，望ましい高齢者の所得保障政策を考える理論的な枠組みを提供している．

4.2　第 II 部：生活保護制度と関連領域

　第 II 部は生活保護制度をそれに隣接する社会保障・行財政制度との関連において捉える試みである．生活保護は最後の安全網であるから，それがカバーする範囲は他の社会保障制度がカバーする範囲によって残余的に決定される．この公的扶助の残余性から，他の安全網の漏れが大きくなると公的扶助がカバーする範囲は量的にも質的にも必然的に増加する．したがって，生活保護を隣接する社会保障制度や行財政度との関わり合いから検討することは重要である．

　前節では高齢者世帯が被保護世帯数の約半分を占め，さらにその量は増加傾向にあることが示された．これには，急速に進む我が国の高齢化を反映しているだけではなく，老齢年金制度，特に国民年金による被保険者の取りこぼしやその給付水準のあり方が大きく関係していると考えられる．老齢年金と生活保護に関わる一般的な理論的分析は第 3 章で行われるが，より具体的な国民年金に関わる課題は，第 4 章「国民年金の未加入・未納問題と生活保護」で検討される．

　さらに前節では生活保護費のうち医療扶助の割合が半分を超えることも指摘した．この医療扶助のシェアの大きさは近年に始まったものではなく，1953 年に医療扶助費が生活扶助費を上回って以来，半世紀以上にもわたってつづいてきた．すなわち，生活保護制度は，そのリソースの大半を長期にわたって医療保障機能へと注いできたのである．第 5 章「医療と生活保護」では，この医療扶助がはらむ問題と低所得者に対する医療保障機能について検討が加えられる．

　このように高齢者や医療扶助が大半を占める日本の生活保護の現状は，「勤労意欲」との関連で語られる一般的な公的扶助のイメージとは大きくかけ離れている．実際に，勤労意力との関連で議論できるのは，全体の 2 割にも満たな

い母子世帯とその他の世帯の一部に限られるからである.

　そうであっても，就労との関連で公的扶助を議論することは非常に重要である．というのも，昨今の労働慣行の変化や所得偏在の顕在化を考えると，稼得能力を備えた人々に対する公的扶助のあり方は今以上に真剣に検討されるべき課題だからである．特に日本の生活保護制度は補足性の原理により個人の資産をすべて喪失しない限り利用できない制度になっている[12]．反対に，いったん，生活保護制度の中に取り込まれてしまうと，そこから出にくい制度になっていると批判されることも多い．これらの就労問題に関わる課題に応えるのは，第6章「就労支援と生活保護」である．ここでは積極的労働政策の理論を概観した後，特に母子世帯とホームレスに対象を絞って考察が加えられる．なおホームレスに関わる課題は，就労支援に加え，「脱野宿化」や「生活支援」など他の様々な問題が付随する場合が多い．第7章「ホームレス対策と生活保護」では，これらのホームレスに関わる諸問題に対して，さらなる分析が行われる．

　ホームレスの支援施策がそうであるように，生活保護にかかわる事務のほとんどは地方公共団体によって実施されている．この地方が実施する生活保護費は国と地方が一定割合（国75%，地方25%）で負担しており，地方負担部分を十分にカバーする自主財源をもたない団体は地方交付税を通じて財源が保障されている．したがって，地方財政を考慮することなしに生活保護を検討することはできない．第8章「地方財政と生活保護」では，国際比較研究や政府間財政関係の経済分析からの知見を交えながら，日本における生活保護と地方財政に関する論点が検討される．

　このように本書は複数の観点からひろく生活保護を検討するものである．しかし，重要な論点であるにもかかわらず本書では取り上げることができなかった対象も存在する．特に低所得者に対する住宅政策がその一つである．公共部門による住宅サービスの提供は経済理論的にも低所得者への現物支給の典型例として扱われている素材であるし，実際においても公営住宅は重要な所得保障サービスの一つとして機能している．公的部門による住宅供給は生活保護と関

---

[12] したがって，我が国では労働者の6割しか雇用保険制度に加入していない（橘木・浦川2006）事実を考慮すると，実質的に多くの若壮年健常者が所得保障制度から排除されていることが含意される．

連した重要な課題であり,この点については将来の課題として機会を改めて是非検討したい.

参考文献

新たなセーフティネット検討会(2006)『新たなセーフティネット検討会の提案――「保護する制度」から「再チャレンジする人に手を差し伸べる制度」へ』全国知事会・全国市長会(http://www.nga.gr.jp/upload/pdf/2006_10_x36.PDF).

岩田正美・岡部卓・杉村宏(2003)『公的扶助論』ミネルヴァ書房.

小塩隆士(2005)『社会保障の経済学(第3版)』日本評論社.

加藤智章・菊池馨実・倉田聡・前田雅子(2007)『社会保障法』有斐閣.

木村陽子(2006)「生活保護の協議会にかかわって」『地方財政』Vol. 45, No. 3, pp. 4-10.

駒村康平(2003)「低所得世帯の推計と生活保護制度」『三田商学研究』Vol. 46, No. 3, pp. 107-126.

坂田周一(2000)『社会福祉政策』有斐閣.

生活保護制度の在り方に関する専門委員会(2004)『生活保護制度の在り方に関する専門委員会報告書』厚生労働省社会保障審議会福祉部会(http://www.mhlw.go.jp/shingi/2004/12/s1215-8.html).

武川正吾(2001)『社会福祉:社会政策とその考え方』有斐閣.

橘木俊昭・浦川邦夫(2006)『日本の貧困研究』東京大学出版会.

Boadway, R. and Keen, M. (2000) "Redistribution", in Atkinson, A. B. and Bourguignon, F. (Eds.), *Handbook of Income Distribution*, Vol. 1. Amsterdam : Elsevier, pp. 677-789.

第Ⅰ部　貧困の現状と経済理論

第1章　日本の貧困の実態と貧困政策

阿部　彩

1. はじめに——格差と貧困

　日本の社会保障制度は，1961年に国民皆年金・国民皆保険の制度的枠組みを整備してから約半世紀を迎えている．当時20歳であった若者も，年金受給権を得られる年齢となった．周知のとおり，日本の社会保障制度は，公的年金，公的健康保険，介護保険，失業保険といった社会保険を中心に組み立てられている．人々は，自ら保険料を払い，「被保険者」となって老後や失業，疾病時の生活保障を得ている．このような社会保険の発展の中で，公的扶助の果たす役割は自ずと縮小されていく．実際に，社会保障給付費の中で公的扶助が占める割合は，1955年の32.1%から2006年の9.9%にまで激減した（全国社会福祉協議会2007）．

　しかし，近年になって，公的扶助が新たな脚光を浴びている．その大きな要因が家族形態の変化，人口の高齢化，そして所得格差の拡大である．少人数世帯（特に単身世帯）の増加は，かつて家族の中で行われてきた相互扶助の機能を低下させ，公的な扶助の役割を増大させる．人口の高齢化は，賦課方式で行われている社会保険の財政プレッシャーを高め，給付の削減，負担の増加を余儀なくさせている．そして，これらの人口学的な要因と，非正規雇用やフリーターの増加といった雇用の不安定化，賃金格差の拡大などの経済社会的な要因が複合して引き起こしている所得格差の拡大は，社会の中で「健康で文化的な」最低限度の生活水準を保てない人々を増加させている．日本の社会保障制度の中で，社会保険でカバーされない場合に最低生活を保障する役割を担うのが生活保護制度をはじめとする公的扶助である．近年の人口動向，経済動向を背景として，これらの人々を「救済」することを生活保護制度に期待する声が大きくなっており，実際に，1930年代以降ほぼ一貫して減少しつづけてきた

> 「公的扶助」は，国民の最低生活を保障することを目的とし，通常ミーンズテスト（資力調査）を伴って行われる制度のことを指す．しかし，社会扶助や社会手当，社会福祉との関係など，その概念は必ずしも統一されていない．狭義の解釈においては，公的扶助を生活保護制度と同一視しているが，広義の解釈では，多様な低所得者対策が含まれる．広義の解釈でみると，児童扶養手当，福祉年金，恩給，戦争犠牲者援護，生活福祉資金貸付制度，公営住宅なども公的扶助に含まれる．

人数ベースの保護率（以下，保護率）は，1995（平成7）年に反転し，増加するようになった．

一方で，格差社会の到来は，現代日本においてしばし忘れられていた「貧困」を人々に思い出させるきっかけとなった．高度成長期以降，日本は「総中流社会」であるという説が一般国民にも，研究者の間においても浸透し，日本において「貧困」は存在しないものだと思われてきた．しかし，「格差」があたりまえのように論じられるようになった今日では，「貧困」や「ワーキングプア」「下流」といった言葉が連日のようにマスコミを賑わせ，一般国民にとっても「貧困」が身近な社会問題として認識されるようになった．加えて，2006年7月に経済協力開発機構（OECD）が発表した『対日経済審査報告書』は，日本の相対的貧困率が先進諸国の中ではアメリカに次いで第2位であると報告し，日本の現代社会の中で「貧困」が存在することが，いわば「お墨付き」となった．しかしながら，現代日本において「貧困」がどのような生活水準を指し，どのような人々が「プア」であるのかについてのはっきりとした議論は行われておらず，若いフリーターや，ホームレス，母子世帯など，イメージに先行された貧困像ができあがっている．「誰が貧困であるか」がはっきりと認識されず，合意されないままであるからこそ，貧困対策の必要性と方向性がいまひとつ定まっていない．

本章では，「何が貧困であるか」を考える材料を提供しながら，日本における貧困の実態を，さまざまなデータを駆使しながら描写する．本書の他章において展開される生活保護制度やそれを取り巻く諸制度についての各論に飛び込む前の，基礎的な背景として頭にとどめていただければ幸いである．

2. 最低生活（貧困基準）の定義

2.1 貧困基準の意味するもの

　最低生活（貧困）とは具体的にどのようなレベルの生活を指すのか，この議論は社会政策学の最も古い課題の一つである．そして，貧困は，長い社会政策の歴史の中で，繰り返し，繰り返し定義しなおされてきた．なぜなら，貧困の定義は社会がどうあるべきかという価値判断を伴うものであり，人々の理念や価値は時代とともに変化するからである．この意味で，貧困の概念は，所得格差や資産格差などの格差の概念とは異なる．格差は，所得や消費などの生活水準の分配の状況を単に記述するものであり，計測方法やデータの変化に伴うテクニカルな判断を要するものの，その格差が適度であるのかという価値判断を含んではいない．一方で，貧困は，社会の中で「許されるべきでない」状況を表す概念であり（岩田 2005），そこには，何が「許されるべきでない」ものなのかという価値判断が存在する．それゆえに，貧困をどう定義するべきかの論争は，早くは20世紀初めから，研究者の間で行われ，繰り返し，繰り返し，「再発見」されてきた（例えば，著名なBooth 1892–1903, Rowntree 1901など）．「許されるべきでない」ものを定義することは，それを撲滅（解決）するための政策が必要であることを意味し，そのため今日においても多くの政府は公的に「貧困」を定義することをためらっている．日本においても，公的な貧困基準は存在しない．日本の公的貧困基準に一番近いものは，生活保護法における最低生活費（保護基準）であるが，これさえも高すぎるなどの批判を浴びており，日本の中で，「許されるべきでない」状況とは何なのかという社会的合意は得られていない．興味深いことに，先進諸国の中で一番貧困率が高いとされるアメリカにおいては，公的な貧困基準が存在する．しかし，アメリカにおいては，公的貧困基準以下の人々すべてを救済する公的扶助制度は存在せず，貧困率はその動向を政策評価などの目的に使用するために用いられている．

2.2 さまざまな貧困の定義

　このように，貧困基準の設定には設定者の価値判断や主観を含まざるを得ないが，それでも，社会の大多数が納得できるような「科学的」な手法をもって

貧困を「計測」しようという試みは，貧困学者によって古くからなされてきている．先に挙げたBooth (1892-1903) やRowntree (1901) は貧困の実証研究のパイオニアである．彼らは，19世紀末から20世紀初頭にかけてのイギリスにおいて，相当の割合の人々が「貧困状態」にあり，彼らの多くが雇用者であることを実証した．特に，Rowntreeによる貧困基準は，「科学的」な根拠をもつ貧困基準として，その後の福祉国家の形成にも大きな影響を与えた．彼は，貧困基準を，「健康時における肉体的能率の保持だけに焦点をあわしている」(藤本1985) 最低生活費と設定している (絶対的貧困基準)．しかし，Rowntreeの絶対的貧困基準は，最低生活を，ただ生物的に生きているといっただけの基準であり，その生活レベルで実際に生活することは非常に厳しいものがある．

人を生物として生存するだけでなく，社会の一構成員として機能する存在として捉えなおしたのがTownsend (1979) である．Townsendは，貧困を「人々が社会で通常手にいれることのできる栄養，衣服，住宅，居住設備，就労，環境面や地理的な条件についての物的な標準にこと欠いていたり，一般に経験されているか享受されている雇用，職業，教育，レクリエーション，家族での活動，社会活動や社会関係に参加できない，ないしはアクセスできない」(Townsend 1993, 訳は柴田1997) 状態と定義し，これを相対的剥奪 (Relative Deprivation) と名付けている．Townsendの最低生活の定義には，家族と旅行をする，友人を家に招く，等といった社会活動を含め，当該社会で当然とされている活動や物品が含まれている．この活動や物品の項目リストが，その人が存在する社会によって異なるのが「相対的」と名付けられた理由である．例えば，現代の日本社会でただ生物として生きていくためには「靴」は必要でないかもしれない．しかし，人が就職活動をし，人と交流し，結婚したり，子どもをもつといった「一般に経験されている」生活をするためには「靴」は必要であろう．「靴」が必要であるか否かの判断は，その社会の慣例や習慣といった規範によって定められているのである[1]．Townsendによる相対的剥奪指標は，その後さらにいくつもの改善がなされ，現在でも，イギリスおよび各国の貧困研

---

1) 「絶対的貧困」か「相対的貧困」かの議論については，有名なTownsend-Sen論争がある（例えば，Sen (1985), Townsend (1985)）

究で用いられている手法である（詳細については，阿部2002，2006bを参照のこと）．

この相対的概念をさらに簡略化したのが，相対所得による貧困基準である．これは，Townsendの相対的剥奪概念と同じように，貧困を当該社会の一般の生活水準から一定の割合以上離れている状態と定義する．しかし，相対的剥奪と異なるのは，ある人の生活水準が，その人の所得（ないしは消費）といった一次元の指標で代替できると考える点である．具体的には，その人の所得が，社会全体の所得の中央値の50％（ないしは，40％，60％）に満たない場合を「貧困」と定義づける方法が最も一般的であるが，所得X分位の最低Y分位を「貧困」ないし「低所得」とする方法もある．この方法は，所得（または消費）データさえあれば簡単に計測でき，相対的剥奪を計測するために必要な多大な項目の社会調査を要しないため，貧困研究において広く採用されている．また，当該社会で何が「必要であるか」の項目リストを考えなくてよいため，国際比較などに便利である．OECD，EUなどの国際機関もこのような方法をとっている．

相対所得による貧困基準は，しばしば「所得格差」と同一視され，「絶対的貧困」が「本当の貧困」であり，「相対的貧困」は「格差」であると捉えられることが多い．しかし，前に述べたように「格差」と「貧困」は同じ概念ではない．それを描写する簡単な例を提示しよう．ある社会で，高所得層の人々の所得がさらに上昇して格差が拡大したとしよう．しかし，それが，中央値（平均値ではない点に留意）の上昇を伴わなければ，相対所得による貧困基準は変わらなく，貧困率も変化しない．実際の例を挙げれば，1991年から2000年にかけてアメリカのジニ係数は0.338から0.368へと上昇したが，同期間に貧困率は18.1％から17.0％へ減少している（ルクセンブルグ・インカム・スタディ（LIS））．また，2000年のギリシャとイタリアのジニ係数は0.333で同一であるが，ギリシャの貧困率は14.3％，イタリアは12.8％である（同上）．このように，格差と貧困は，所得の分布の形状によって，異なる動向を示すこともある．たとえ，格差が拡大したとしても，それが貧困の増加を伴うのか，減少を伴うのかによって，その評価は大きく異なるであろう．

2.3 日本の生活保護制度における貧困概念

それでは，日本の貧困対策を担っている生活保護制度は，どのような貧困概念を用いて設計されているのであろうか．序章において説明されたように，日本の生活保護制度では「最低生活費（保護基準）」という概念を用いている．最低生活費は，日常生活費にあたる生活扶助と，実費に近い形で支給される7つの扶助（教育扶助，住宅扶助，医療扶助，介護扶助，出産扶助，生業扶助，葬祭扶助）から成り立っている．

なかでも，生活扶助費は被保護者の生活水準の中核を占めるものであり，その設定は，国が国民の生活をどこまで保障するべきかという理念に直結するものである．生活扶助費は，現行の新生活保護制度の発足当初 (1950年) は Rowntree (1901) などに影響されたマーケット・バスケット方式を用いて算出されており，生活保護制度における貧困感が絶対的貧困概念に近いものであったことが示唆される．しかし，この貧困感は「生活保護制度の最大の転機」といえる 1961 年に変容する．その大きな要因となったのが，生活扶助費が著しく低いと訴えた朝日訴訟（原告朝日茂，1957年，第一審勝訴 1960年）であり，同年発足した池田勇人内閣による「国民所得倍増計画」（経済企画庁編 1963）である．「国民所得倍増計画」は政府の役割としての社会保障の充実を謳っており，なかでも，生活保護，各種社会保険，最低賃金等の水準を算定する際の基準となる最低生活水準について，以下のように述べている．

「最低生活水準とは国民の健康で文化的な最低限度の生活水準を意味するものであり，（中略）従来，ややもすれば最低生活費は絶対的なものとしてとらえられがちであった．たとえば，在来の保護基準は肉体的生存に必要不可欠の家計支出額を各費目について積算し，これを中心に算定されてきた．しかしながら，社会保障における最低生活は，国民が相互の一定限度の生活を保障しあうという社会連帯の国民感情や，一定の地域，一定の時点における生活習慣等をも考慮に入れて定められるべきであり，一般社会生活の発展に対応してゆく相対的なものである．」（経済企画庁編 1963．副田 1995, p. 102 による）

これは，言うまでもなく相対的貧困概念であり，絶対的貧困概念からの転換が政府により正式に表明されたといえる文面である．その具体的な施策として，

1961年に生活扶助費の算定にエンゲル方式が採用された．1960年代は，イギリス，そして他の先進諸国において，絶対的貧困概念から相対的貧困概念への変容が生じた時期であり，日本の生活保護制度のエンゲル方式への転換もこの一環であるといわれている（副田 1995, p. 117）．しかし，エンゲル方式をもっても，急成長している一般（低所得）世帯との生活水準の格差は著しく，1965年には格差縮小方式の採用によって初めて格差の縮小が本格的に求められるようになり，その後，格差が落ち着いてきたことにより，1984年には水準均衡方式が採用されるようになった．現在の最低生活費は一般の低所得世帯（第1・十分位）消費水準と同様（第3・5分位の60〜70％）になるように設定されている[2]．

2.4 「最低生活」に関する国民意識

しかし，相対所得や生活保護基準といった貧困基準は，あくまでも研究者や政策担当者が築き上げた基準であり，一般の人々には馴染みが薄い．さらに，このような貧困基準は，一般市民の「貧困感」からは大きくかけ離れていることが近年の意識調査から明らかになっている．人々の貧困感を調査した青木(2006)によると，日本の一般市民の大多数は「貧困」という言葉を現在の日本社会に当てはめることに違和感を感じており，「貧困」という言葉からイメージされるのは途上国や被災国あるいは敗戦直後の日本といった衣食住さえも満たされない状況であることが多い．青木(2006)が行った大学生，専門学校生，一般住民，福祉関係者に対する調査によると，「現代の日本の社会で『貧困とはいかなる状態のこと』をいうのか」という問いに対して「貧困である」と答えたのは，「水道と電気およびガスが利用できない」では40〜60％，「住宅に水洗トイレがない」では8〜26％，「1年に1度のレジャーや旅行もできないほど金銭的余裕がない」では11〜20％，「緊急時に必要な最低限の貯蓄もない」が34〜42％，「安定した仕事を持っていない」では11〜19％に過ぎなかった．これらは，欧米諸国の貧困調査によく用いられる項目であるが，欧米と違い，日本においては，これらの項目でさえも「最低生活以上」であると考え

---

2) 厚生労働省は2007年10月に「生活扶助基準に関する検討会を設置し，最低生活費の見直しに向けた検討を行った．その結果，現在の基準はおおむね妥当とされたが，一部については今後改正される可能性もある．

ている人が大多数であることがわかる.「医療機関に必要なときにかかれない」でさえも,大学生では81%であるものの,一般住民では59%に過ぎない.これらの結果から,青木(2006)は,日本においては「『極貧』『絶対的貧困』に近い考え方が支配的であり,相対的貧困概念はほとんど定着してない」と結論づけている.

しかし,一方で,青木(2006)の調査結果は「貧困」という言葉に対する日本人の過剰反応を示している可能性もある.阿部(2004)は,「現在の日本の社会において,ある家庭がふつうに生活するためには,最小限どのようなものが必要だと思いますか」という設問を使って「最低生活」に関する一般市民の意識を調査したが,一般市民は「冷暖房機器」「湯沸し器」などの物品をはじめ,「親戚の冠婚葬祭への出席(ご祝儀等を含む)」「友人・家族・親戚に会うための交通費」などの社会的活動をも「ふつうに生活するために最小限必要」と考えていることがわかっている.

3. 日本の貧困率の現状

このように貧困の定義はさまざまであり,計測される貧困率の絶対値や規模は,用いられる貧困基準,データ,計測方法などによって大きく左右される.そのため,貧困率の高低そのものを重要視することよりも,同一の定義,データを用いて,貧困の動向を観察したり,どのような属性の人々に貧困が集中しているのかを分析するほうが,政策的にはより重要である.そこで本節では,主に,相対所得による貧困率(等価世帯所得の中央値の50%を貧困線とする)を用いて,近年の貧困の動向と,特徴を論じることとしたい.

3.1 貧困率の上昇とその要因

まず,貧困の動向をみてみよう.図1-1に,1980年代後半から2000年代までの貧困率の動向を推計した研究結果のいくつかを示す.これらの共通した結論として,日本の貧困率が過去20年間において一貫して上昇傾向にあることがわかる.貧困率は1980年代から徐々に上昇しはじめ,1990年代後半にピークを迎えているようである(2000年以降については,データが少なく確認できない).

図 1-1　貧困率の推移（1984～2002 年）

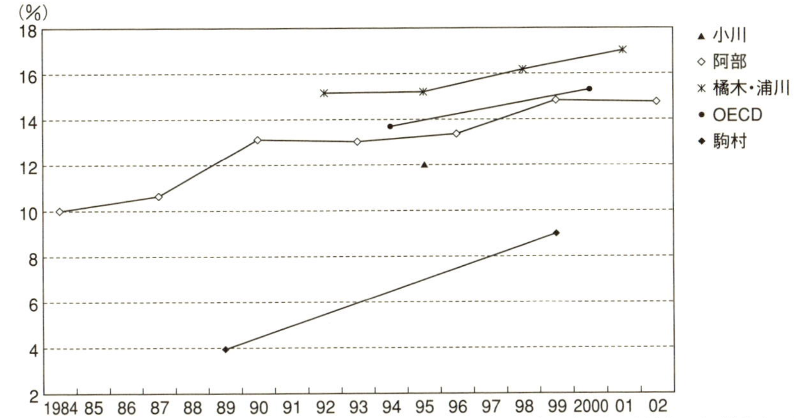

出所：橘木・浦川 (2006)，阿部 (2006a)，Förster & Mira d'Ercole (2005)，山田 (2000)，小川 (2000)，駒村 (2005)．

　比較的に長いスパンで貧困率を追っている阿部（2006a）の推計によると，1984 年から 2002 年の 18 年間に，社会全体の貧困率は 10.05% から 14.80% まで上昇している[3]．

　日本の貧困率を上昇させている要因として，以下の 4 つが考えられる．

　1 つ目は，人口の高齢化の影響である．日本の貧困の特徴として，高齢者の貧困率は他の年齢層の貧困率に比べ群を抜いて高いことが挙げられる．そのため，人口に占める高齢者の割合が増えると，それだけの理由で，社会全体の貧困率も上昇するのである．かつて，所得格差についても，格差拡大の一部が高齢化によって説明できるとの議論があったが（大竹 2005），それと同じ議論が貧困についても当てはまるのである．

　2 つ目の要因は，人々の世帯構造の変化である．高齢者と同様に，単身世帯や母子世帯など，貧困率が高い世帯の割合の増加は，社会全体の貧困率を引き上げることとなる．1 人世帯の構成割合は，1980 年の 18.1% から 24.6%（2005 年）に伸びている（厚生労働省 2007）．また，有子世帯に占める母子世帯の割合は 4.8%（1989 年）から 6.5%（2001 年）に上昇していることが報告され

---

3) ここで用いられた貧困の定義は，相対所得による貧困基準である．具体的には，世帯員すべての所得を合算した世帯所得を世帯員人数で調整したうえで，その中央値の 50% を貧困線として，調整済世帯所得がそれ以下の場合を「貧困」とし，人数ベースで貧困率を計算している．

ている (阿部・大石 2005).

3つ目の要因は，人々が市場から得る所得（市場所得）の悪化である．近年，はやりとなってきたワーキングプアという言葉が象徴するように，働きながらも所得が貧困基準を下回る労働者が増えている．非正規労働者が労働者に占める割合は，過去10年間に19％から30％以上に増加し，パートタイム労働者の時間当たり賃金は平均してフルタイム労働者の40％に過ぎない（Förster and Mira d'Ercole 2005）.

4つ目の要因が，社会保障と税制の貧困削減効果の減少である．特に，貧困削減効果が大きいのが社会保障制度である．生活保護制度を筆頭とする公的扶助をはじめ，公的年金も高齢者，障害者，遺族の所得保障機能をもっている．税制は，累進性が高い場合は再分配機能をもつが，通常，貧困削減機能は期待されておらず，その機能は小さい．しかし，国によっては還付可能な税額控除などによって貧困削減機能を税制にもたせている場合もある．重要なのは，これら制度の貧困削減効果の低下は，何ら，制度設計上の変化を伴わない場合においても，社会の変化によって起こることである．例を挙げれば，母子世帯の中で死別世帯に比べ，離別世帯が相対的に多くなれば，遺族年金を受給できる割合が減り，社会保障の防貧機能は減少する．必要な防貧機能が維持されるためには，常に，貧困に面している人々がどのような人々であり，どのような制度が彼らを対象にしているのかを把握したうえで，ニーズにマッチした制度改正を行う必要があるのである．

これらの要因がそれぞれどれほど貧困率の上昇に寄与しているのかの十分な分析はなされていない．阿部（2006a）の分析によると，高齢化や世帯構造の変化といった人口学的要因が貧困率上昇に寄与する度合いは，市場所得の悪化による寄与度に比べて少なく，また，社会保障の貧困削減機能は高まっている．

3.2 貧困者の属性（プロファイル）

それでは，次に，実際にどのような属性をもつ人々が貧困である割合が高いのかをみてみよう．年齢や世帯構造といった属性別の貧困の計測については，すでに多くの研究の蓄積がある（山田 2000, 駒村 2005, Förster and Mira d'Ercole 2005, 白波瀬 2006, 橘木・浦川 2006, 阿部 2006a, 2007b 等）．多くの先行研究に

おいては，世帯ベースの貧困率を推計し，年齢別の分析では世帯主の年齢を用いている．そこで本章では，世帯所得を個人ベースに換算したうえで，個人ベースの推計をもって議論を進めることとする．個人ベースの推計から新しくみえるのは，世帯に隠れてしまっている世帯員（例えば，親と同居している若者，子どもと同居している高齢者など）も推計の対象となることである．また，例えば，貧困世帯に属する子どもが子ども全体の何％であるか（子どもの貧困率）などの議論も可能である．

表1-1から表1-4は，厚生労働省の『平成14年所得再分配調査』の個票を用いて計算した属性別の貧困率と貧困ギャップ率である．ここで用いられる貧困の定義は，税・社会保険料控除後，社会保障（年金，生活保護，児童手当等）給付後の世帯所得（世帯員全員の所得の合算値）を世帯員数で調整した等価世帯（可処分）所得[4]の全個人の中央値の50％を貧困基準（貧困線）とし，それより低い等価世帯所得の人を「貧困者」とする．貧困率は全個人に占める貧困者の割合，貧困ギャップ率は貧困層における貧困基準と所得の差を貧困基準で除した数値の総和である．「貧困率 (p)」は，貧困の「頻度」を示す指標であり，「全個人の中で貧困者である人の割合」を示す．「貧困ギャップ率 (g)」は貧困の「大きさ」を示す指標であり，貧困者を全員貧困基準以上の所得に引き上げるために必要な所得と考えればよい．貧困ギャップ率の分母は，全個人数に貧困基準をかけたものである．

貧困率 (p): $p = \int_0^z f(x)\,dx$

$x = $ 等価可処分所得

$f(x) = x$ の確率密度変数

$z = $ 貧困基準

所得ギャップ (G): $G = 1 - \dfrac{\mu^p}{z}$

$\mu^p = $ 貧困層の平均等価可処分所得

貧困ギャップ率 (g): $g = \int_0^z ((z-x)/z) f(x)\,dx$

---

4) 等価スケールには世帯人数の0.5乗を用いている．

表 1-1 から 1-4 には，可処分所得（移転後）の貧困率，貧困ギャップ率と並べて，市場所得（移転前）の貧困率と貧困ギャップ率，そして，それらの削減の度合いを示している．市場所得と可処分所得の差は，社会保障による移転（年金，生活保護，児童手当など）から税と社会保険料を引いたものである．社会保障による移転が多い高齢者などでは，この差分はプラスとなるが，税や社会保険料の負担が多く，まだ給付（年金等）を受給していない勤労世代の人々では，この差分はマイナスとなる．ただし，率の計算は人数ベースで行っているものの所得は等価世帯所得なので，たとえ年金をもらっていない年齢の人であっても，もらっている同居者がいる場合は，それら世帯員全員の社会保障給付と税・社会保険料のバランスとなるので，差分はプラスにもマイナスにもなりうる．市場所得で計算した貧困率（貧困ギャップ率）から可処分所得で計算した貧困率（貧困ギャップ率）を引いた値が，政府からの移転による貧困率の変化となる．削減率とは，削減分を市場所得で計算した貧困率（貧困ギャップ率）で除したものであり，市場所得によって発生した貧困（貧困ギャップ）が政府のプログラムによってどれほど削減されたかの割合を示している．

3.2.1 年齢別・性別貧困率・貧困ギャップ率

まず，はじめに，年齢別の貧困率をみてみよう（表 1-1）（貧困ギャップ率は，貧困率と同じ傾向を示しているので説明を省く）．貧困率は，右肩上がりの U 字型をしている．子ども期に若干高めの貧困率が勤労世代期に徐々に下がっていき，30 歳代，40 歳代，50 歳代はほぼ横ばい，その後，60 歳代から増加しはじめ，70 歳代，80 歳以上と大幅に上昇している．日本の高齢者の貧困率は，近年，減少傾向，少なくとも横ばいであるという報告がなされている（阿部 2006a，白波瀬 2006[5]）が，依然として，高齢層は他の年齢層に比べ貧困である割合が高いことがわかる．20 歳代の貧困率は，高齢層ほど高くはないものの，中年期（30 歳代，40 歳代）に比べ若干高くなっている．この年齢層は，まだ，親と同居していたり，単身であったり，すでに独立した世帯と子どもをもっていた

---

[5] 白波瀬（2006）は，1986 年から 2001 年にかけての厚生労働省『国民生活基礎調査』を用いて，世帯主の年齢別に貧困率を計測しており，その結果，1990 年代に 65 歳以上の世帯主の世帯の貧困率が減少したと報告する．また，世帯主が 20 歳代，30 歳代の世帯において貧困率が上昇していることを指摘している．

表 1-1 年齢（10歳）別　貧困率・貧困ギャップ率

	n	可処分所得		市場所得		削減度 (%)	
		貧困率	貧困ギャップ率	貧困率	貧困ギャップ率	貧困率	貧困ギャップ率
男性							
10歳未満	1,037	15.0	0.046	13.8	0.055	−0.091	0.154
10歳代	1,119	13.8	0.050	14.8	0.061	0.072	0.179
20歳代	1,246	12.9	0.039	12.4	0.047	−0.046	0.158
30歳代	1,336	10.5	0.033	12.0	0.065	0.130	0.491
40歳代	1,282	10.1	0.034	12.0	0.063	0.163	0.458
50歳代	1,590	10.7	0.035	10.4	0.052	−0.024	0.330
60歳代	1,342	14.9	0.050	38.6	0.253	0.614	0.801
70歳代	995	17.4	0.057	60.0	0.502	0.710	0.886
80歳以上	321	20.9	0.081	58.6	0.494	0.644	0.837
女性							
10歳未満	1,010	15.2	0.049	13.7	0.060	−0.109	0.179
10歳代	1,123	16.1	0.059	16.2	0.073	0.006	0.189
20歳代	1,285	12.8	0.042	11.7	0.048	−0.100	0.140
30歳代	1,371	13.4	0.046	15.3	0.074	0.124	0.378
40歳代	1,382	11.4	0.039	13.0	0.063	0.117	0.386
50歳代	1,656	13.0	0.043	16.8	0.090	0.223	0.525
60歳代	1,566	20.0	0.069	49.5	0.359	0.596	0.807
70歳代	1,217	24.2	0.088	57.4	0.485	0.579	0.819
80歳以上	605	27.3	0.098	48.8	0.398	0.441	0.753

出所：厚生労働省『平成14年所得再分配調査』より筆者計算．

りと，家族パターンが多様であるので，このように平均値をとってしまうと個々の状況がわからないという問題がある．親と同居することによって貧困を免れているとしても，そもそも独立して1人暮らしをしたり，結婚して独自の世帯を築くことが困難であるからこそ，親と同居という選択肢をとっている可能性もある．独立した世帯を形成した場合については，先行研究において，世帯主が20歳代の世帯（単身または独立して家族をもつ場合）は貧困率が上昇していると報告されていることもあり（大竹 2005，橘木・浦川 2006，白波瀬 2006），同居・独立にかまわず，若者を取り囲む経済状況はよいとはいえない．

一方，性別差に着目すると，子ども期を除き，ほぼすべての年齢層で女性の貧困率は男性の貧困率を上回っており，その差は高齢になるほど大きい．女性のほうが男性よりも長寿であるので，最後の年齢層（80歳以上）については男女格差が年齢分布の違いによる可能性もあるが，70歳代においても，貧困率の男女格差は 6.8% である．

次に，貧困率と貧困ギャップ率の削減率をみてみよう．まず，いくつかのカテゴリーにおいて，貧困率の削減率がマイナスとなっていることを指摘したい．これは，移転前よりも移転後のほうが，貧困者が増えたことを意味する．例えば，10歳未満と20歳代では，男女ともに貧困率の削減度がマイナスとなっている．しかし，貧困ギャップ率をみるとプラスとなっており，いくらかの削減効果があったことがわかる．これはつまり，「人数」では貧困者が増えても，貧困者のトータルな貧困の度合いは縮小されたということである[6]．また，削減の度合いをみると，男女ともに60歳未満と60歳以上とで，くっきりとした違いがある．これは，一つには，60歳代以上の高齢者においては「市場所得」による貧困率，貧困ギャップ率が勤労世代に比べて高いことに起因する．高齢者の多くが退職し，勤労所得がないからである．しかし，60歳代からは年金の受給が始まるので，移転後の貧困率および貧困ギャップ率は大幅に減少している．勤労世代の貧困率および貧困ギャップ率の削減は限定的であり，特に子ども期（10歳未満と10歳代），20歳代においては微小である．

3.2.2　世帯類型別貧困率・貧困ギャップ率

次に，世帯類型別にみた貧困率と貧困ギャップ率をみてみよう（表1-2）．繰り返すが，この数値は個人単位であり，世帯単位ではないので，各世帯タイプに属する個人の総数の中で，何人が，世帯所得が貧困線以下の世帯に属しているかの割合を示すものである[7]．

まず，高齢者については，単身世帯，高齢者のみ世帯（単身世帯を除く），その他世帯（世帯員の中に高齢者でない人がいる世帯）に分けて，それぞれ男女別に貧困率と貧困ギャップ率を計算した．これをみると，「その他の世帯」に属する高齢者の貧困率が一番低く，男性13.1％，女性14.3％となっている．高齢者のみ世帯に属する高齢者の貧困率は，その他の世帯に比べ，約10ポイント高く，単身世帯ではさらに高くなっている．特に女性の単身高齢者の貧困率は

---

6)　政府の防貧機能をみる際には，貧困線の設定にセンシティブである貧困率の削減度よりも，貧困ギャップの削減度をみたほうが，その効果が評価しやすいであろう．

7)　世帯単位の貧困率は，各世帯タイプの総世帯数の中で，いくつの世帯が貧困線以下であるかを示す．個人単位と世帯単位の貧困率の違いは，貧困である世帯とそうでない世帯の平均世帯人員数が異なる場合に顕著になる．

表 1-2　配偶関係別　貧困率・貧困ギャップ率

	n	可処分所得		市場所得		削減率（%）	
		貧困率	貧困ギャップ率	貧困率	貧困ギャップ率	貧困率	貧困ギャップ率
高齢者の状況：							
高齢男性（単身）	126	27.8	0.100	84.1	0.735	0.670	0.864
高齢女性（単身）	505	51.7	0.196	89.7	0.818	0.424	0.761
高齢者のみ世帯（男性）	722	22.4	0.076	83.2	0.734	0.730	0.896
高齢者のみ世帯（女性）	752	23.0	0.079	82.7	0.726	0.722	0.891
その他の世帯（男性）	1,125	13.1	0.041	36.8	0.246	0.645	0.832
その他の世帯（女性）	1,336	14.3	0.047	27.3	0.170	0.475	0.723
勤労世代（20〜59歳）の状況：							
1　単身男性	525	20.6	0.079	22.3	0.122	0.077	0.354
2　単身女性	394	36.0	0.123	36.8	0.195	0.021	0.370
3　夫婦のみ世帯	1,769						
男性	790	11.1	0.040	14.9	0.089	0.254	0.554
女性	979	12.8	0.043	25.6	0.171	0.502	0.750
4　夫婦と未婚の子のみ世帯	5,891						
男性	2,950	9.1	0.027	9.2	0.041	0.004	0.334
女性	2,941	9.1	0.027	9.9	0.046	0.076	0.400
5　母子世帯	515	33.6	0.123	42.1	0.218	0.203	0.435
男性	140	27.1	0.092	37.1	0.199	0.269	0.538
女性	375	36.0	0.136	44.0	0.225	0.182	0.396
6　父子世帯	179	18.4	0.081	25.7	0.175	0.283	0.539
男性	135	22.2	0.088	25.9	0.168	0.143	0.478
女性	44	6.8	0.039	25.0	0.195	0.727	0.802
7　3世代世帯	2,365						
男性	1,148	8.4	0.026	10.3	0.048	0.178	0.466
女性	1,217	8.4	0.028	11.8	0.055	0.292	0.487
8　その他の世帯	990						
男性	451	14.6	0.044	23.7	0.119	0.383	0.627
女性	539	17.6	0.069	26.0	0.148	0.321	0.532
		可処分所得		市場所得		削減率	
		貧困率	貧困ギャップ率	貧困率	貧困ギャップ率	貧困率	貧困ギャップ率
子どもの状況：							
4　夫婦と未婚の子のみ世帯	2,688	10.5	0.031	7.3	0.024	−0.446	−0.308
5　母子世帯	208	60.6	0.222	66.8	0.317	0.094	0.302
6　父子世帯	34	23.5	0.075	11.8	0.039	−1.000	−0.932
7　3世代世帯	1,186	11.4	0.040	15.9	0.073	0.282	0.450
8　その他の世帯	123	39.8	0.187	47.2	0.267	0.155	0.299
国民生活基礎調査の定義による：							
母子世帯（母と未成年の子のみ）	183	62.3	0.230	67.8	0.329	0.081	0.300
父子世帯（父と未成年の子のみ）	25	20.0	0.053	4.0	0.033	−4.000	−0.595

出所：厚生労働省『平成14年所得再分配調査』より筆者計算．

51.7％と半数を超え，男性の単身高齢者に比べても約1.9倍の高さである．貧困ギャップ率をみても，女性単身高齢者は，0.196と高齢者の中で一番高くなっている．他の世帯タイプにおいても男女差はみられるが，さほど大きくなく，高齢者の男女格差の多くは女性単身高齢者の貧困率の高さに起因していると考えられる．また，女性の単身高齢者の高さに気をとられがちであるが，男性の単身高齢者の貧困率も27.8％と高いことを見落としてはならない．男性の場合，単身であっても，配偶者があっても，経済状況はさほど変わらないと考えられがちであるが，単身者のほうが夫婦世帯に比べ貧困率が5％も高い．もちろん，これは年齢構成の違いに起因する可能性も高い（単身者のほうが，夫婦で暮らす高齢者よりも年齢が高いと考えられるため）．

　勤労世代（20～59歳）についても，単身者の貧困率の高さが目立つ．女性単身者では36.0％，男性では20.6％と高齢者ほどではないものの，勤労世代の中では一番高い割合となっている．夫婦のみ世帯，夫婦と未婚の子のみ世帯の貧困率・貧困ギャップ率は単身世帯のおおむね半分以下となっており，比較的に経済的に恵まれた人が結婚・出産をしていることがわかる．また，勤労世代の中で一番，貧困率が低いのが3世代世帯に属する人たちである．親や子と同居することによって，世帯人数は増えるものの，勤労者や年金受給者の数も増え，世帯所得が上昇するためと考えられる．逆に，群を抜いて高い貧困率を示しているのが母子世帯である[8]．ここで用いられた母子世帯の定義には，成人した子と母親の世帯も含まれるので，一般にいう20歳以下の子どもがいる母子世帯に比べると，若干，低い貧困率となっているが，それでも33.6％（貧困ギャップ率は0.123）となっている．父子世帯については児童扶養手当の対象にならないなど経済的救済策が少ない状態であるが，父子世帯の貧困率も18.4％と見逃せない値である．

---

8) 母子世帯の貧困率の高さについては，多くの研究で明らかになっており，ほとんどの研究で50％から70％と過半数を超える率が計測されている（杉村1997，橘木・浦川2006，白波瀬編2006，阿部2006a等）が，ここではそれほど高くない．その理由は，ここで用いられている母子世帯の定義は「母と子のみの世帯」であり，子の年齢を制限していないので，成長した子どもとその母親のケースも含まれるからである（例えば，成人男性と高齢の母親）．母子世帯に属する壮年男性とは，「母と子」世帯の「成人した息子」である．母子世帯に属する壮年女性には，「母と子」世帯の「母」と「成人した娘」が含まれる．

子どもの貧困率をみてみると，母子世帯に属する子どもの貧困率は60.6%と半数を超えていることがわかる．ここの母子世帯の定義は，少なくとも1人の未成年の子を含む母と子世帯である．次に高いのが，「その他の世帯」である．「その他の世帯」の子どもとは，祖父母やきょうだいのみと暮らす子どもが考えられる．貧困ギャップ率も0.187と非常に高く，このあまり着目されてこなかった世帯タイプについても，経済的支援が必要であることが示唆される．「夫婦と子のみ世帯」および「3世代世帯」に属する子どもは，比較的に貧困率・貧困ギャップ率が低い．

最後に，政府からの移転による貧困率・貧困ギャップ率の削減度をみてみよう．まず，貧困率，貧困ギャップ率ともにマイナスである「夫婦と子のみ世帯」「父子世帯」の子どもに着目したい．これら世帯に対しては給付が少なく負担が多いので，政府移転が子どもの貧困率・貧困ギャップ率の上昇の要因となっている．そのほかでは，高齢者に対してはどの世帯タイプについても大きな削減がみられ，勤労世代については，特に単身世帯と「夫婦と未婚の子のみ世帯」については削減度が少ない．これは，他の世帯においては高齢者が世帯員に含まれている可能性があるが，この2つの世帯タイプについてはその可能性がないためであると考えられる．

3.2.3 配偶関係別貧困率・貧困ギャップ率

世帯類型と関連する配偶関係別の貧困率，貧困ギャップ率を表1-3に示す．まず，高齢者においても，勤労世代においても，配偶状況と貧困率には密接な関係がある．有配偶者とそうでない者に差があるのはもちろんのこと，未婚，死別，離別についても，大きな差がある．高齢の女性においては，未婚者と離別者の貧困率・貧困ギャップ率が特に高い．高齢の男性においては，未婚者が高くなっている．これらの高齢者については，市場所得による貧困率が高いうえに，政府移転による削減度はほかの高齢者に比べ低くなっているため，可処分所得による貧困率も高くなっている．勤労世代では，女性の場合は離別が特に高く，死別，未婚と続いている．男性においても，死別・離別が高く，未婚についても有配偶よりも高くなっている．興味深いのは，男性の貧困率が配偶関係によって異なることである．高齢の男性の場合，未婚者（40.9%），離別者（28.1%）の貧困率は，有配偶者のそれ（16.9%）より大幅に高い．男性につい

表 1-3　配偶関係別　貧困率・貧困ギャップ率

	n	可処分所得		市場所得		削減度 (%)	
		貧困率	貧困ギャップ率	貧困率	貧困ギャップ率	貧困率	貧困ギャップ率
高齢者（65歳以上）の状況：							
有配偶（男性）	1,706	16.9	0.054	56.9	0.456	0.703	0.882
有配偶（女性）	1,306	17.5	0.057	59.5	0.494	0.705	0.884
未婚（男性）	22	40.9	0.110	63.6	0.485	0.357	0.772
未婚（女性）	69	42.0	0.161	72.5	0.588	0.420	0.726
死別（男性）	213	17.8	0.071	54.0	0.429	0.670	0.834
死別（女性）	1,120	29.1	0.107	48.6	0.397	0.401	0.732
離別（男性）	32	28.1	0.139	65.6	0.592	0.571	0.766
離別（女性）	98	41.8	0.159	69.4	0.576	0.397	0.724
勤労世代（20〜64歳）の状況：							
有配偶（男性）	4,143	9.3	0.030	9.9	0.047	0.061	0.349
有配偶（女性）	4,536	10.3	0.033	13.8	0.073	0.255	0.552
未婚（男性）	1,775	14.6	0.047	19.3	0.103	0.245	0.546
未婚（女性）	1,369	15.6	0.055	20.5	0.112	0.242	0.512
死別（男性）	55	23.6	0.101	30.9	0.182	0.235	0.445
死別（女性）	241	24.9	0.097	38.6	0.245	0.355	0.604
離別（男性）	166	22.9	0.079	27.7	0.174	0.174	0.545
離別（女性）	343	38.5	0.140	43.1	0.212	0.108	0.339

出所：厚生労働省『平成14年所得再分配調査』より筆者計算.

ては，離婚や結婚といったイベント自体は所得の変化を伴わないと考えられるので，この差はむしろ「（過去に）所得が低く，今も継続して低い」人が，結婚しなかった，または離婚した確率が高いと考えるほうが自然であろう．勤労世代の場合，未婚の男性，女性はともに有配偶よりも貧困率が高いが，これは年齢が相対的に低いことを表しているのかもしれない．また，死別や離別の男性の貧困率が有配偶より高いことは，死別・離別したことによって貧困となったのか（例えば，妻の所得の消失，養育費の支払いなど），もともと所得の低い人が死別・離別する確率が高くなっているのかがここからは判別できないが，興味深い所見である．最後に，政府の所得移転による削減度については，死別の男女において若干高いものの（23.5%と35.5%），他は限定的である．死別においてさえも，高齢者における削減度に比べると小さい．

3.2.4　雇用状況別貧困率・貧困ギャップ率

近年，ワーキングプアという言葉がはやりだしたように，働いてさえいれば貧困基準より上の生活ができるという神話は崩壊しつつある．しかし，「ワー

表1-4 雇用状況別 貧困率・貧困ギャップ率

	n	可処分所得		市場所得		削減度 (%)	
		貧困率	貧困ギャップ率	貧困率	貧困ギャップ率	貧困率	貧困ギャップ率
高齢者 (65歳以上) の状況:							
仕事あり (男性)	688	18.2	0.059	39.1	0.252	0.535	0.766
仕事あり (女性)	359	26.2	0.094	44.0	0.300	0.405	0.687
無職 (男性)	1,217	16.4	0.054	66.2	0.563	0.752	0.903
無職 (女性)	998	23.2	0.086	47.2	0.387	0.507	0.778
勤労世代(20〜64歳)の状況:							
仕事あり (男性)	5,352	9.4	0.030	9.9	0.044	0.049	0.331
仕事あり (女性)	3,845	12.2	0.041	14.4	0.067	0.155	0.391
無職 (男性)	571	25.2	0.093	40.3	0.270	0.374	0.657
無職 (女性)	339	30.4	0.108	43.4	0.276	0.299	0.609

出所:厚生労働省『平成14年所得再分配調査』より筆者計算.

キングプア」の定義は,この言葉を用いる人によって差異があるため,留意しなければならない.よくみられる定義は,「勤労者の中で貧困基準(多くは生活保護基準)以下の賃金しか得られていない人」(例えば,門倉 2006)であるが,本章で用いている「貧困」の定義は,「世帯所得」を対象としているので,この定義とは整合性がない.世帯所得を用いる理由は,ある人の生活水準はその人の所得のみならず世帯員全員の所得の合算によって決定されると考えるからである.勤労者の中には,本人の所得が低くても,世帯所得が高い世帯に属している場合もあるからである(例えば,高所得の夫と暮らしながらパートに出ている妻は,妻自身の所得は貧困基準以下であっても夫婦合算の世帯所得は貧困基準を上回る).

まず,勤労世代をみてみると(表1-4),仕事がありながら,貧困基準以下の生活レベルにとどまっているのは男性で9.4%,女性で12.2%である.おおよそ10人に1人の勤労者が貧困状態(つまり,ワーキングプア)であることがわかる.しかし,無職の男女の場合は,貧困率が25.2%(男性)と30.4%(女性)であるので,やはり,無職の人のほうが貧困である確率が高い.政府の所得移転による削減度については,勤労の男性の貧困率の削減度はきわめて小さいものの,貧困ギャップ率の削減度でみると,男性女性ともに同じ程度に削減されている.無職者の削減度は,勤労者を大きく上回る.

興味深いことに,高齢者においては,有職者と無職者の間で逆転現象が起き

ている. 男女ともに, 有職者のほうが無職者よりも貧困率・貧困ギャップ率が高いのである. 市場所得でみると, 無職者のほうが貧困率・貧困ギャップ率ともに高くなっているので (特に男性), 無職者の多くは勤労所得以外の収入 (年金, 資産収入など) を得ていると考えられる. 逆にいえば, 高齢で働いている人の多くが働かざるを得ない経済状況であることを示唆していよう. 高齢の勤労者のワーキングプアの割合は 18.2% と 26.2% で, 勤労世代よりも高い. ワーキングプアの問題を語るときには, 若者のみならず, こういった高齢で働かざるを得ない勤労者の問題も, 考慮しなければいけない.

3.3 貧困の動態――脱出, 転落と期間 (スペル)

貧困の分析には, 貧困の期間 (スペル) という視点が欠かせない. なぜなら, 公的扶助プログラムの多くが, また市民の大多数が, 貧困者の困窮状態は一時的なものであり, 困難な時期さえ政府からの支援で乗り越えることができれば, その後は自助努力によって生活水準を上げることができると仮定しているからである. 例えば, 公営住宅政策においては「すべての低所得世帯は, いつかは経済的な財力を身に付け公営住宅から自ずと移転することを仮定していた」(Hirayama 2003, 筆者訳). また, 2002 年の母子福祉改革においては, 厚生労働省は児童扶養手当を「直後の生活の困窮」に対処する一時的な給付と位置づけており, 2008 年からは低所得の母子世帯に給付される児童扶養手当が受給 5 年後から減額されることが検討された. 誰もが, 貧困者に対して半永久的な生活保障をすることを想定しておらず, できれば, 彼らがいずれは「自立」することを期待しているのである.

貧困の動態の分析は, 欧米の社会政策研究では主流となって久しいが, 日本ではあまり行われていない. その第1の理由は, 動態を観察できるパネルデータが不足していたことであろう. しかし, 近年になって, いくつかの興味深い研究結果が報告されている.

岩田・濱本 (2004) は, 家計経済研究所の「消費生活に関するパネル調査」を用いて, 日本の貧困動態研究をしたパイオニアである. 「消費生活に関するパネル調査」は, 1959 年から 1979 年生まれの女性を毎年調査しているもので, サンプルが特定年代の女性に限定されるものの, 女性が結婚した場合はその配

偶者も調査対象としているためある程度の一般性は得られると考えられる．岩田・濱本（2004）は，9年間のパネルデータを用いて，対象者を持続貧困層，慢性貧困層，一時貧困層，安定層に区分した．その結果，一時的貧困層は持続・慢性貧困層の3倍も存在することを示し，また，一時的貧困層と慢性・持続貧困層の間には大きな属性の差は認められないため，一時的な貧困が慢性化することを防止する政策が重要であると訴えている．現行の生活保護制度においては，所得制限の他にも，資産テストなども支給要件に入っているため，一時的貧困層が被保護対象となる可能性は少ない．貧困が慢性化する前の段階の人々に対する施策はないに等しい．貧困の予防という観点からは，これは望ましい状態であるとはいえないであろう．

　貧困の動態がわかる，もう一つの重要な政策への手がかりが，貧困からの脱出，または貧困への転落の要因分析である．脱出，転落の分析は，容易ではない．なぜなら，貧困であるか否かはある意味でarbitraryな線引きの結果であるので，そこから上や下への移動は，比較的に少しの所得の変動でも可能であるからである．これまでの研究によって，貧困への脱落または貧困からの脱出は，ライフサイクルのイベント（結婚，出産，子の独立など）によって引き起こされている割合が多いことがわかっている（樋口・岩田 1999）．また，坂口（2006）は，同じく「消費生活に関するパネル調査」を用いて所得5分位の最低分位に属する確率およびそこからの移動について分析を行っている．その結果，夫の学歴，妻の就業状態，子ども数が貧困から脱出する確率に影響していることを見出した．

　貧困動態のもう一つの視点が，固定化である．所得階層の固定化については，先の家計経済研究所の「消費生活に関するパネル調査」を用いた分析が蓄積されており，固定化が高まっているという結果が報告されている（樋口ほか 2003，太田・坂本 2004，浜田 2006）．太田・坂本（2004）は，同パネル調査を用いて，個人の所得階層が固定化しているかどうかを検証し，1993年から2002年にかけて所得5分位の残留率（1年後に同じ階層にとどまっている割合）が次第に大きくなったと主張する．また，浜田（2006）は，同一の世代（コホート）や同年齢階層においても，1990年代後半よりも2000年代前半のほうが固定度が高いとしている．

さらに，この固定化は同一人物のライフサイクルだけにとどまらず，世代を超えて継承されているという指摘もある．たとえ，固定された「結果の不平等」が起こったとしても，それが競争原理によって，能力や努力の差によって生じるものであれば致し方がないとする意見もあるが，その前提となる平等な競争が確保されていないという指摘である（「機会の不平等」）．教育や遺産などを通して，裕福な親は子にさまざまな投資をし，また，自らのリソース（金銭的なもののみならず，交友関係や「コネ」なども含まれるであろう）を子に引き継がせていくのである（青木 1997，佐藤 2000，苅谷 2001，松浦 2006 等）．

4. 社会保障と税の防貧機能

4.1 貧困政策の効果と効率性

貧困政策を評価する手法はいくつか存在する．一つは，単純に政策前と後において，貧困率や貧困ギャップ率といった貧困指標がどれほど変化するのかを検証する方法である．しかし，貧困指標は貧困政策以外の要因によっても変動するため，それらの要因による変動を除去する手法を用いなければ，純粋な政策の効果を測ることはできない．最も厳密な政策評価手法においては，政策やプログラムの対象者と対象者でないコントロールグループの比較が行われる．しかし，特に日本の社会保障政策においては，全国一律に同様の政策やプログラムが行われるため，このような手法をとることは難しい．これに近似する方法として，政府からの所得移転の効果を測るために，移転前と移転後の貧困率や貧困ギャップ率の変化を計測する方法がある．具体的には，例えば，生活保護制度からの給付前と給付後で，もし生活保護給付が行われなかったらどれほどであった貧困が，給付後，どれだけ緩和されたかを計算することが可能である．もちろん，もし生活保護制度が存在しなかったら人々は現在の行動と異なった行動をとるであろうから，この比較では厳密な意味での生活保護制度の効果は測れない．しかしこの手法は，比較的に容易に計測でき，政策のおおまかな効果を測ることができるため，広く用いられている．前節では，政府の所得移転プログラム（税と社会保障）全体の貧困削減度を紹介した．

貧困政策を評価するもう一つの視点が効率性である（Beckerman 1979, Atkin-

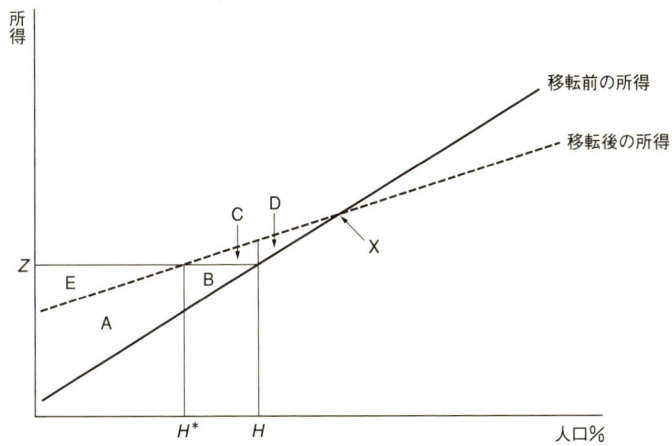

第1章　日本の貧困の実態と貧困政策　　　　　　　　　　　　43

図 1-2　貧困政策の効率性

出所：Atkinson（1995），橘木（2000）を一部加筆．

son 1995, 橘木 2000, 橘木・浦川 2006)．これには2つの概念がある．一つは，政策前の貧困をどれほど緩和することができたか，という効率性で，例えば，生活保護制度を評価する指標としてしばしば用いられる捕捉率（生活保護基準を満たさない人々のうち実際に生活保護を受けている人の割合[9]）もこれにあたる．もう一つは，支給されている額のうち，実際に貧困者に支給されているのがどれほどかを測るものである．これは，もちろん，濫給が多い場合は低くなるし，貧困政策が普遍的な給付を行うプログラムである場合は貧困政策としての効率性は低くなる．前者の効率性は水平的効率性，後者は垂直的効率性と呼ばれる（橘木 2000）．

2つの効率性を概念化したのが図1-2である．横軸には人口，縦軸には所得をとり，実線は，所得の低い人から高い人までを順番に並べたものである．点

---

[9] 捕捉率の議論には注意を要する．実際に生活保護を受給するには，所得以外にも貯蓄をはじめ，扶養義務者の有無や就労能力の有無など，多くの要件をクリアすることが必要である．しかし多くの文献は，所得（まれに貯蓄も含む）のみのデータを用いて，それを最低生活費と比較し，最低生活費以下の場合を「貧困世帯＝受給資格がある世帯」としてカウントしている．すなわち，このように判定された貧困世帯のうち，実際に受給要件を満たす世帯はごく一部である．生活保護の受給世帯数が「貧困世帯＝低所得世帯」に比べ少ないのは，捕捉率（受給資格がある世帯の中で実際に受給している世帯数）が低いためではなく，生活保護の受給要件が厳しいからである．

線は，所得移転後の所得を表す．z を貧困基準（貧困線）とすると，H が移転前の貧困率，H^* が移転後の貧困率であり，貧困率の削減は $(H-H^*)$ である．$(A+B+E)$ は移転前の貧困ギャップ（貧困線以下の人々の貧困ギャップの総和）であり，E が移転後の貧困ギャップであるから，貧困ギャップの削減量は $(A+B)$ となる．水平的効率性と垂直的効率性は以下に定義される．

z = 貧困線　　H = 貧困率（移転前）　　H^* = 貧困率（移転後）

$A+B+E$ = 移転前の貧困ギャップ

E = 移転後の貧困ギャップ

$A+B+C+D$ = 総移転量

水平的効率性 $(h) = \dfrac{A+B}{A+B+E}$

垂直的効率性 $(v) = \dfrac{A+B}{A+B+C+D}$

橘木・浦川（2006）は，この概念を用いて生活保護給付の水平的効率性と垂直的効率性を計測しており，全世帯では 13.2％ と 87.0％，高齢者世帯（世帯員がすべて高齢者の世帯）に限ると 16.9％ と 91.8％ と報告している（2001年，データは『平成14年所得再分配調査』．貧困線は等価可処分所得の中央値の50％）．つまり，日本の生活保護制度は，不必要な給付はほとんどしていないものの，社会全体の貧困量を削減することにはあまり効果を発揮していないということとなる．

しかし，実際の所得と所得移転の分布を精査すると，上記の概念図にはうまく収まらない事象がみえてくる．また，移転を生活保護制度からの給付にとどめず，税や社会保障制度全体の所得移転を含めて貧困削減効果を考えると，問題はさらに複雑化する．まず，第1に，図1-2においては，あたかも，所得の低い人ほど多くの移転を受け取っているようにみえる．移転額は，所得の上昇とともに徐々に減少し，ポイント X においてゼロとなっている．しかし，実際の所得移転はそうではない．所得が低くても，1円も受給していない人もいるし，所得がポイント X の上にあっても多くの移転を受け取っている人も存在する．第2に，移転は必ずしもプラスの移転だけではない．生活保護制度のみを考慮すれば，給付はすべてプラスであるが，税・社会保障制度全体を考え

れば，所得移転には，年金給付や生活保護制度からの給付，児童手当，児童扶養手当などプラス（正）の移転もあれば，社会保険料や所得税，消費税など，制度が存在することによって生じるマイナス（負）の移転もあるのである．制度全体の貧困削減効果を測るのであれば，プラスの移転からマイナスの移転を差し引いたネット移転を考慮するべきである．これらは，各世帯や個人の貧困ステータスと必ずしも関係なく分布しており，貧困線以下の人であっても，マイナスの移転を負担している．特に社会保険料は，この典型的な例であり，後章で詳しく述べられるが，国民年金や国民健康保険の保険料は免除や減免制度があるとしても逆進的であるため，低所得者であっても負担しているのである（例外は，生活保護の被保護者であるが，生活保護の捕捉率は低いので，被保護世帯と同レベルの世帯であっても，生活保護を受給しておらず，社会保険料や税を負担している世帯もある）．そのため，たとえ貧困線の下の世帯であっても，ネット移転がプラスであると限らず，高所得の世帯であってもネット移転がプラスの場合もある．換言すると，貧困世帯がますます貧困になる場合もあるし，移転前に貧困線の上にあった世帯が貧困層に脱落する場合もあるのである．このような複雑な所得移転は，上記の図や数式では表しきれない．

4.2 貧困層への所得移転

Beckerman (1979) の提唱した水平的効率性と垂直的効率性は，簡単にいえば，貧困削減を目的とする所得移転が，移転前にあった貧困をどれほど削減しているか（水平的効率性），そして，移転された額のどれほどが実際に貧困者に給付されているか（垂直性効率性）を表している．そのため，同様の観点から指標を簡略化することによって，複雑な所得移転にも対応する指標を作成することができる．すなわち，

水平的効率性 $(h) = 1 - ($移転後の貧困ギャップ$/$移転前の貧困ギャップ$)$

垂直的効率性 $(v1) = ($貧困層へのプラス移転$/$総プラス移転$)$

垂直的効率性 $(v2) = ($貧困層へのマイナス移転$/$総マイナス移転$)$

水平的効率性は，つまり，貧困ギャップの移転前と移転後の削減率となる．垂直的効率性については，プラス移転とマイナス移転を別々に考慮することにより，給付の分布と負担の分布を鮮明にみることができる．

表 1-5 社会移転のネット・トラ

国	年	ネット・トランスファーがマイナスの世帯			ネット・トランスファーがプラスの世帯		
		貧困継続層	貧困脱落層	非貧困層	貧困継続層	貧困脱出層	非貧困層
オーストラリア	1994	−0.03	−0.02	−22.90	2.22	7.15	1.11
カナダ	1997	−0.04	−0.12	−20.89	1.89	5.81	2.37
デンマーク	1997	−0.23	−0.67	−38.28	0.89	12.74	1.66
フィンランド	1995	−0.10	−0.12	−22.87	1.46	12.12	3.73
ドイツ	1994	−0.03	−1.30	−29.59	1.83	17.77	3.23
オランダ	1994	−0.74	−0.06	−32.24	1.25	12.97	2.44
ノルウェー	1995	−0.06	−0.10	−20.53	1.30	15.89	2.90
スウェーデン	1995	−0.11	−0.12	−20.76	1.25	20.26	4.04
イギリス	1995	−0.04	−0.40	−20.27	2.57	10.32	2.58
アメリカ	1997	−0.05	−0.14	−24.90	2.06	3.97	2.10
日本	1996	−0.24	−0.30	−12.79	1.09	4.75	3.02

データ：日本は厚生労働省『平成8年所得再分配調査』，その他の国はルクセンブルグ・インカム・スタディ．
貧困持続層：移転前も後も貧困である層．
貧困脱落層：移転前は貧困線より上であるが，移転後に貧困線より下となった層．
非貧困層：移転前も後も貧困線より上の層．
貧困脱出層：移転前は貧困線より下であったが，移転後は上となった層．
出所：Abe (2001).

　Abe (2001) は，厚生労働省『所得再分配調査』とルクセンブルグ・インカム・スタディ (LIS) の10カ国のマイクロデータを用いて，興味深い推計をしている (表1-5)．まず，Abe (2001) は，全世帯を政府からの移転前と移転後の貧困statusによって4つのグループに分けている．ここで所得移転とは，公的年金や生活保護などのプラスの現金給付から，社会保険料と税のマイナスの移転を差し引いたネット移転を指す．4つのグループとは，①貧困継続層（移転の前も後も貧困線の下の世帯），②貧困脱出層（移転前は貧困線の下であるが，移転後は貧困線の上の世帯），③貧困脱落層（移転前は貧困線の上であるが，移転後は貧困線の下の層），④非貧困層（移転前も後も貧困線の上の層）である．これによると，日本は貧困継続層（①）へのマイナスの移転がオランダにつづき2番目に高く，プラスの移転はデンマークに続いて2番目に低い．また，非貧困層（④）への移転をみると，マイナスの移転は最も低く，プラスの移転は4番目に高い．ちなみに，貧困継続層への移転のパターン（マイナスの移転が多く，プラスの移転が少ない）が似ていたオランダとデンマークの非貧困層への移転をみると，両国ともマイナスの移転が多く，プラスの移転が少なくなっている．つまり，この2国については，貧困層であっても非貧困層であっても，マイナス

ンスファーの額（移転後の総所得の％）

ネット移転				効果と効率性	
貧困継続層	貧困脱出層	貧困脱落層	非貧困層	$v1$	$v2$
2.19	7.15	−0.02	−21.79	0.21	0.001
1.85	5.81	−0.12	−18.52	0.19	0.002
0.66	12.74	−0.67	−36.62	0.06	0.006
1.36	12.12	−0.12	−19.14	0.08	0.004
1.80	17.77	−1.30	−26.36	0.08	0.001
0.51	12.97	−0.06	−29.80	0.08	0.022
1.24	15.89	−0.10	−17.63	0.06	0.003
1.14	20.26	−0.12	−16.72	0.05	0.005
2.53	10.32	−0.40	−17.69	0.17	0.002
2.01	3.97	−0.14	−22.80	0.25	0.002
0.85	4.75	−0.30	−9.77	0.12	0.018

の移転が多く，プラスの移転が少なく，これら全所得層から徴収された移転は現物給付などの現金給付以外の用途に使われていると考えることができる．日本と比べられることが多いドイツとアメリカについてみてみると，両国ともマイナスの移転が貧困継続層では日本より少なく，非貧困層では日本より多くなっており，逆に，プラスの移転は貧困継続層で多く，非貧困層で少なくなっている．換言すると，日本の社会保障制度の実際の移転は，貧困層には厳しく，非貧困層にとっては比較的に潤沢なパターンとなっているのである．

5．おわりに

本章では，貧困の定義と生活保護制度における貧困の概念を明らかにしたうえで，日本の貧困の概観を論じた．本章のまとめとして，以下のことがいえる．

まず，第1に，日本の貧困率は1980年代以降上昇しつつあり，特に高齢者や特定世帯（母子世帯，父子世帯，その他の世帯の子どもなど）に属する人々の貧困率・貧困ギャップ率が高いことが挙げられる．さらに，ワーキングプアが勤労世代では約10％，高齢者世代では18〜26％も存在することも指摘された．

一方で，貧困は配偶状況にも密接に関係していることが示唆された．

第2に，貧困の動態を分析する研究成果によると，貧困は一時的なものと持続的または繰り返し経験されるものとに分けられることがわかってきている．近年の貧困の固定化の実証研究は，後者の貧困が増加していることを示しており，これは貧困対策の根本に関わる問題である．公的扶助を一時的な支援と位置づけるのか，恒常的な所得補填と位置づけるのかによって，どのような貧困に対処できるのかが決定されるからである．

最後に，生活保護のみならず日本の政府による所得移転（税と社会保障）全体を考慮すると，政府による移転の貧困削減効果はきわめて限定された人々に集中していることがわかった．つまり，年金のみが大きな効果をもっており，ほかの制度は限定的もしくは負の効果をもっているのである．特に懸念されるのが，「夫婦と未婚の子どものみ世帯」「父子世帯」の子どもの貧困率・貧困ギャップ率が移転後に上昇していることである．これは，子どもをもつ勤労世代の世帯においては，高齢化による社会保障負担が増大しているうえに，児童手当など子ども単位で支給される給付が限定的であることを示している．有子世帯に限らず，貧困層―非貧困層を比べてみても，日本の政府移転は他国に比べて，貧困層に比較的に重い負担と低い給付，非貧困層に比較的に軽い負担と手厚い給付を行っている．この負担と給付の関係は，生活保護制度のみで是正できるものではないが，人々の最低生活を保障する生活保護制度を考慮するうえで重要な視点となるであろう．

参考文献

青木紀（1997）「貧困の世代的再生産――教育との関連で考える」庄司洋子・杉村宏・藤村正之編『貧困・不平等と社会福祉』有斐閣，pp. 129-147．

青木紀（2006）「社会意識：現代日本の貧困感――相対的貧困像の対置」青木紀・杉村宏編『現代の貧困と不平等――日本・アメリカの現実と反貧困戦略』明石書店．

阿部彩（2002）「貧困から社会的排除へ――指標の開発と現状」『海外社会保障研究』Vol. 141, pp. 67-80．

阿部彩（2004）「補論『最低限の生活水準』に関する社会的評価」『季刊・社会保障研究』第39巻第4号，pp. 403-414．

阿部彩（2005）「子供の貧困――国際比較の視点から」国立社会保障・人口問題研究所編『子育て世帯の社会保障』東京大学出版会，pp. 119-142．

阿部彩・大石亜希子（2005）「母子世帯の経済状況と社会保障」国立社会保障・人口問題研究所編『子育て世帯の社会保障』東京大学出版会，pp. 143-161.

阿部彩（2006a）「貧困の現状とその要因——1980-2000年代の貧困率上昇の要因分析」小塩隆士・田近栄治・府川哲夫編著『日本の所得分配——格差拡大と政策の役割』東京大学出版会，pp. 111-137.

阿部彩（2006b）「相対的剝奪の実態と分析——日本のマイクロデータを用いた実証研究」社会政策学会編『社会政策における福祉と就労』（社会政策学会誌第16号）法律文化社，pp. 251-275.

阿部彩（2007a）「日本における社会的排除の実態とその要因」『季刊・社会保障研究』第43巻第1号，pp. 27-40.

阿部彩（2007b）「貧困のリスク」橘木俊詔編『経済とリスク』（リスク学入門2）岩波書店，pp. 65-94.

阿部彩（2007c）「アメリカの所得分配と国民意識」『海外社会保障研究』第159号，pp. 21-36.

岩田正美・濱本知寿香（2004）「デフレ不況下の『貧困経験』」樋口美雄・太田清・家計経済研究所編『女性たちの平成不況』日本経済新聞社，pp. 203-233.

岩田正美（2005）「貧困・社会的排除と福祉社会」岩田正美・西澤晃彦編著『貧困と社会的排除——福祉社会を蝕むもの』ミネルヴァ書房，pp. 1-12.

岩田正美（2007）『現代の貧困——ワーキングプア／ホームレス／生活保護』ちくま新書．

太田清・坂本和靖（2004）「所得格差と階層の固定化」樋口美雄・太田清・家計経済研究所編『女性たちの平成不況』日本経済新聞社，pp. 191-201.

大竹文雄（2005）『日本の不平等——格差社会の幻想と未来』日本経済新聞社．

小川浩（2000）「貧困世帯の現状——日英比較」『経済研究』Vol. 51, No. 3, pp. 220-231.

門倉貴史（2006）『ワーキングプア——いくら働いても報われない時代が来る』宝島社新書．

苅谷剛彦（2001）『階層化日本と教育危機』有信堂高文社．

経済企画庁編（1963）『国民所得倍増計画——付経済審議会答申』大蔵省印刷局．

厚生労働省（2007）『平成17年国民生活基礎調査』厚生統計協会．

駒村康平（2005）「生活保護改革・障害者の所得保障」国立社会保障・人口問題研究所編『社会保障制度改革』東京大学出版会，pp. 173-202.

坂口尚文（2006）「低所得世帯とその属性について」『季刊家計経済研究』No. 72, pp. 49-57.

佐藤俊樹（2000）『不平等社会日本』中央公論新社．

白波瀬佐和子（2005）『少子高齢社会のみえない格差——ジェンダー・世代・階層のゆ

くえ』東京大学出版会.
白波瀬佐和子編 (2006)『変化する社会の不平等——少子高齢化にひそむ格差』東京大学出版会.
『新版・社会福祉学習双書』編集委員会編 (2007)『公的扶助論』全国社会福祉協議会.
杉村宏 (1997)「わが国における低所得・貧困問題」庄司洋子・杉村宏・藤村正之編『貧困・不平等と社会福祉』有斐閣, pp. 67-84.
副田義也 (1995)『生活保護制度の社会史』東京大学出版会.
橘木俊詔 (2000)『セーフティ・ネットの経済学』日本経済新聞社.
橘木俊詔・浦川邦夫 (2006)『日本の貧困研究』東京大学出版会.
浜田浩児 (2006)「所得格差の固定性の計測」『季刊家計経済研究』No. 73, pp. 86-94.
樋口美雄・岩田正美 (1999)『パネルデータからみた現代女性』東洋経済新報社.
樋口美雄・法専充男・鈴木盛雄・飯島隆介・川出真清・坂本和靖 (2003)「パネルデータに見る所得階層の固定性と意識変化」樋口美雄・財務省財務総合政策研究所編『日本の所得格差と社会階層』日本評論社, pp. 45-83.
平岡公一編 (2001)『高齢期と社会的不平等』東京大学出版会.
藤本武 (1985)『資本主義と労働者階級——イギリスにおける貧乏小史』法律文化社.
松浦克己 (2006)「遺産, 年金, 出産・子育てが生む格差——純金融資産を例に」白波瀬佐和子編『変化する社会の不平等——少子高齢化にひそむ格差』東京大学出版会, pp. 165-195.
山田篤裕 (2000)「社会保障制度の安全網と高齢者の経済的地位」国立社会保障・人口問題研究所編『家族・世帯の変容と生活保障機能』東京大学出版会, pp. 199-226.
Abe, Aya (2001) "Universalism and Targeting: An International Comparison using the LIS database", LIS Working Paper No. 288, December, 2001.
Atkinson, A. B. (1995) *Incomes and the Welfare State*, Cambridge University Press.
Beckerman, W. (1979) "The Impact of Income Maintenance Payments on Poverty in Britain 1975", *Economic Journal*, Vol. 89, pp. 261-279.
Booth, C. (1892-1903) *Life and Labour of the People in London*.
Förster, M. and Mira d'Ercole, M. (2005) "Income Distribution and Poverty in OECD Countries in the Second-Half of the 1990s", OECD Social Employment and Migration Working Papers 22, DELSA/ELSA/WD/SEM (2005) 1.
Gordon, D. et al. (2000) *Poverty and Social Exclusion in Britain*, York: Joseph Rowntree Foundation.
Gordon, D. and Pantazis, C. (1997) *Breadline Britain in the 1990s*, Hants: Ashgate Publishing Limited.
Hirayama, Y. (2003) "Housing Policy and Social Inequality in Japan", in Izuhara,

M. (Eds.), *Comparing Social Policies*, Bristol: Policy Press, pp. 151–171.

Luxembourg Income Study, *LIS Key Figures* (downloaded 09/18/2007).

Pantazis, Christina, Townsend, Peter and Gordon, David (1999) "The Necessities of Life in Britain", PSE Working Paper No. 1, Townsend Centre for International Poverty Research.

Rowntree, B. S. (1901) *Poverty: Study of Town Life*, London: Macmillan.

Sen, A. K. (1985) "A Sociological Approach to the Measurement of Poverty: Reply to Professor Peter Townsend", Oxford Economic Papers 37, pp. 669–676.

Townsend, P. (1979) *Poverty in the United Kingdom*, London: Allen Lane and Penguin Books.

Townsend, P. (1985) "A Sociological Approach to the Measurement of Poverty: A Rejoinder to Professor Amartya Sen", Oxford Economic Papers 37, pp. 659–668.

Townsend, P. (1993) *The International Analysis of Poverty*, Hertfordshire: Harvester Wheatsheaf.

第2章　公的扶助の経済理論 I：公的扶助と労働供給[1]

國枝　繁樹

1. はじめに

　我が国では，1950年の生活保護法制定以来，公的扶助政策が経済政策として注目を集めることはあまりなかったが，1990年代後半以降生活保護受給人員が増加傾向に転じる中，最近になって公的扶助制度の改革が論じられるようになってきた．

　その背景としては，まず，経済財政諮問会議を中心とした構造改革の動きがある．2003年6月の「経済財政運営と構造改革に関する基本方針2003」（いわゆる「骨太の方針」）は，消費税増税は先送りする一方，社会保障給付費の伸びの抑制を重視し，生活保護についても，「物価，賃金動向，社会経済情勢の変化，年金制度改革などとの関係を踏まえ，老齢加算等の扶助基準など制度，運営の両面にわたる見直しが必要である」と指摘した．こうした指摘を受け，社会保障審議会福祉部会に「生活保護制度の在り方に関する専門委員会」が設置され，2004年末に，今後の改革の方向性を示した報告書がまとめられた．同報告書においては，生活困窮者の自立・就労を促す方向への改革を強調する一方，老齢加算等については廃止する必要性が示され，その後，報告書の方針に沿った改革が進められている．

　他方，国民の間では，経済格差拡大に対する関心が高まり，十分な経済格差是正策が取られていないことに対する批判が高まった．現在の我が国において経済格差が実際に拡大しているのかについては経済学者の間で論争があるが，アメリカ，イギリス等の先進国においては，不況の影響だけではなくITをは

---

[1] 一橋大学山重慎二准教授には，出版コンファレンスにおけるコメンテーターとして非常に有益なコメントをいただいた．また，出版コンファレンスの出席者の方々からも多くの有益なコメントをいただいた．感謝を申し上げたい．

じめとする技術革新とグローバリゼーションの進展により、構造的に経済格差が拡大していることが観察されており、我が国も構造的な経済格差の拡大に直面するおそれがある．また、我が国においても、努力して働きながらも困窮した生活を送るワーキングプアが少なからず存在することが指摘され、貧困層の存在が国民にも広く認識されるに至っている．国民の経済格差に対する批判に対応して、政府において、2006年末には再チャレンジ支援総合プランが示され、さらに2007年2月には「成長力底上げ戦略」が示された．同戦略では、「『福祉から雇用へ』推進5カ年計画」を策定し、その中で、母子家庭世帯、生活保護世帯、障害者等の就労移行に関する5年後の具体的な目標を設定し、そのための推進方策を講じることとされている．

こうした動きを背景として、最近、関心を集めているのが、「負の所得税」や「勤労所得税額控除」等の政策であり、2007年度経済財政白書やその他の識者からは、負の所得税や勤労所得税額控除等の就労促進型の公的扶助政策の必要性についての提言もなされている．

しかしながら、我が国において、公的扶助政策を論じる際の理論的な枠組みについては十分な議論がなされているとはいえない．欧米においては、すでに就労促進型の公的扶助政策が実施され、その影響についての理論的分析や実証研究も積極的に進められている．本章においては、公的扶助の経済理論を、最新の研究も含め概観しつつ、今後、我が国における公的扶助政策のあり方につき議論する際の重要なポイントについて述べていくこととしたい．

2. 公的扶助政策の目的

伝統的な経済理論においては、社会厚生関数を最大化するような公的扶助政策を行うことが望ましいとされてきた．社会厚生関数としては、功利主義的な社会厚生関数や最も恵まれない個人の厚生を重視するロールズ型の社会厚生関数が考えられる．

他方、日本国憲法25条においては、「すべて国民は、健康で文化的な最低限度の生活を営む権利を有する」(1項)とされるとともに、さらに「国は、すべての生活部面について、社会福祉、社会保障及び公衆衛生の向上及び増進に努

めなければならない」(2項) と規定しており，我が国の生活保護制度は，憲法25条にいう「健康で文化的な最低限度の生活」を保障するために公的扶助を行うことを目的としている．

現実の公的扶助政策においては最低「所得」の保障が重視されることが多いが，日本国憲法が求めているのは「健康で文化的な最低限度の生活」であることに留意する必要があろう．経済理論においては，個人の効用水準は通常，消費と余暇の関数である効用関数 $u(c, l)$（c は消費，l は余暇）で規定され，個人は，自らの予算制約式 $c = w(L-l) + A$（ここで，w は賃金水準，L は個人の有する時間全体（すなわち $L-l$ は，労働時間に対応），および A は保有資産）の下で，効用の最大化を図るとされる．その場合，個人の消費水準は所得のみならず保有資産にも依存しており，さらに個人の効用水準は消費水準のみならず余暇の水準にも依存している．「健康で文化的な最低限度の生活」を最低限の効用（$u_{\min}$）以上の効用を享受することと解すれば（すなわち，$u(c,l) \geq u_{\min}$），所得のみならず，保有資産および余暇（逆にいえば，労働時間）の状況まで勘案する必要があることになる．例えば，健全で就労可能な者につき，フルタイムの就労を前提に最低限の効用を保障する政策を考えよう．この場合，就労可能であるのに自らの意思でまったく就労せず余暇をフルに享受する者についても，無所得であることのみに着目してフルタイムで就労している者と同様の所得を保障することは，最低限の効用を超えた効用水準を享受させることを意味している．そうした制度の下では，効用最大化を図る個人は，可能であれば就労せず，最低所得保障給付を受け取るインセンティブを有することになる．その意味で，余暇水準を十分勘案せず，所得のみに着目する伝統的な公的扶助政策には問題があることになる．本章においては，この効用水準を重視する見方（ときに効用主義と称される）を中心に，最適な公的扶助政策のあり方に関する経済理論を論じていく．

他方，我が国のみならず他の国においても，現実の政策において，最低所得の保障が重視される場合が少なくないのも事実である．最低所得の保障やその他の目標を公的扶助政策の目的とする場合の政策のあり方についても別途，論じることとする．

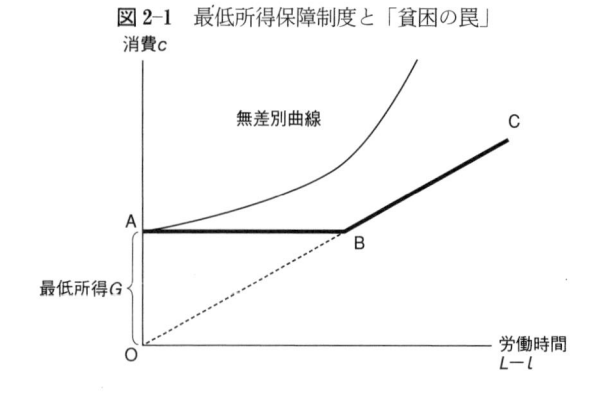

図 2-1 最低所得保障制度と「貧困の罠」

3. 伝統的な公的扶助政策——最低所得保障政策と「貧困の罠」

伝統的な公的扶助政策として実施されてきたのは，最低「所得」保障であり，低所得者が自ら稼得した所得 $w(L-l)$ が最低所得 G に不足する金額（$\max(0, G-w(L-l))$）を，政府が給付するという政策である．この場合，予算制約式（以下，保有資産は単純化のため 0 と仮定）は，$c = w(L-l) + \max(0, G-w(L-l))$ となる．予算制約式を，消費 c と労働時間 $(L-l)$ の関係で示すと，図 2-1 の太線で示した線 ABC のようになる．政府から受け取る給付額は，線 AB と線 OB の間の垂直線の距離に等しくなる．

図 2-1 からすぐにわかるように，AB 間においては，労働時間を増加させても労働所得の増加分だけ給付が減額されるので，消費額は変わらない．すなわち，限界税率は 100% ということになる．したがって，個人の選好が図 2-1 の無差別曲線の場合には，個人はまったく働かない点 A を効用を最大化する点として選択し，給付額 G を受け取ることとなる．このように，最低所得保障制度の存在が個人の労働意欲を失わせ，公的扶助の受給を継続させる状況を「貧困の罠（poverty trap）」と呼んでいる（もっとも，公的扶助政策においては，就労可能な者はまず就労することが受給の要件とされることも多い．そうした要件の意義については後述する）．

我が国の生活保護制度も，基本的には最低「所得」保障制度である．このため，生活保護法 4 条の定めるいわゆる補足性の原理を厳密に適用すれば，自ら

稼得した所得が最低所得に不足する額のみ給付が行われるため、勤労所得を増加させても給付額が削減されるだけになりかねない。ただし、現実には勤労控除制度が存在し、収入認定の際に勤労控除が認められるため、就労に伴う収入が増加しても、生活保護給付の100%の減額にはつながらない。勤労控除のうち、基礎控除は月額8,000円までは全額控除で、その後、控除額は勤労収入に比例して増加する（収入金額比例方式）。その他の勤労控除として、特別控除と新規就労控除も存在する。基礎控除の収入金額比例方式のため、就労に伴う収入が増加しても、すべて給付の減額につながるわけではないが、その効果は限定的である。橋本（2006）による試算（同、図表12-7）では、月額4万円から12万円の間の勤労所得に対する実効限界税率は83～93%というきわめて高いものであり、我が国の生活保護制度は、就労に対する深刻なディスインセンティブをもたらしているといわざるを得ない。

経済学者の多くは、非常に高い限界税率により労働意欲を阻害する最低所得保障制度は問題が多く、よりインセンティブを重視した公的扶助制度が望ましいと考えてきた。そうした改革案の中で、古くから支持を集めてきたのが「負の所得税」構想である。

4. 「負の所得税」の理論と実証

「負の所得税」構想は、Friedman (1962) により提案され、党派を問わず、幅広い経済学者から支持されてきた。Friedman (1962) は、就労に対する深刻なディスインセンティブ効果をもつ伝統的な公的扶助政策を、就労を妨げ、人々の自立を阻害するものとして痛烈に批判したうえ、その代替案として、貧困層への給付額の減額幅を労働所得の増加幅より抑え、労働所得と給付額の合計額を労働所得の増加とともに漸増させることで限界税率を低くし、就労へのディスインセンティブ効果を抑制する「負の所得税」を提案した。負の所得税の利点としては、就労促進効果に加え、①他の基準（年齢等）に基づくカテゴリー別の公的扶助政策と異なり、所得水準のみに基づく直接的な低所得者対策であること、②フード・スタンプ等の現物給付の公的扶助政策と異なり、何を購入するかは消費者の判断に任せる現金給付の制度であること、③既存の公的

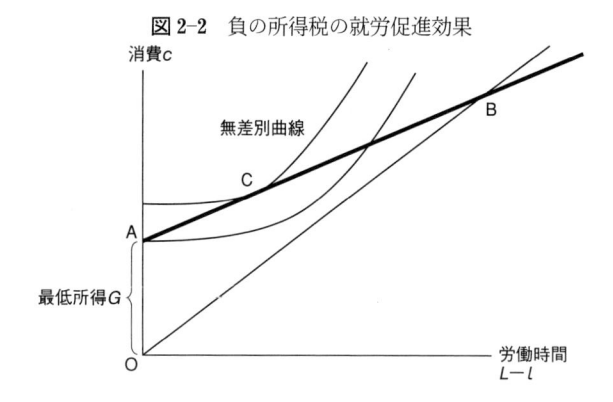

図 2-2 負の所得税の就労促進効果

扶助政策の重複を排した包括的な公的扶助制度であること，④既存の公的扶助政策の高い行政費用を軽減できること，等を指摘している（Friedman 1962, Moffit 2003）．

また，最近では，Atkinson（1995）が，「ベーシック・インカム」構想と線型所得税とを結びつけた一種の負の所得税を，「ベーシック・インカム／フラット・タックス」提案として論じている[2]．

（線型所得税と結びつけられた場合の）負の所得税の下での税負担（負の場合は還付金）T は，$T=-G+tw(L-l)$ という算式で決定される（ここで，G は負の所得税の下で保障される最低所得であり，t が所得税率である）．所得税率 t は，税収と還付額の総額が一致するように決められる．したがって，最低所得 G が寛大に設定された場合には，必要とされる税率は高くなる．この税により，個人の予算制約式は，$c=w(L-l)-T=G+(1-t)w(L-l)$ となり，消費 c と労働時間 $(L-l)$ の関係は，図 2-2 の太線で示した直線となる．

図 2-2 より，最低所得保障制度の下では A 点を選び，働こうとしなかった個人が，負の所得税制度の下では C 点を選び，就労することがわかる．負の所得税導入により限界税率が 100％ から低下したことにより，働くことに対するディスインセンティブが減少し，就労するわけである．

---

[2] 「ベーシック・インカム」とは，各市民に定期的に無条件で支払われることが保障された所得とされる（Fitzpatrick 1999）．ベーシック・インカム給付の財源を線型所得税に求めれば，ベーシック・インカムを最低所得 G に設定した負の所得税に似た制度となる．

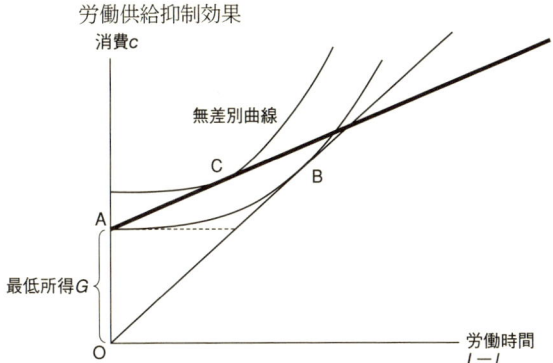

図 2-3 負の所得税による,すでに就労中の低所得層の労働供給抑制効果

しかし,我が国における議論では,負の所得税の有するもう一つの効果が十分には認識されていないように思われる.それは,最低所得保障制度においてもすでに就労していた低所得層(ワーキングプア)に与えうる影響である.

図 2-3 において示されるように,最低所得保障制度下で B 点を選び,すでに就労している個人は,負の所得税の導入により,C 点に移動し,労働供給を減少させる.これは,負の所得税の導入により,すでに働いている個人にとっては,①限界税率が増加することによる代替効果,さらに,②負の所得税の下での還付金による所得効果,の双方が労働供給を低下させることによる.負の所得税導入の際に,最低所得 G を維持する限り,労働供給を減少させる低所得層が生じることは避けられない.

現実に,「負の所得税」により労働供給の減少がみられるかについては,アメリカ政府が一部の地域で「負の所得税」導入の社会実験を行っており,そのデータに基づく実証研究が多くなされてきた.4 つの実験例(New Jersey (1968-1972 年),Rural Iowa / North Carolina (1969-1973 年),Gary (1971-1974 年),Seattle-Denver (1971-82 年))についての実証研究を概観した Robins (1985) は,上記の理論的な説明と整合的に,「負の所得税」導入により労働供給全体が減少していることを指摘している.労働時間は 5~25% 程度,減少し,雇用率も 1~10% 程度,減少している (Robins 1985, p. 573).その背景には,各実験において,寛大な給付とその財源調達のための高い限界税率が設定されたため,

寛大な給付による所得効果と高い限界税率による代替効果があいまって，労働供給の減少に働いたことがある．

しかしながら，負の所得税導入の目的を低所得層の経済厚生の向上と考えるならば，低所得層の労働供給の減少自体は，問題ではない．図2-3の負の所得税導入の前後の2つの無差別曲線からすぐに明らかなように，還付金を受け取れることおよび余暇が増加することから，低所得層の経済厚生は増加する．Blank (1997) が強調したように，公的扶助政策の本来の目的は低所得層の経済厚生の向上であり，その意味では，負の所得税はまさに目的を達成していることとなる．例えば，ワーキングプアを取り上げたNHKスペシャルでの母子家庭の例を考えよう（NHKスペシャル「ワーキングプア」取材班 2007）．母親は，昼に低賃金のフルタイムのパートで働くのみならず，本来，夜は子どもと一緒に家で過ごしたいのだが，生計費確保のため，深夜，弁当工場でも働いている．ここに負の所得税が導入された場合，昼のパートでの賃金に上乗せされた還付金を受け取ることで生計費が確保できれば，母親は，夜，働かなくてすむようになる．母親が子どもと夜をともに過ごせることにより，この母子家庭の効用は増加しよう．社会厚生関数において，このワーキングプアの母子家庭に相対的に重いウェイトが付されている場合には，労働供給の減少にもかかわらず，社会厚生は向上しうる．

「負の所得税」構想の問題点もいくつか指摘されている．まず，「負の所得税」を実現するためには，巨額の財源が必要となることが挙げられる．そのことは，線型所得税を想定した場合には，高い税率を設定する必要があることを意味する．また，現実の執行にあたっては，所得を低く申告し，不正還付を求めてくる者にどう対処するかという問題もある．

5. 低所得への補助金——勤労所得税額控除

最近の低所得者に対する政策としては，アメリカの勤労所得税額控除（Earning Income Tax Credit, EITC）のように，低（勤労）所得に対し補助金を付与する形の政策が取られている．低所得への補助は，典型的には，3つの段階に分かれている．まず所得が非常に低いフェーズイン段階（図2-4の線分OA

図 2-4　低賃金への補助金：勤労所得税額控除（EITC）

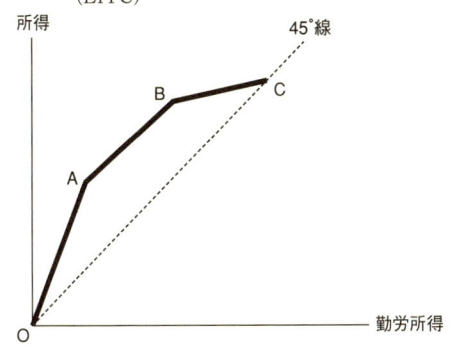

に対応）においては、所得の一定割合に対応する補助金が付加される（勤労所得税額控除の場合には、還付の形が取られる）。もう少し高い勤労所得に対応する次のフラット段階（同図の線分 AB に対応）では、補助金の額は上限に達し、一定となる。さらに高い勤労所得に対応するフェーズアウト段階（同図の線分 BC に対応）においては、補助金は勤労所得の増加に応じ、徐々に減額されていき、ある水準（同図では点 C）で補助金は 0 となる。なお、就労しない場合には、まったく補助金は支給されない。

　労働供給に対する影響は、各段階によって異なりうる。フェーズイン段階（図中の OA）においては、賃金に上乗せの補助金が載り、限界税率は負となる。したがって、代替効果は就労促進に働く。所得効果は就労抑制に働くが、非常に低所得の場合は所得効果は限定的なので、全体的な効果としては、就労促進に働く可能性が強い。フラット段階（図中の AB）においては、補助金の額は一定なので、予算制約式の傾きはもともとの賃金と変わらず、代替効果上の影響はない。他方、補助金分の所得効果が発生するため、労働供給抑制の方向に働く。さらに、フェーズアウト段階（図中の BC）においては、限界税率は正なので、代替効果は労働供給の抑制の方向に働き、同じく補助金を受け取ることによる所得効果も労働供給の抑制の方向に働くため、理論的には労働供給は抑制されることとなる（徐々に補助金を減額するフェーズアウト段階を置かずに、ある所得水準で補助金を突然打ち切ると、その点で予算制約式が屈折し、労働供給がその点に集中してしまう（"bunching" と呼ばれる）ため、フェーズアウト段階を設けざるを得

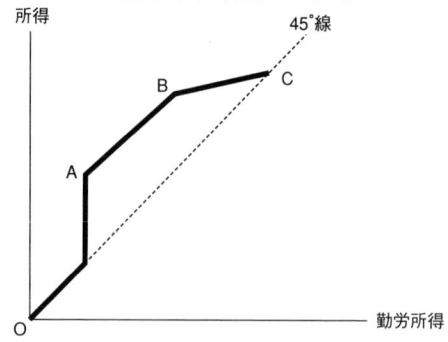

図 2-5 イギリスの就労税額控除（WTC）と予算制約式（単純化したもの）

ないことに留意する必要がある）．もっとも負の所得税と同様に，労働供給抑制に働く場合も含め，全段階において，低所得者層の経済厚生の向上には貢献している．

他方，イギリスにおいては，1999 年に母子世帯等を対象に就労世帯税額控除（Working Family Tax Credit, WFTC）が導入され，その後，2003 年に対象を子どものいない世帯にも拡大した就労税額控除（Working Tax Credit, WTC）に変更された．WFTC および WTC においては，フェーズイン段階は存在せず，代わりに，給付を得る要件として週 16 時間の最低労働時間が定められている（WFTC および WTC の概要については，木原・柵山（2006）を参考にされたい）．このため，予算制約式は，図 2-5 のように，フェーズイン段階がないものとなる[3]．また，アメリカの EITC と比較して，イギリスの WFTC は低所得層への給付水準が高くなっていた．ただし，別途，生活保護（income support）の支給も 16 時間未満の労働時間の家計になされるため，イギリスにおいて低所得者が直面する予算制約線は，現実にはもっと複雑なものとなる（Blundell 2006）．

その他の国においても，勤労所得税額控除のように就労を前提とした所得補

---

[3] なお，図 2-5 においては，一定の賃金率を前提に，最低労働時間に対応する勤労所得水準までは給付が行われないと仮定している．

助の制度の導入が進んでいる．オランダ，フランス，ベルギー，フィンランド等の欧州諸国に加え，最近では韓国も導入を決定している[4]．

6. 低所得者の労働供給行動——実証研究

　アメリカにおいては，低所得者への補助金の形を取るEITCが1975年から存在していたが，クリントン政権の下，1994年に大きく拡大され，現在では子どもをもつ低所得者層にとっては最大の現金給付による公的扶助となっている．また，イギリスのブレア政権も，WFTC（2003年よりWTC）を導入・拡充した．こうしたEITCおよびWFTCの急拡大は，税・公的移転制度の低所得者層の労働供給への影響に関する貴重な実証研究の場（"natural experiment"）を提供するものであり，数多くの実証分析が行われてきた（Eissa and Liebman 1996, Meyer and Rosenbaum 2001, Eissa and Hoynes 2006, Blundell 2006）．

　こうした実証研究においては，貧困層の中で重要な位置を占める母子家庭の労働供給への影響を中心に多くの分析がなされている．アメリカにおいては，EITCの拡大に伴う母子家庭の母親と子どもをもたない独身女性の労働供給の変化の差異に着目してdifference in differenceの手法を用いたEissa and Liebman (1996) や Meyer and Rosenbaum (2001) 等が，子どものいない独身女性に比べ，EITCの適用される母子家庭の母親の雇用が大きく増加していることを見出している．これは，フェーズイン段階にみられるEITCの就労促進インセンティブが強力に働いたことを示すものと考えられる．他方，すでに就労している受給者については，理論的にはEITCのフラット段階やフェーズアウト段階の労働供給抑制効果により労働時間の短縮等が予想されていたが，実証結果においては，そうした効果はあまり確認されていない．

　また，イギリスのWFTCの導入に伴う労働供給の変化については，difference in differenceの手法に基づく実証研究に加え，予算制約式が非線形とな

---

[4] 欧州諸国の事例についての簡単な紹介については，例えば内閣府政策統括官（2002）を参照されたい．

ることも考慮に入れた構造モデルに基づく実証研究が存在するが，一般に，アメリカの EITC と同様に，母子家庭の母親につき雇用率の弾力性のほうが，労働時間の弾力性よりも大きいとの結果が得られている．例えば，Brewer et al.（2006）は，1999 年の WFTC の導入で，母子家庭の母親の雇用率は 5.11％ 増加したと推定している．ただし Blundell（2006）は，WFTC 導入に伴う母子家庭の母親の雇用率につき，末子の年齢が 0～2 歳の場合の増加幅が，他の年齢の場合に比較して小さいことを指摘している．子どもが幼い場合，母親が子どもの世話等の理由で就労が困難であり，就労促進型補助金の効果は小さいことを示している．

さらに，カナダにおいては 1990 年代半ばにいくつかの州において，3,000 世帯の母子家庭を対象とした Self-Sufficiency Project（SSP）という社会実験が行われた．SSP においては，目標金額と実際の収入金額の差の 50％ にあたる給付金が，週 30 時間以上働いた者にのみ支払われた．この SSP の実験結果を分析した Michalopoulos et al.（2005）は，給付金によるインセンティブにより，週 30 時間以上の労働を行う者が増加し，収入も増加して，貧困世帯が減少したと指摘している．他方，労働時間については大きな変化がみえないとしている[5]（SSP のインセンティブ構造から労働時間が集中すると想定される 30 時間前後ではなく，平日 8 時間労働に対応する 40 時間前後に労働時間が集中していることから，労働時間については，供給側よりも，需要側あるいは制度的な要因が重要ではないかとの見方も示されており，興味深い）．

労働供給に関する文献においては，働くか否かという就労の選択を extensive margin と呼び，何時間働くかという労働時間の選択を intensive margin と呼ぶが，EITC，WFTC および SSP の労働供給への影響に関する実証結果は，extensive margin に関する労働供給の弾性値は相当大きいものの，intensive margin に関する労働供給の弾性値は小さいことを示している．in-

---

[5] なお，低所得者層への補助金政策のコストについては，SSP についての Michalopoulos et al.（2005）の推計によれば，SSP の実施により，各世帯平均で 1 ヵ月当たり 154 カナダドルほど SSP の給付額がかかったが，生活保護関連の現金給付は 97 カナダドル減少しており，また増加した所得にかかる税・社会保険料の増収分が 78 ドルあるため，全体的には若干の（ただし統計的には有意ではない）増収があったとし，生活保護費の圧縮や増加した所得への税・社会保険料の増加まで考慮すれば，SSP が財政負担を増加させない可能性を示唆している．

tensive margin の推計値が小さい点につき，Eissan and Hoynes（2006）は，①労働者が労働時間を選択することは，制度上の要因またはフルタイムおよびパートタイムの労働時間についての一般的な規範等により実際には困難であること，②推計に使われるサーベイのデータの測定に誤差があること，③人々が勤労所得税額控除制度の詳細について理解していないこと，等を考えられる理由として挙げている．

　我が国においては，既婚のパートタイム労働者が税制・社会保障制度に対応して労働時間の調整を行うかに関する実証研究を除けば，労働供給の弾力性に関する実証研究は一般に不足しているが，最近の黒田・山本（2007）は，動学的一般均衡マクロモデルで重視される異時点間の労働供給弾性値等について，extensive margin と intensive margin の区分に留意しつつ推計を行っている[6]．同論文の中では静学モデルにおける労働供給の補償弾性値（ヒクシアン弾性値）についても一部推計しているので，その推計結果をみると，社会生活基本調査を用いた推計では，「労働時間の選択」と「就業の選択」を合わせた補償弾性値は 0.48 であるのに対し，「労働時間の選択」のみの補償弾性値は 0.01 とされている．同様に，賃金構造基本統計調査を用いた推計では「労働時間の選択」と「就業の選択」を合わせた補償弾性値は 0.78 であるが，「労働時間の選択」のみの補償弾性値では 0.11 となっており，どちらのデータを用いても，intensive margin についての補償弾性値は非常に小さく，extensive margin についての反応が中心であることがわかる．我が国における労働供給の反応のほとんどが extensive margin だとすると，非常に低所得な者に対する限定税率が負（すなわち，労働供給に対する補助金）となる勤労所得税額控除型の公的扶助政策を講じることが望ましくなりうる．

　いずれにせよ，我が国においては，賃金変化に対する extensive margin および intensive margin の労働供給の弾力性に関する実証研究は不足しており，

---

6) 既婚のパートタイム労働者の労働供給については，例えば安部・大竹（1995），大石（2003）は，労働時間の（非補償の）賃金弾力性につき，負（安部・大竹（1995）では $-0.24 \sim -0.66$，大石（2003）では -0.36）と推計している．これは，所得効果に比較して，代替効果が小さいものと解釈することも可能であるが，両論文は，税・社会保障制度に対応した労働時間の調整の可能性につき言及している．これに対し，構造型モデルを用いた赤林（2003）は，最尤法による推定では非補償の賃金弾力性が正の 0.18 になるとしている．

さらに多くの研究がなされることが強く期待される．

7. 最適な公的扶助制度の経済理論

7.1　intensive margin のみを考慮した最適な所得税制・公的扶助制度

社会厚生関数を最大化するような最適な公的扶助制度のあり方については，Mirrlees（1971）が提示した最適所得税理論の枠組みで分析することができる．仮に特定の所得階層のみに対する限界税率を増加させた場合，その所得階層以上の所得階層からの税収増加により所得再配分のための財源が増加するという社会厚生上のメリットと，限界税率の増加により当該所得階層に属する個人の労働へのインセンティブが阻害されるという経済厚生上のコストが生じる．最適所得税理論においては，このメリットとコストのトレードオフを考慮して，最適な限界税率を考察する．個人の労働へのインセンティブ阻害のコストの大きさは労働供給の弾力性に影響されるが，過去の最適所得税理論においては，intensive margin（労働時間の選択）の弾力性を念頭に分析を行ってきた．

同理論においては，低所得者に対する公的扶助制度のあり方は，能力（skill）が低いため賃金が低い個人に対し，どのような限界税率を設定することが望ましいかという最適な最低限界税率の議論として論じられる．標準的な最低所得税理論においては，能力の最も低い個人が働いている場合には，最適な最低限界税率は 0 とされる（Seade 1977, 1982）．これは，能力の最も低い個人の場合，彼を下回る能力の者が存在しないため，限界税率を引き上げて税収を増加させても所得再配分を行う対象が存在しないので，限界税率を引き上げるメリットがないからである．

ただし，現実には，すべての就労可能な個人が労働するわけではなく，能力の最も低い者を含む複数の者が就労しない状況が一般的である．その場合には，能力がより高い個人も非就労者として，最も低い所得に対する限界税率に直面することになる．能力がより高い個人からの税収は所得再配分に貢献するため，限界税率の引上げのメリットが生じることとなり，その場合には，能力の最も低い個人も含めた非就労者が直面する限界税率を，0 ではなく，正の値とするのが最適である（Ebert 1992）．また，intensive margin のみに着目した最適

第 2 章 公的扶助の経済理論 I：公的扶助と労働供給　　　　　　　　　　　67

所得税制の理論においては，最適限界税率が負になることがないことも指摘されてきた．

より具体的な最適な所得税制（公的扶助制度を含む）の推計については，理論的な分析からいえることが限られるため，シミュレーションに基づく分析が行われてきた．Mirrlees (1971) 自身のシミュレーションにおいては，各所得階層に対する最適限界税率は大きく変わらず，税率が一律である負の所得税が最適に近い可能性が示された．しかし，その後の前提を変えた分析では，異なる結論も得られている．最近の Diamond (1997) による定式化に基づく Saez (2001) のシミュレーションにおいては，最適所得税制において，非就労者の直面する最適限界税率は相当高くなることが示されている．非就労者が高い限界税率に直面する伝統的な最適所得保障制度が就労のインセンティブを失わせるものとして批判されてきたのは上述のとおりだが，intensive margin のみに着目した理論分析では，そうした高い限界税率がただちに否定されるわけではないことは興味深い．

7.2　extensive margin まで考慮した最適な所得税制・公的扶助制度

しかし，最近の公的扶助制度をめぐる議論においては，intensive margin である労働時間の調整よりも，extensive margin である就労のインセンティブの重要性が指摘されており，こうした就労を重視する公的扶助制度を理解するためには，extensive margin も重視した理論分析を行う必要がある．

この点を指摘した Saez (2002) は，Diamond (1980) の枠組みを用いて，extensive margin における労働供給の変化に着目した場合，能力の最も低い個人に対する最適限界税率が負となりうることを見出した．低所得者に補助金を与える勤労所得税額控除は，フェーズイン段階では負の限界税率となっており，この発見は，勤労所得税額控除を extensive margin を重視した最適所得税制と理解することが可能であることを示している．他方，intensive margin を重視したシミュレーションにおいては，最低保障所得を高めに設定し，正の限界税率をもつ負の所得税が最適とされた．これは，intensive margin は一般に低いと推計されているため，多少限界税率が高くなろうとも，最低保障所得を高く設定し，貧困層に高い給付を行うことが望ましいとされるからである．

さらに，extensive margin および intensive margin の双方を考慮した分析においては，extensive margin のみを考慮した最適所得税制と intensive margin のみを考慮した最低所得税制の双方の特徴を反映した所得税制・公的扶助制度が望ましいとされた．

Saez (2002) においては就労割合を決定する関数は外生的に与えられていたが，Chone and Laroque (2005) は，能力と労働の非効用につき各人の間でばらつきがある場合に，最も所得の低い者の効用のみに注目するロールズ型の社会厚生関数を前提に分析を行い，負の限界税率が最適となる場合があることを示した．その枠組みを用いた Laroque (2005) は，現実のフランスの公的扶助・課税制度が，フランスのデータに基づいて推計した最適な制度の範疇にあることを指摘した．

また，Liebman (2001a) は，アメリカの勤労所得税額控除につき一定の仮定の下シミュレーションを行い，勤労所得税額控除の形状と社会厚生の関係について分析を行った．その結果，勤労所得税額控除の効率性の観点からのコストが，過去の推計よりも小さいことが指摘された．勤労所得税額控除のコストについては，同制度自体にどれだけの財源が必要になるかだけではなく，同制度により引き起こされる労働供給行動の変化による税収等の変化も勘案する必要がある．例えば，フェーズアウト段階では限界税率の上昇を通じて労働供給が減らされる可能性があり，彼らが支払っていた所得税は失われる．他方，現在就労していない者が就労した場合に，彼らに支払っていた他の福祉支出が減少する．過去の推計においては，福祉支出の減少というメリットが十分に勘案されていなかったため，勤労所得税額控除のコストが過大推計になっていたことが指摘されている．さらに，Liebman (2001a) は，勤労所得税額控除のフェーズイン段階やフェーズアウト段階の範囲を変更させることで，社会厚生がどれだけ変化しているかを推計している．ただし，その効果は，貧困層の経済厚生に社会全体がそれだけのウエイトを置いているかに依存していることも示された．

さらに，Eissa et al. (2004) は，extensive margin と incentive margin の弾力性の違いを考慮して，就労する際に不効用が生じる効用関数を特定化したうえで，アメリカにおける過去の4つの税制改革・公的扶助改革の事例を用い

て，シミュレーションを行った．その結果，どの改革についても社会厚生の向上がみられたが，そのほとんどは extensive margin に関するものであった．また，extensive margin と intensive margin の違いを無視して改革の社会厚生に与える影響の評価を行った場合，本来の社会厚生の変化の方向と逆の結果を得てしまうリスクがあることも指摘している．

同様に，Immervoll et al. (2007) は，就労に固定費用を要する効用関数を特定し，ヨーロッパ各国における公的扶助改革についてシミュレーションを行った．その結果，政府の社会厚生関数が最も貧しい層に極端に重いウエイトを置いているケース以外においては，ほとんどの国において，勤労所得税額控除型の公的扶助政策が望ましいことを示している．

我が国においても，黒田・山本 (2007) が示すように労働供給の extensive margin の弾力性が intensive margin の弾力性よりもずっと大きいとすると，負の限界税率の部分をもつ勤労所得税額控除が望ましい可能性がある．

8. tagging の経済学——カテゴリー別の公的扶助政策の必要性

現実の福祉政策においては，多くの国において，高齢者，母子家庭，障害者，失業者その他のカテゴリー別に公的扶助政策が行われている．Friedman (1962) のような過去の経済学者の議論においては，カテゴリー別の公的扶助政策が乱立した福祉制度よりも，負の所得税のような，より包括的な福祉制度が望ましいとされてきた．しかし，Akerlof (1978) は，情報の非対称性の下では，カテゴリー別の公的扶助政策がより効率的となりうることを指摘した．

事前情報により，貧困者はあるカテゴリー（例えば，高齢者，母子家庭，障害者，失業者等）に多く属していることがわかれば，そのカテゴリーだけを対象とした最低所得の給付を行うことで，貧困者に最低所得を保障するために必要な税率を大幅に引き下げることができる．高齢者，母子家庭，障害者，失業者等，平均的に貧困者が多い集団を執行当局が認定（Akerlof (1978) の呼ぶ "tagging"（札貼り））し，その集団に他の人々と違った特別の税率表を与えることで，効率的な福祉制度を構築することができるのである．

もっとも，現実のケースにおいては，執行当局が tagging を確実に行うこ

と自体が難しいケースがある．例えば，障害の程度については，専門家の判断も分かれるケースがありうる．そうした tagging にエラーが生じやすい分野においては，不正受給の問題が生じやすい．しかし同時に，本来救済されるべき者が，tagging の失敗により，福祉制度では救済されない漏給のおそれもある．我が国の生活保護制度においても，本来の受給対象者が生活保護行政の「適正化」により申請も受け付けられず，最悪の場合には餓死に至ったとされるケースも報道されている（最近の北九州の事例等）．このように 2 つのタイプのエラーが存在する場合においても，Parsons (1996) は，カテゴリーの認定に要する行政費用があまり大きくない場合には，カテゴリー別の「負の所得税」が最適となりうることを示している．

　我が国においても，高齢者や特定世帯（母子世帯等）に属する人々の貧困率・貧困ギャップ率が高いと指摘されている（本書第 1 章参照）．このため，我が国の社会保障制度においては，貧困者対策として，一般的な生活保護制度が存在するのみならず，高齢者には公的年金，失業者には失業保険等の社会保険制度が設けられ，また，障害者，母子家庭等にも各々に応じた特別な手当給付等の対策が講じられてきた．こうした制度の存在は，Akerlof (1978) の tagging の議論により理解することが可能であろう．ただし最近においては，生活保護制度における老齢加算の廃止等，カテゴリー別に講じられた特別な措置が廃止される動きもみられる．

9. 現金給付と現物給付

　公的扶助政策には，我が国の生活保護制度の生活扶助のように現金が手交される形の現金給付のみならず，同制度の医療扶助のように，特定の財・サービスの提供が受けられる形の現物給付も存在する．また，アメリカのフード・スタンプのように，一定の財・サービスのみを購入できるバウチャーが交付される形の現物給付が存在する．

　伝統的に経済学者は，現金給付のほうが受給者の選好を反映した消費が可能となるため，現物給付より望ましいとしてきた．例えば図 2-6 では，食料品換算で線分 CD に対応する現金給付であれば線分 AB 上のすべての点が選択可能

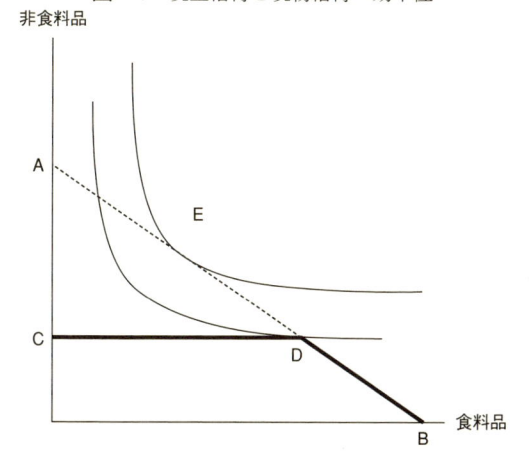

図 2-6　現金給付と現物給付の効率性

であり，消費者は点Eを選ぶが，仮にフード・スタンプが線分CDだけ給付され換金不能とされる場合には，消費者は点Eを選ぶことはできず，太線で示された予算制約式上で最も高い経済厚生を実現する点Dを選択することを余儀なくされる．これは，同額の資源を用いながら，点Eではなく，より低い効用に対応する点Dしか実現できないことを意味する．Friedman (1962) が，現金給付のみによる「負の所得税」を提案した理由の一つが，こうした現物給付に伴う非効率性を排除することであった．

これに対し，現物給付を支持する伝統的な意見としては，消費者が経済理論が想定するように常に合理的に行動するとは限らず，ギャンブルやアルコール等に依存する傾向がある者も存在すること等を考えると，政府がパタナーリスティックに給付金の使途を制限することが望ましいケースがあるとの指摘がある．

さらに最近の重要な指摘として，情報の非対称性を考慮した場合には，使途を制限する現物給付が，受給者に自己選択（self-selection）を行わせることを通じ，より効率的な公的扶助を可能にするとの見方がある．例えば，本当に給付を必要とする能力の低い者（困窮者）と，能力が高いのに不正受給を企む者（不正受給者）の2種類のタイプの個人がいるが，政府は情報の非対称性に

より両者の区別ができないとしよう．現金給付の場合，不正受給者は，実際には就労能力があるのに就労能力がないふりをして，不正受給により現金を得て，その現金で自分の好きな財・サービスを購入する．政府に限られた財源しかないとすれば，真の困窮者と不正受給者の双方に給付を行うことから1人当たりの給付額も限定的な額とならざるを得ない．ところが，政府が現金の代わりに，基礎的な食料品にしか用いることのできないフード・スタンプを配布する政策に変更したとしよう．真の困窮者にとっては，基礎的な食料品でも最低限の生活確保のためには不可欠な支援となるが，不正受給者にとっては，基礎的な食料品しか消費できない生活では不正な受給を続けるインセンティブがなくなる．それにより不正受給者が減れば，一定の財源の中から困窮者が受け取る給付額も増加する．現物給付のため同額の現金給付よりは経済厚生が抑制されるが，困窮者に回る給付額自体が増加するので，困窮者にとっても，現物給付は望ましい政策となる．

　この現物給付の例のように，執行当局による認定では不完全な tagging しか行えない場合でも，給付内容を真の対象である困窮者よりも不正受給者にとって相対的により効用が大きく低下するように仕組むことで，不正受給のインセンティブを抑制し，当局による認定のみに頼るケースに比較して，エラーを減らすメカニズムを考えることができる（Nichols and Zeckhauser 1982）．そうしたメカニズムは，困窮者にも若干の不便を強いることがありうるが，不正受給を未然に防ぎ，限られた財源の中から本来の対象である困窮者に効率的に給付を行うことで，結果的に困窮者に純利益をもたらすこととなる．また同様に，就労促進のための職業紹介や職業訓練への参加等を給付の条件として義務づけること，申請手続が煩雑であること等も，困窮者にも時間的な制約を課すものの，実際には働いて別の所得（場合によっては，非合法な所得）を得ているような不正受給者にはより大きなコストを課すことになり，不正受給を阻止するメカニズムとなりうる（真の困窮者が強いられる不便は，Nichols and Zeckhauser (1982) により，"ordeal（試練）" と呼ばれている）．

　我が国においても，前述のとおり生活保護の不正受給が大きな問題となってきているが，執行当局の認定の厳格化のみに頼るのではなく，給付内容の制限等の制度デザインを通じ，そもそも不正受給のインセンティブを減らすという

観点からの議論はあまり行われていないように思われる．例えば，最近議論される例では，生活保護受給者の自動車保有の問題がある．生活保護の受給に際しては，原則として自動車保有が認められておらず，障害者や地理的・気象的条件が悪い地域の居住者の通勤等についてのみ社会通念上処分させることを適当としないものとして，保有を認めてきた．これに対し，生活保護の受給者からは，通勤用のみならず，日常の利便のための自動車保有を認めることを求める声が出されている．この問題についてはいろいろな議論がなされているが，生活保護受給者の資産保有や支出に対する制限がどのように不正受給のインセンティブを減少させているかについては，ほとんど言及がなされていない．今後は，不正受給を減少させるために，既存の枠組みの中で生活保護認定の適正化を図るのみならず，不正受給のインセンティブ自体を減少させるメカニズムについても真剣に検討がなされるべきである．

10. 経済厚生以外の目的——最低所得保障その他

本章では，ここまでは，公的扶助政策の目的として，標準的な経済理論に沿って貧困層の経済厚生までを含めた社会厚生関数の最大化や経済厚生の最低保障を考えてきたが，現実の政治においては，他の目的が重視される場合も少なくない．そうした場合には，望ましい公的扶助政策も異なったものとなる可能性がある．

上述したように，我が国においても，あたかも公的扶助政策の目的として語られることが多いのが，最低「所得」保障である．この場合には，消費水準や余暇からの効用は考慮されず，各家計の所得水準が重視される．

Besley and Coate (1995) は，最低所得保障を最も少ない財源で実現するという意味での最適な最低所得保障制度を理論的に検討した．その結果，貧困層を2つに分け，最貧困層に対しては公的な仕事への就労義務を課したうえで，最低の所得水準を保障するよう，所得と最低所得水準の差について政府が公的給付を行うのが最適な制度とされた．その場合，限界税率は100%となる．また，公的な仕事への就労義務は，いわゆるワークフェアの一形態である．ワークフェアは，現在では福祉と就労を結びつける制度に関し多義的に用いられて

おり（宮本 2002），概念が不明確であるが，発展途上国等においては，貧困対策として，公共事業等での作業への参加を義務づけたうえで最低所得を保障する政策も「ワークフェア」政策と呼ばれている．Besley and Coate (1995) の示す最適な最低所得保障制度は，そうした政策に近いものである．他方，最貧困層よりも少し困窮の度合いが小さい貧困層については，就労義務は課さず，給付に対する限界税率が正となるような制度が最適となる．

Besley and Coate (1995) が示した最適な最低所得保障政策は，就労可能者には就労義務を課しつつ，現実の所得と最低所得の差額を補填するという現在の我が国の生活保護制度にも似ているという点で興味深い．ただし，標準的な経済理論のように各人の経済厚生に基づく社会厚生関数を最大化することが目的だとすると，前節までに述べてきたように，伝統的な最低所得保障制度は最も望ましい制度ではなくなってしまう．

さらに，最近の Moffit (2006) は，貧困層が就労すること自体に社会が意義を見出していると考えることで，就労することを給付の前提とする EITC 等の制度の各国への拡大を理解できると指摘している．そうしたパターナリスティックな政府の場合，社会厚生関数の中に，貧困層の効用のみならず貧困層の就労状況が直接，変数として入ってくるため，能力がある者には就労義務を課す公的扶助政策が社会厚生上，望ましくなりうる．我が国の生活保護法においても，「生活に困窮するすべての国民に対し，（中略）その最低保護の生活を保障するとともに，その自立を助長すること」（同法1条）が目的とされており，貧困層の効用水準の引上げのみならず，その就労や自立ということ自体にウエイトが置かれているとも考えられる．もっとも，Moffit (2006) においては，能力が政府により十分観察できない場合には，就労義務を付さない負の所得税のほうが望ましい可能性が指摘されている．

他の公的扶助政策の目的としては，貧困率（貧困水準を下回る人々の割合）を低下させることがよく指摘される．Kanbur et al. (1994) は，もし貧困率を低下させることが公的扶助政策の目的だとすれば，最適な公的扶助政策においては，勤労税額控除と同様に貧困層の直面する限界税率が負となることを指摘した．貧困率の低下のみに着目する場合，労働強化による不効用は勘案されなくなるため，負の限界税率で労働強化のインセンティブを与え，より働かせるこ

とで，貧困率を低下させることが望ましくなるのである．

11. おわりに——我が国における公的扶助政策をめぐる議論への含意

　我が国の公的扶助制度は，経済学の観点からは，制度が個人のインセンティブに与える影響を十分考慮していないように思われる．現行の生活保護制度は，勤労控除が存在するものの限定的な効果しかなく，実効限界税率が非常に高くなっている．このため，就労のインセンティブが阻害され，「貧困の罠」に陥るケースもありうると考えられる．現実には，就労可能性のある者については就労を認定の要件とする形でそうしたケースを排除しようとしているが，情報の非対称性の下，執行当局による認定は不完全とならざるを得ず，不正受給や漏給が発生している．

　本章で示したように，経済学においては，個人の労働供給のインセンティブへの影響や情報の非対称性の存在を勘案して，望ましい公的扶助制度のあり方を考察してきた．高い実効限界税率による労働供給のインセンティブの阻害の問題に関してはFriedman (1962) の「負の所得税」構想を先駆として研究がなされてきたが，最近では，高いextensive margin（就労の選択）の弾力性と低いintensive margin（労働時間の選択）の弾力性という実証研究の成果を踏まえ，Saez (2002) により，負の限界税率の部分をもつ勤労所得税額控除の形の公的扶助政策が，社会厚生上，最適となる可能性が示された．さらには，アメリカ・イギリス・フランスの実際のデータを用いながら，勤労所得税額控除の形の公的扶助政策による影響のシミュレーションが進められつつある．

　また，Akerlof (1978) の情報の非対称性の存在を踏まえたtaggingの分析は，カテゴリー別の公的扶助政策の必要性を明らかにした．さらに，現物給付，給付内容の制限，就労促進事業への参加の義務づけ等，完全情報の下では非効率になりかねない政策が，情報の非対称性下では不正受給者を排除する仕組みとして役立ちうることも指摘されている．

　こうした中，はじめに紹介したように，我が国においても最近，負の所得税や勤労所得税額控除への関心が高まってきている．しかしながら，我が国における負の所得税や勤労所得税額控除に関する議論は，経済格差の是正のみなら

ず,経済活性化や成長率引き上げの観点から論じられることが多く,混乱しているように見受けられる.例えば,内閣府による過去のアメリカやイギリスの勤労所得税額控除を紹介したレポート(内閣府政策統括官 2002)においては,勤労所得税額控除等の措置は,主に労働供給促進税制として紹介されている.また,最近の成長力底上げ戦略においても,就労促進が重視され,5年後の具体的な目標まで求められているのは上述のとおりである.確かに,勤労所得税額控除は,未就労者に対してフェーズイン段階の強力な代替効果を通じ,就労を促す効果をもっており,特に extensive margin の労働供給の弾性値が高い場合には,有効となりうる.しかし,ワーキングプア(すでに働いているが,相対的に貧しい者)がフラット段階やフェーズアウト段階に直面する場合には,所得効果(およびフェーズアウト段階では代替効果)により,理論的には労働供給が抑制される可能性がある.勤労所得税額控除や負の所得税を労働供給促進税制と位置づけると,フラット段階やフェーズアウト段階における労働供給抑制効果は,否定的に評価されてしまう.しかし,Blank (1997) が強調したように,ワーキングプアが所得効果により労働供給を減らしたのであれば,それは比較的不利な立場にあった彼らの効用が向上することであり,一般的な社会厚生関数においては社会厚生を向上させる政策となる.

　また,歳出削減を重視した立場から勤労所得税額控除の導入が論じられることもあるが,これもミスリーディングである.確かに,勤労所得税額控除により就労が促進されれば,生活保護給付が減少するため,勤労所得税額控除にかかる費用の一部は歳出上,相殺されうる.その意味で,勤労所得税額控除は他の公的扶助政策に比べ効率的であるが,現実に導入されたアメリカの EITC に基づく Liebman (2001a) のシミュレーションでも,全体として,やはり純歳出額は拡大している[7].

　今後,我が国においても負の所得税や勤労所得税額控除等の公的扶助政策の

---

7) ただし,前注5で説明したように,カナダの SSP の社会実験においては,生活保護給付費の減少,増加した勤労所得からの税・社会保険料の支払いの増加等により,純歳出額が減少するケースもあったとされる (Michalopoulos et al. 2005).しかし,現実のアメリカの EITC およびイギリスの WFTC において,不正受給が相当額発生していることに鑑みれば,全体的な歳出削減の可能性につき,過度の期待を前提に議論を行うことは適当でないと思われる.

導入がさらに真剣に論じられていくだろうが，その目的は労働供給の増加促進や歳出削減ではなく，Salanie (2003) でも強調されているように，貧困層の余暇も含む効用がどれだけ増加し，その結果，社会厚生が増加するかによって判断されるべきであることを強調しておきたい．

また，今後の議論においてどのタイプの公的扶助政策が望ましいか等を判断するためには，我が国における労働供給の extensive margin と intensive margin の弾力性に関する正確な推計値が不可欠である．残念ながら，我が国においては一部の実証研究を除けば，労働供給の extensive margin および intensive margin の弾性値の実証研究はほとんど蓄積されていないのが実情である．今後，多くの研究者により，労働供給の弾力性についての実証研究が進められることが期待される．

なお，本章では紙幅の都合で詳しく述べなかったが，きわめて重要な問題として，執行の問題がある．例えば，アメリカの EITC については不正受給率が非常に高いことが知られている．EITC においては還付事務を税務申告書類に基づき税務当局が行っているが，このことは，ケースワーカーとの面談等の受給者の負担をなくすのみならず，還付を受ける者のスティグマを軽減し，漏給を減らすメリットがあるとされてきた．しかし同時に，ケースワーカーによる包括的な資力調査等を伴わないため，伝統的公的扶助制度と比較して不正受給の余地が大きいというデメリットもある (Liebman 2001b)．現在，アメリカ内国歳入庁は不正受給の防止のためさまざまな方策を行っているが，不正受給の十分な排除には至っていない．我が国において勤労所得税額控除制度の導入を検討する場合にも，執行コストと不正受給の問題について，慎重に考慮する必要があろう．

我が国における経済格差の拡大が指摘される中，公的扶助政策の果たす役割はきわめて重要である．今後，本章で紹介した最近の経済分析の成果を踏まえた議論が積極的になされ，効果的な公的扶助政策の改革がなされることを期待したい．

参考文献

赤林英夫 (2003)「社会保障・税制と既婚女性の労働供給」国立社会保障・人口問題研

究所編『選択の時代の社会保障』東京大学出版会, pp. 113-133.

安部由起子・大竹文雄（1995）「税制・社会保障制度とパートタイム労働者の労働供給行動」『季刊・社会保障研究』第31巻第2号, pp. 120-134.

NHKスペシャル「ワーキングプア」取材班編（2007）『ワーキングプア——日本を蝕む病』ポプラ社.

大石亜希子（2003）「有配偶女性の労働供給と税制・社会保障制度」『季刊・社会保障研究』第39巻第3号, pp. 286-305.

木原隆司・柵山順子（2006）「イギリスの雇用政策・人材育成政策とその評価」樋口美雄・財務省財務総合政策研究所編著『転換期の雇用・能力開発支援の経済政策』日本評論社, pp. 207-241.

黒田祥子・山本勲（2007）「人々は賃金の変化に応じて労働供給をどの程度変えるのか？　労働供給弾性値の概念整理とわが国のデータを用いた推計」,『金融研究』, 第26巻第2号, pp. 1-40.

内閣府政策統括官（2002）「海外諸国における経済活性化の事例について」（政策効果分析レポートNo. 12）内閣府.

橋本恭之（2006）「税・社会保障制度と労働供給」樋口美雄・財務省財務総合政策研究所編著『転換期の雇用・能力開発支援の経済政策』日本評論社, pp. 323-341.

宮本太郎（2002）「福祉国家再編の規範的対立軸——ワークフェアとベーシックインカム」『季刊・社会保障研究』第38巻第2号, pp. 129-137.

Akerlof, G. (1978) "The Economics of 'tagging' as Applied to the Optimal Income tax, Welfare Programs, and Manpower Planning", *American Economic Review*, Vol. 68, pp. 8-19.

Atkinson, A. B. (1995) *Public Economics in Action: The Basic Income/Flat Tax Proposal*, Oxford: Oxford University Press.

Besley, T. and Coate, S. (1995) "The Design of Income Maintenance Programs", *Review of Economic Studies*, Vol. 62, pp. 187-221.

Blank, R. M. (1997) *It Takes a Nation*, Princeton: Princeton University Press.

Blundell, R. (2006) "Earned Income Tax Credit Policies: Impact and Optimality: The Adam Smith Lecture, 2005", *Labour Economics*, Vol. 13, pp. 423-443.

Brewer, M., Duncan, A., Shephard, A. and Suarez, M. J. (2006) "Did Working Families' Tax Credit Work? The Impact of In-work Support on Labor Supply in Great Britain", *Labour Economics*, Vol. 13, pp. 699-720.

Chone, P. and Laroque, G. (2005) "Optimal Incentives and Labor Force Participation", *Journal of Public Economics*, Vol. 85, pp. 395-425.

Diamond, P. (1980) "Income Taxation with Fixed Hours of Work", *Journal of Public Economics*, Vol. 13, pp. 101-110.

Diamond, P. (1997) "Optimal Income Taxation: An Example with a U-shaped Pattern of Optimal Marginal Tax Rates", *American Economic Review*, Vol. 88, pp. 83–95.

Ebert, U. (1992) "A Reexamination of the Optimal Nonlinear Income Tax", *Journal of Public Economics*, Vol. 49, pp. 47–73.

Eissa, N. and Hoynes, H. W. (2006) "Behavioral Responses to Taxes: Lessons from the EITC and Labor Supply", in Poterba, J. M. (Ed.), *Tax Policy and the Economy*, Vol. 20, Cambridge: MIT Press, pp. 73–110.

Eissa, N., Kleven, H. and Kreiner, C. (2004) "Evaluation of Four Tax Reforms in the United States: Labor Supply and Welfare Effects for Single Mothers", NBER Working Paper No. 10935.

Eissa, N. and Liebman, J. B. (1996) "Labor Response to the Earned Income Tax Credit", *Quarterly Journal of Economics*, Vol. 111, No. 2, pp. 605–637.

Fitzpatrick, T. (1999) *Freedom and Security: an Introduction to the Basic Income Debate*, Hampshire: Macmillan Press.

Friedman, M. (1962) *Capitalism and Freedom*, Chicago: University of Chicago Press.

Immervoll, H., Kleven, H. J., Kreiner, C. T. and Saez, E. (2007) "Welfare Reform in European Countries: A Microsimulation Analysis", *Economic Journal*, Vol. 117, Issue 516, pp. 1–44.

Kanbur, R., Keen, M. and Tuomala, M. (1994) "Optimal Nonlinear Income Taxation for the Alleviation of Poverty", *European Economic Review*, Vol. 38, pp. 1613–1632.

Laroque, G. (2005) "Income Maintenance and Labor Force Participation", *Econometrica*, Vol. 73, No. 2, pp. 341–376.

Liebman, J. B. (2001a) "The Optimal Design of the Earned Income Tax Credit", in Meyer, B. D. and Holtz-Eakin, D. (Eds.), *Making Work Pay: The Earned Income Tax Credit and its Impact on America's Families*, New York: Russell Sage Foundation, pp. 196–233.

Liebman, J. B. (2001b) "Who are the Ineligible Earned Income Tax Credit Recipients?", in Meyer, B. D. and Holtz-Eakin, D. (Eds.), *Making Work Pay: The Earned Income Tax Credit and its Impact on America's Families*, New York: Russell Sage Foundation, pp. 274–298.

Meyer, B. and Rosenbaum, D. (2001) "Welfare, the Earned Income Credit, and the Labor Supply of Single Mothers", *Quarterly Journal of Economics*, Vol. 116, pp. 1034–1114.

Michalopoulos, C., Robins, P. K. and Card, D. (2005) "When Financial Work Incentives Pay for Themselves: Evidence from a Randomized Social Experiment for Welfare Recipients", *Journal of Public Economics*, Vol. 89, pp. 5–29.

Mirrlees, J. (1971) "An Exploration in the Theory of Optimum Taxation", *Review of Economic Studies*, Vol. 38, pp. 175–208.

Moffit, R. A. (2003) "The Negative Income Tax and the Evolution of U. S. Welfare Policy", *Journal of Economic Perspectives*, Vol. 17, No. 3, pp. 119–140.

Moffit, R. A. (2006) "Welfare Work Requirements with Paternalistic Government Preferences", *Economic Journal*, Vol. 116, November, pp. F441–F458.

Nichols, A. L. and Zeckhauser, R. J. (1982) "Targeting Transfers through Restrictions on Recipients", *American Economic Review*, Vol. 72, No. 2, pp. 372–377.

Parsons, D. O. (1996) "Imperfect 'Targeting' in Social Insurance Programs", *Journal of Public Economics*, Vol. 62, pp. 183–207.

Robins, P. (1985) "A Comparison of the Labor Supply Findings from the Four Negative Income Tax Experiments", *Journal of Human Resources*, Vol. 20, pp. 567–582.

Saez, E. (2001) "Using Elasticities to Derive Optimal Income Tax Rates", *Review of Economic Studies*, Vol. 68, pp. 205–239.

Saez, E. (2002) "Optimal Income Transfer Programs: Intensive Versus Extensive Labor Supply Responses", *Quarterly Journal of Economics*, Vol. 117, pp. 1039–1073.

Salanie, B. (2003) *The Economics of Taxation*, Cambridge: MIT Press.

Seade, J. K. (1977) "On the Shape of Optimal Tax Schedules", *Journal of Public Economics*, Vol. 7, pp. 203–235.

Seade, J. K. (1982) "On the Sign of the Optimum Marginal Income Tax", *Review of Economic Studies*, Vol. 49, No. 4, pp. 637–643.

第3章　公的扶助の経済理論 II：公的扶助と公的年金[1]

國枝　繁樹

1. はじめに

　急速に高齢化が進展する中，公的年金と生活保護の関係が注目を集めている．高齢者の生活を支える公的な仕組みとしては公的年金が最も重要であるが，生活保護制度も高齢の貧困層への公的扶助として一定の役割を果たしてきた．

　最近では，現役時代に保険料を納付したうえで受給する公的年金の最低額に対応する基礎年金の給付額が，生活保護による給付額を下回ることに対する批判もよくなされる．民主党等の野党が独自の年金改革案を提案したこともあり，国会においてもこの問題が取り上げられている．また，生活保護制度をめぐる国と地方の役割分担に関する論争においても，地方自治体から，高齢者の所得保障は（国の運営する）年金の役割であるとの批判がなされ，高齢者を生活保護制度から分離し，別の生活保障制度を設けるべきとの提言（「新たなセーフティネット検討会」報告書（2006年））もなされている．

　こうした批判に対し厚生労働省は，過去より公的年金制度と生活保護制度の目的は異なっており，給付水準についても考え方が異なると，繰り返し主張してきた．具体的には，憲法で保障された「健康で文化的な最低限度の生活」は国民の自助努力によって達成されることが基本であり，年金制度は，現役時代に収入を得て，自立した生活に必要な一定の生活基盤を構築している者を念頭に置いて，現役時代の保険料納付実績に見合った年金を受給時の個々の生活状況に関わりなく一律に支給するものとしている．これに対し，生活保護は，年金を含めて資産や能力その他のあらゆるものを活用しても，健康で文化的な最

---

[1]　慶応義塾大学駒村康平教授には，出版コンファレンスにおけるコメンテーターとして非常に有益なコメントをいただいた。また，出版コンファレンスの出席者の方からも多くの有益なコメントをいただいた．感謝を申し上げたい．

低限度の生活水準に至らないときに，その不足分に限って税を財源に支給される救貧的性格をもつものであるので，年金のようにどのような状況でも一律に支給されるものではないとしている．したがって，基礎年金で，最低限の生活ができる生活保護基準に相当する給付を誰に対しても行わねばならないという考え方はとらないと主張している（厚生労働省の年金ホームページ等で示された考え方）．しかし，こうした厚生労働省の主張は，それぞれの制度の趣旨を繰り返すだけで，理論的な裏づけに支えられた議論とはいえない．

本章においては，まず我が国における公的年金と生活保護の関係に関する議論を概観し，そのうえで，望ましい公的年金と生活保護の関係につき理論的観点から考察していくこととする．

2. 公的年金と生活保護をめぐる最近の議論

2.1 現在の公的年金と生活保護の関係

現在，我が国の高齢者に対する最低所得保障は，公的年金（特に基礎年金）による自助努力の支援が中心であり，年金給付を受けても最低限度の生活が維持できない場合には，ミーンズテスト（資力調査）を実施のうえ，生活保護を給付するとの考え方に立っている．

財源については，原則的には拠出が受給の前提となる公的年金は保険料収入を財源とする一方，救貧的な性格をもつ生活保護は税を財源とすると説明される．もっとも，現実には，公的年金制度の土台をなしている基礎年金については，保険料に加え，3分の1（最終的には2分の1）が税を財源とする国庫負担とされており，「保険料に基づくのが公的年金，税を財源とするのが生活保護」との単純な区分は成立しなくなっている．

これまでの公的年金制度の拡充の結果，公的年金・恩給は高齢者世帯の所得のうち約7割を占めており（2005年で70.2％），また公的年金・恩給を受給している世帯のうち，公的年金・恩給が全所得である世帯の割合も2004年に63％に達している（厚生統計協会 2007a）など，公的年金の存在は，高齢者世帯の貧困救済に非常に大きな役割を果たしている．他方，生活保護制度における高齢者世帯の割合も高齢化の進展とともに急増しており，2005年には，被保護世

帯のうち 43.5% を占めるに至っている（厚生統計協会 2007b）．

　最近では，経済格差が問題となる中，生活保護による給付額が，保険料を納付して初めて受給できる基礎年金の給付額を上回る場合も少なくないことにつき批判がなされている．例えば，2006 年度の生活保護における最低生活保障水準（月額，住宅扶助含む）は，老人 2 人世帯（68 歳男・65 歳女，1 級地-1）で 13 万 4,940 円であり，年額換算すると 161 万 9,280 円となるが，これに対し 2006 年度の基礎年金の給付額は 1 人当たり年額 79 万 2,100 円（満額の場合）で，2 人世帯を考えると年額 158 万 4,200 円となる．したがって，この場合には，生活保護のほうが給付水準が高いこととなる（もちろん，家族構成，級地，保険料の納付状況，年金給付開始年齢等により，両者の給付額は変わりうる）．基礎年金を受給するためには保険料の拠出が必要とされることを考えると，生活保護を受けるためにはミーンズテストが必要になることを考慮しても，生活保護の給付を受けるほうが有利と考える者も出てくるであろう．特に，生活保護の給付額が基礎年金の満額給付額よりも高いことが保険料を支払うことへのディスインセンティブをもたらし，今でもすでに大きな問題となっている現役世代の保険料未払い問題を悪化させることが懸念されている．

　基礎年金の給付額と生活保護の給付額の格差への批判に対し，政府は生活保護給付の圧縮を図ってきた．最近の生活保護政策においては，自立・自助が重視され，給付についてはいわゆる「適正化」が推進されてきたが，その一環として，政府は高齢者の生活保護の給付に上乗せされていた老齢加算を，高齢者の消費実態に照らして不要だとして，2005 年度から 2006 年度にかけて段階的に廃止した．他方，研究者や野党の政策担当者の間においては，むしろ基礎年金の現在の給付額が高齢者の最低限度の生活を賄うに足りないことが問題だとする意見も強い．

　こうした公的年金と生活保護の間の密接な関係に鑑みれば，厚生労働省の主張のように公的年金と公的扶助の問題を別々に論じるのではなく，公的年金と公的扶助の問題を一元的に検討することが適当と考えられる（日本総合研究所 2004）．具体的には，スウェーデンやイギリスの公的年金制度等を参考にして，何らかの形の最低保障年金制度を導入することが提案されている．

図 3-1　①最低所得保障方式（所与の最低保障所得と所得比例年金の差を補填）

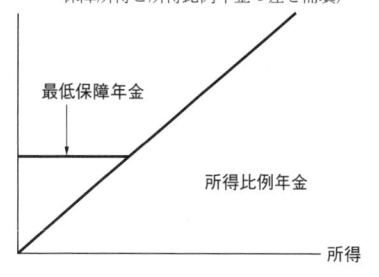

図 3-2　②フェーズアウト方式（所得比例年金と最低保障年金の合計額が漸増）

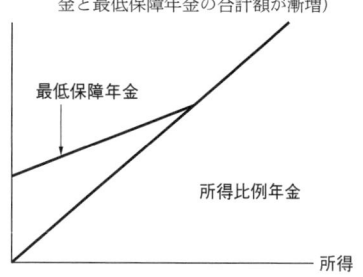

2.2　最低保障年金制度の類型

　最低保障年金については，いくつかの類型が考えられる．例えば，①所得比例年金を基本とし，最低保障所得との差額のみ最低保障年金で補填する「最低所得保障」方式，②所得比例年金に最低保障年金を加えるが，両者の合計額が漸増していくように最低保障年金が設定される「フェーズアウト」方式，③定額の最低保障年金を高齢者全員に給付し，その上に所得比例年金を設ける「定額給付」方式，が考えられる．

　①の最低所得保障方式を図示すると，図 3-1 のようになる．イギリスのブレア政権が 1990 年代に導入した最低所得保障制度（minimum income guarantee）は，同様の構造となっていた．

　最低所得保障方式の場合，最低保障年金が支払われる範囲においては保険料を追加的に納付しても給付額が増加せず（すなわち，限界税率が 100％），このため，貯蓄のインセンティブが阻害される，いわゆる「貯蓄の罠（savings trap）」が存在する．限界税率を引き下げるためには，所得比例年金と最低保障年金の合計額が漸増するように，最低保障年金の減額の程度を抑える方式（フェーズアウト方式）が考えられる（図 3-2）．

　②のフェーズアウト方式を取る外国の公的年金の例としては，スウェーデンの場合がある．スウェーデンの現在の公的年金制度は，賦課方式ながら納付された保険料に一定の収益率を乗じた給付がなされる Notional Defined Contribution（NDC）の所得比例年金，積立方式の確定拠出年金である信託年金および無年金・低年金の者に最低年金で保護する「保障年金」からなる．保障年金は，

無年金の者に対して最低年金額が給付され,所得年金が増加するに従って減額されるが,所得年金の増加額の全額を減少させるわけではないため,所得年金と保障年金の合計額が図 3-2 のように漸増していくこととなる.

また,イギリスのブレア政権下においては,従来の最低所得保障制度が「貯蓄の罠」を生じさせるとの批判を受け,2003 年 10 月には,それまでの最低所得保障制度に代えて,年金クレジット (pension credit) が導入された.同制度のうち保障クレジット (guarantee credit) では,60 歳以上の者の収入が公的扶助基準額に満たない場合,その差額が支給される(逆に,公的扶助は 60 歳以上の者には適用されなくなった).受給基準はそれまでの最低所得保障制度よりも緩く,資産制限をなくし,所得制限のみ(ただし,資産の一部が所得として評価される)の基準となっている.また同制度には貯蓄クレジット (savings credit) も存在し,65 歳以上で週の収入が 87.30 ポンド以上(単身者の場合.夫婦には別の基準)の者は,保障クレジットに加え,貯蓄クレジットを受給することができる.貯蓄クレジットの額は,公的扶助基準額との差額の 60% (ただし,週の上限は単身者で 19.05 ポンド)となっている(厚生統計協会 2007a).貯蓄クレジットが設けられたのは,保障クレジットには「貯蓄の罠」が存在するため,保障クレジットの減少分を補い,貯蓄の労に報いる趣旨とされる(厚生労働省 2007).

さらに,限界税率を 0% まで引き下げるためには,所得にかかわらず全員に定額の給付を行う定額給付方式が考えられる.定額給付方式を図示する場合,3 階層の年金制度を提唱した世界銀行レポート (World Bank 1994) の影響もあり,一般には最低保障年金の上に所得比例年金が付加される形で示されることが多いが,図 3-3 のように順番を逆転させれば,定額給付方式は,フェーズアウト方式を限界税率 0% まで拡充した制度とも考えられることがわかる.我が国の基礎年金と厚生年金の関係は,定額給付方式に似ているが,基礎年金の給付額のみでは最低生活の保障になっていないとの批判がある.また,所得把握の困難さ等から,自営業者等には所得比例年金である厚生年金は提供されていない.

定額の最低保障年金を全員に給付する場合,年齢のみを要件とすればよいので,給付事務は簡素化される.しかし,高齢者全員に最低所得に対応する給付

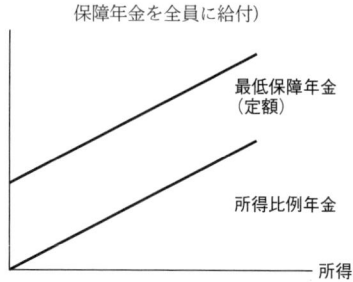

図 3-3 ③定額給付方式（定額の最低保障年金を全員に給付）

金を支払うことから，他の方式に比べ巨額の税財源が必要となるという問題点がある．他方，①の最低所得保障方式および②のフェーズアウト方式の場合は，公的年金全体としては所得比例年金が中心となり，最低保障年金のために必要とされる財源は定額給付方式に比較すれば少なくてすむこととなる．

2.3 提案されている改革案

我が国においても，基礎年金増額等による最低保障年金制度の拡充のさまざまな提案がなされている．そうした提案は年金制度全般の改革とともに論じられていることがほとんどであるが，紙幅の都合上，ここでは高齢期の最低所得保障と関連するところについてのみ述べ，また最新の公的年金制度の抜本的改革である2004年改正後に示された提案に限定して紹介する（年金改革の論点全般については，2004年改正以前の整理になるが，国枝 (1999) を参照されたい）．

基礎年金改革の提案の例として，まず橘木 (2005) は，夫婦世帯は月額17万円，単身世帯は月額9万円（単身）を1家計当たりの最低限の生活費として，基礎年金の増額を提案している．その財源は，全額税収とし，累進消費税（贅沢品，生活必需品に税率で差を付ける消費税）を導入する．年金目的消費税として導入するが，時期をみて一般税収に移す．また，徴税技術が可能になったときは，累進支出税に移行するとしている（橘木 2005, p. 54）．必要な消費税率については，電気連合の年金改革案のシミュレーションでは15%程度とされている．

また，駒村 (2005) は税財源による「最低保障年金」の導入を提案している．

具体的には，19%の保険料に基づく所得比例年金を基本としながら，一定以下の年金額の高齢者には税を財源とした最低保障年金を給付するとされている．最低保障される年金額は現行の基礎年金程度とされ，夫婦世帯13万3,000円，単身世帯7万円としている．最低保障年金は，所得比例年金と最低保障年金部分の差額によって支給額が決定される．ただし，所得比例年金の拠出に対するインセンティブを与えるため，ゆるやかなフェーズアウト方式が想定されている．給付水準は，単身の場合，現役時の報酬額が約34万円で最低保障年金としての給付額が0円になるような設計とされている．なお，所得比例年金と最低保障年金の合計が最低生活水準を下回った場合には，生活保護制度を適用するとしている．財源については，消費税のみならず，直接税も考慮すべきとしている．

さらに牛丸ほか (2004) は，高齢者に一律に適用される老齢基礎年金を2つの階層からなる公的年金制度の1階部分とし，高齢期の生活費の基礎部分を支えるものと位置づける（ただし基礎部分とは，生活保護制度の存在を前提に，最低生活水準を意味するものではないとされる（牛丸ほか 2004, 第6章, 注24））．年金財政は賦課方式とし，年金水準は関係する世代の合意の下に定められる．その財源は，「老齢基礎年金税」と呼ぶ所得課税により調達する．

他方，高山 (2004) は，所得比例年金を公的年金の中心にしたうえで，基礎年金を解体し，高齢者の最低所得保障のために所得比例年金の上に保障年金を付加する案を示している．ただし，保障年金は低所得者層の所得把握の困難さも勘案し，非給与所得が一定額以下の階層については当面定額給付とし，所得が一定額以上の非給与所得者については保障年金の受給に制限を加えることも検討してよいとしている．保障年金の財源については税が想定されており，年金目的消費税の導入，高齢者に対する課税適正化等が挙げられている（高山 2004, 第4章）．

なお，2004年改正前の提案だが，基礎年金改革との関係で特筆すべきものとして八田・小口 (1999) がある．八田・小口 (1999) は，国民（基礎）年金の目的が生活保護へのモラルハザードを防ぐためであることを強調し，国民年金は積立方式にすべきと主張している．また，現行の基礎年金においては，低所得で保険料を払えない者は免除を受けることができるものの，給付時には満

額の3分の1（将来は2分の1）までしかもらえないこととされているが，八田・小口（1999）は，そうした少ない給付額はむしろ高齢者の生活保護への依存を高めるので，保険料を免除した時点で一般会計から全額補填し，将来は満額の給付が得られるようにすべきとの指摘を行っている．

その他にもいくつかの年金改革案が示されているが，基本的な仕組みは，上述した定額給付方式（定額部分を基礎年金とすることが多い）か，あるいはフェーズアウト方式が多い．給付水準については，現行の生活保護制度に代わるものとして現行の基礎年金の給付額よりの増額を図るもの（例えば，橘木（2005））と，生活保護制度の存在を前提に，現行の基礎年金の給付額の維持を想定するもの（例えば，駒村（2005））に分かれる．財源としては，公的年金の1階部分と2階部分の分離を前提としたうえで，1階部分はすべて税財源によるとしたものが多い．その際の税の種類については，消費税を想定するものが多いが，直接税も考慮すべきとの意見もある．

3. 高齢者世帯を対象とした公的扶助制度と公的年金——理論的分析

ここまで述べてきたように，公的扶助と公的年金の関係については，さまざまな提案がなされているが，理論的な考察を踏まえた提案は必ずしも多くないように思われる．本節においては，公的年金と公的扶助の関係について，理論面から論点を整理する．

3.1 ライフサイクル仮説に基づく消費行動

標準的な経済理論においては，合理的な個人は，自らのライフサイクル全体を考慮したうえで，貯蓄・消費選択や労働供給の決定を行うと想定する．まず，最も単純な現役期および高齢（退職）期からなる2期間モデルを考える．個人は，生涯を通じた効用

$$U = u(c_1) + \beta u(c_2)$$

（c_1 および c_2 は現役期および高齢期の消費水準，β は割引因子）

を最大化する．その際の予算制約式は，

$$c_1 + s = w_1 + T_1$$

$c_2 = (1+r)s + T_2$

(s は貯蓄額，w_1 は現役期の賃金，T_1 および T_2 は現役期および高齢期のトランスファー（正の場合は給付金（年金または生活保護），負の場合は保険料または税）単純化のため，以下，初期資産はないと仮定）

となる．

まず，公的扶助も公的年金も存在しない場合を想定する．単純化のために，$\beta = 1/(1+r)$ と仮定すると，最適な消費水準は $c_1^* = c_2^*$ となる（消費平準化）．仮に，「健康で文化的な最低限の生活」（以下，「最低限の生活」と呼ぶ）のために $c_{\min}$ だけの消費水準が必要だとすると，$c_1^* = c_2^* > c_{\min}$ の場合には，公的な支援がなくとも最低限の生活を過ごすことができることを意味する．他方，現役期に十分な所得が得られない場合，現役期と高齢期の双方において，最低限の生活を享受できないこととなる．

ここで注意すべきは，$c_1^* = c_2^* > c_{\min}$ の場合でも，高齢期の「所得」$rs = (1+r)^{-1} rc_2^*$ が $c_{\min}$ より小さくなりうることである．しかし，その場合も所得水準が低くても，貯蓄の取り崩しにより最低限の生活を上回る消費がなされており，本来公的扶助の必要はない．この例は，高齢者の生活水準については，所得のみで判断しないことが望ましいことを示している．

3.2 長生きのリスクと保険数理的に公正な公的年金

上記のライフサイクル・モデルには不確実性は存在しないが，現実には高齢期にもリスクが存在し，リスクが悪い方向に働けば，高齢期の生活水準が大きく低下することもある．そうしたリスクの一つが，長生きのリスクである．長寿は本来，望ましいものであるが，長生きをすればそれだけ生活のための所得・資産が必要になることを考慮すれば，リスクとなりうる．そうした長生きのリスクも，適切な終身年金保険が民間に存在すれば，同世代の人々の間で効率的にシェアできるはずであるが，情報の非対称性の存在等により，終身年金保険の提供に市場が失敗することがありうる（実際，徐々に拡大しつつあるとはいえ，民間の終身年金保険市場は未だ十分とはいえない状況にある）．その場合，各個人は，自ら長生きのリスクに備え貯蓄を行う（いわゆる自己保険）ことになるが，そうした事態は，経済全体でみれば過剰な貯蓄がなされることを意味する．

低所得者層にとっては，限られた所得のうちから消費を抑制し，貯蓄に回すべき割合が増加することを意味し，生活水準の低下を余儀なくされることになる．

この市場の失敗に対応して，政府が，市場に代わり，保険数理的に公正な公的年金制度を提供することが考えられる．強制加入を前提とした公的年金制度であれば逆選択の問題等を回避することができ，同世代の人々の間での長生きのリスクのシェアを可能とする．各個人は長生きのリスクに備えた貯蓄を減らすことができ，その分，消費水準を向上させることができる．その意味では，保険数理的に公正な公的年金も，限定的ながらも低所得者層の消費水準の向上に資する[2]．

3.3 高齢者世帯を対象とした公的扶助制度の必要性

高齢期に生じるリスクのうち，長生きのリスクについては公的年金制度でカバー可能であり，健康に関するリスクについても医療保険制度である程度カバーできるが，当然ながら，他にもさまざまなリスクが存在する．リスクが悪い方向に働けば，現役期には最低限の生活が可能だった世帯も最低限の生活を維持できなくなるおそれがある．また，能力の低さ等の理由で現役期から十分な所得を得ることができなかった世帯も，老後の備えを行うことは難しく，公的扶助等のサポートがなければ高齢期についても最低限の生活を維持することが難しい．こうした高齢者に最低限度の生活を保障するためには，公的扶助が必要となってくる．

公的扶助制度としては，まず年齢等の要件を問わず，最大限可能な自助努力を行っても最低限の生活をすることが難しい人々に給付を行う包括的な公的扶助制度（例えば，「負の所得税」構想）が存在すれば十分とも考えられよう．しかしながら，第2章で紹介したように，Akerlof (1978) は，情報の非対称性が存在する場合には，特定のカテゴリーに属する人々を対象とする公的扶助のほうが効率的となりうることを指摘した．すなわち，特定のカテゴリーに属する人々の中に，最低限の生活を送るために公的扶助を必要とする貧しい人々

---

[2] しかし，同世代の高所得者から低所得者への所得再分配となっているかという点については，一般に低所得者層のほうが平均的には寿命が短いことが知られており，むしろ高所得者層への所得移転になっている側面があることにも留意する必要がある．

が相対的に多く存在することが事前にわかっていれば，そのカテゴリーに属する人々を主に対象とする公的扶助制度を設けたほうがより効率的になることがある．一般には，高齢者の間には，最低限の生活を送るための十分な所得・資産をもたぬ貧しい世帯が多いと考えられており，その場合，高齢者世帯のみを対象とする公的扶助制度を設けることが正当化されることになる．

こうした観点からは，「新しいセーフティネット研究会」が提言したように，一般的な生活保護制度から高齢者世帯を切り離し，高齢者世帯のみを対象として公的扶助制度を導入することも考えられる．その際には，高齢者向けの公的扶助制度か，それとも公的年金の一部とするのかということも問題になってくる．

ただし，そうした議論の前提となる，高齢者というカテゴリーに属する個人のほうがその他のカテゴリーの個人と比較して貧困層が相対的に多いとの見方が正しいかについては，公的年金の整備も進んだ現在においては，大きな疑問も呈されるようになってきている．

3.4 近視眼的な家計の存在

ライフサイクル仮説においては，合理的な個人は，老後の消費に充てるため，必要な額を貯蓄することが想定されている．しかしながら，現実にはライフサイクル仮説の想定とは異なり，退職時においてもほとんど資産をもたない家計も少なくない（Diamond 1977）．そうした家計の中には，現役時代の所得が低く，必要な貯蓄を行うことができなかった家計も存在するが，現役時代の所得がそれなりにあっても，特に老後の生活を十分勘案して貯蓄を行わなかった近視眼的（myopic）な家計も存在する．こうした家計は，老後の生活を支える資産を有していないため，困窮した老後を過ごすことになりかねない．

また，最近の行動経済学においては，人間が将来の価値を割り引く際の割引率が実は一定ではなく，短期と長期の割引率が異なる hyperbolic discounting の形を取るとの見方もある（Laibson 1997）．長期的には将来に備えた貯蓄を行うことが望ましいと理解しながらも，短期と長期の割引率が異なり，短期の割引率が高いため，直近の消費に所得を費やしてしまい，退職時となっても十分な資産形成がなされていないわけである．

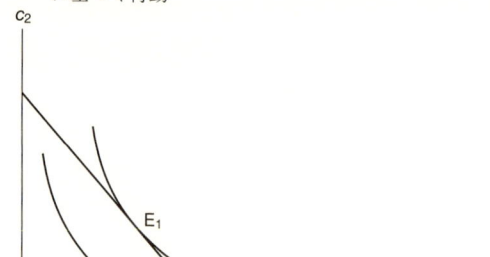

図 3-4 近視眼的な行動，または hyperbolic discounting に基づく行動

図 3-4 に基づいて説明すると，長期的な視点に立って選択すれば E_1 を選択すべき家計が，近視眼的な行動のため，あるいは hyperbolic discounting の下短期の割引率に従ってしまうため，E_2 を選択してしまう状況である．

近視眼的な家計や hyperbolic discounting に従う家計の中には，現役期に生涯，最低限以上の生活を過ごせるだけの賃金を得ながら，過大に消費を行い，高齢期に備えて十分な貯蓄を行わなかったため，最低限の生活を送ることができない世帯が存在することになる．

3.5 高齢期の公的扶助とモラルハザード

高齢期の貧困世帯に最低限の生活を保障するために，まず公的扶助のみで対応する場合が考えられる．しかしながら，高齢期に所得・資産に欠ける世帯に必要な資金を提供する公的扶助制度は，次のようなモラルハザードを引き起こす．

具体的な例を示すため，高齢期にミーンズテストを行い，保有資産 $(1+r)s$ が最低限の生活に対応する消費 $c_{\min}$ を上回るかをチェックし，不足額がある場合には，その額（$T_2 = \max[0, c_{\min} - (1+r)s]$）を公的扶助として政府が給付すると仮定する．貯蓄 s が 1 期目の賃金と消費額の差であることに留意すれば，

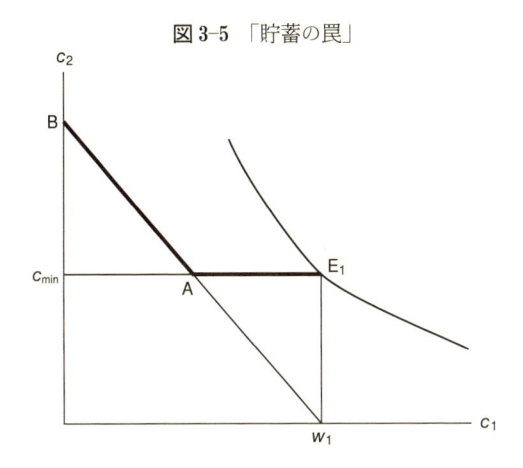

第3章 公的扶助の経済理論II：公的扶助と公的年金　　93

図 3-5　「貯蓄の罠」

高齢期の消費額は $c_2 = \max[(1+r)(w_1-c_1), c_{\min}]$ となる．

$w_1 \geq c_{\min}/(1+r)$ の場合には，生涯を通じた予算制約式は図3-5のように示される．賃金が高い場合には，無差別曲線はもともとの予算制約式である線分ABに接する可能性が強くなり，その結果，高齢期にも公的扶助を受けることなく，自らの貯蓄より高齢期の消費を賄うこととなる．しかし，賃金が低い場合には，現役期に追加的に貯蓄をしてもその分だけ公的扶助の給付額が減額される（すなわち，限界税率100%）ので，点 E_1 のように，まったく貯蓄をせず，賃金を現役期の間に消費してしまい，高齢期にフルに生活保護の給付を受けることが最も個人の効用を高める選択となる．これが高齢期に最低所得保障型の公的扶助制度がある場合に発生するモラルハザードであり，「貯蓄の罠」とも呼ばれる状況である．

このようなモラルハザードは，我が国においてはどの程度重要であろうか．モラルハザードの実態は観察することが難しく，実証研究は少ないが，最近の菅（2007）は，「公的年金制度に関する意識調査」（2006年5月）を用い，公的年金につき加入しない，あるいは保険料を納付せずに（同論文では，両者を「非納行動」とする），老後の生活について生活保護に依存しようとする「生活保護モラルハザード仮説」につき検証を行っている．具体的には，モラルハザードの可能性がある者として，同調査の中の「将来定年などで仕事をやめたあとに，

生活が苦しくなったらどうしますか」との質問に対し,「生活保護を受ける」を第1の回答として選んだ者に着目している.単純集計においては,モラルハザードの意図があると考えられるのは平均的には13%程度であるが,年金非納者については3割弱となっており,年金の非納状況と生活保護モラルハザードには強い関係があると考えられる (菅 2007).同論文は,さらに綿密な検証を行い,現在の年金非納付のうち,2割弱が将来生活保護に頼ることをあてにしたモラルハザードに起因する可能性があるとしている.この結果は,生活保護モラルハザードが無視できない規模で存在していることを示唆している.

3.6 強制貯蓄としての公的年金——モラルハザードへの対策とパターナリズム

十分な賃金があるのに,老後のための貯蓄をせず,高齢時の公的扶助に依存するというモラルハザードを避けるためには,現役期に強制的に貯蓄を行わせ,退職後,強制貯蓄のうちから老後の生活費を捻出させることが考えられる.

また,強制貯蓄の方式は,近視眼的な家計に対し,政府がパターナリズムに基づき老後の生活のための貯蓄を行わせる意味でも有用である(過少貯蓄を hyperbolic discounting に基づく行動と考える場合にも,強制貯蓄は,各家計が短期的割引率に基づき行動することを制限する方法と位置づけられる).

強制貯蓄の実際の方法としては,現役期の給与の一部を保険料として強制的に徴収し,その保険料を原資として給付を行う積立方式の公的年金制度が考えられる.これを図で示せば,図3-6のとおりである.強制貯蓄としての公的年金が導入された場合の予算制約式は,図3-6の太線のようになる.現役期の強制貯蓄の額は図のA点と w_1 の間の距離に対応する $c_{\min}/(1+r)$ であり,それだけの貯蓄があれば,高齢期には最低生活に必要な資金 $c_{\min}$ に対応する年金資産を保有することになる.強制貯蓄なので,現役期にA点を超えて消費することは不可能であり,モラルハザードを防止できる.また,近視眼的な行動や hyperbolic discounting に従った行動を行っている家計も,強制貯蓄により現役期に過大な消費をすることが防止される[3].

---

3) ただし,現役期の賃金が生涯を通じて最低消費を行うに足りない場合(すなわち,$c_{\min}/(1+r) \leq w_1 < c_{\min}+c_{\min}/(1+r)$ の場合)には,やはり高齢期に最低消費を可能とするだけの貯蓄を強制すると,現役期に最低消費が不可能になってしまうため,公的扶助を受給せざるを得ない.

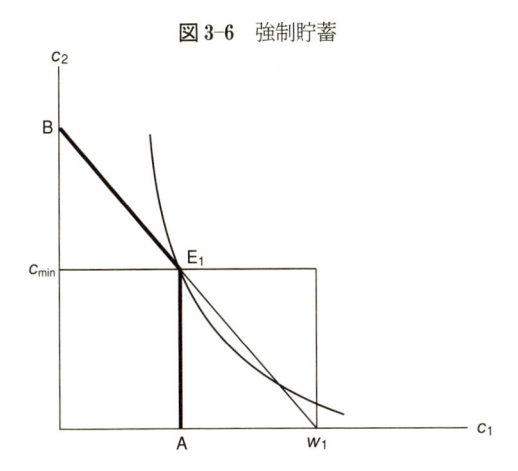

第3章 公的扶助の経済理論Ⅱ：公的扶助と公的年金　　95

図 3-6　強制貯蓄

3.7　現役時にも公的扶助が必要な場合

他方，$w_1 < c_{min}/(1+r)$ の場合には，給与を全部貯蓄しても，最低限の生活は確保できないため，高齢期に給付を受けるので，$c_2 = c_{min}$ となる．さらに，w_1 は最低限の生活水準に対応する消費額 c_{min} よりも小さいので，現役時にも公的扶助が必要になる．結局，現役時も高齢期も公的扶助を受給して，最低限の生活を維持することになる．したがって強制貯蓄としての公的年金制度が存在している場合には，現役時に公的扶助を受給している世帯について，保険料の支払いをどうするかが問題となる．

我が国の生活保護制度においては，収入認定額から保険料を控除することが認められている．ただし，国民年金に任意加入する場合の保険料については，年金の受給権を得るためのものに限って認められるものであり，将来の年金額を増やすためのものは認められないとされている[4]．他方，国民年金制度においては，生活保護を受給している個人は，被保険者とされたうえで法定免除として保険料の支払いを免除されている．「生活保護法による保護の実施要領の取扱いについて」においては，生活保護世帯の国民年金保険料は法定免除とな

---

4) 「生活保護法による保護の実施要領の取扱いについて」（社保第 34 号　厚生省社会局保護課長通知）問（第 6 の 57）．

っていることを指摘し，生活保護の給付額に保険料を含めるのではなく，保険料自体を法定免除とし，生活保護給付を保険料分だけ増額することは避けるように指導している．結局，生活保護受給家計においては，国民年金保険料は法定免除とされるが，それ以上の国民年金の保険料の支払いを通じて老後の備えを行うことは認められていない．このような取り扱いにより，政府にとっては，生活保護の当座の給付額を圧縮できることになる．

ただし，免除期間については，高齢期になってからの給付の際，基礎年金の国庫負担に相当する額の年金給付を行うこととされている．現在，基礎年金の国庫負担額は3分の1だが，平成21年度までに2分の1への引き上げを完了することとされている．したがって実質上，現役期に生活保護を受給している世帯は，高齢期になっても，基礎年金の給付額の一部のみしか受け取れない．

生活保護を受給している家計にどの程度の貯蓄を認めるべきかについては議論のあるところである．本来，自らの賃金が最低生活費に不足する分だけ受給しているのだから，貯蓄する余裕はないはずだが，受給世帯が特定の目的や将来のための消費を強く選好する場合には，最低生活費 $c_{\min}$ よりも消費を低く切り詰め，貯蓄を行う可能性がある．生活保護開始時に保有可能な預貯金等の額は最低生活費の0.5ヵ月分とされるが，福岡学資保険訴訟の判決を受け，学資保険の保有は容認されている．生活保護の受給中，すでに受給された保護費のやり繰りによって生じた預貯金については，その使用目的が生活保護の趣旨目的に反しないと認められる場合に限って保有が容認されている．ただし，当該預貯金が充てられる経費については，保護費の支給または就労に伴う必要経費控除の必要がないとされる[5]．

このように，生活保護受給者が自助努力として本格的に保険料の支払いや貯蓄を行うことには制約が課されている．前述したように，八田・小口 (1999) は，保険料を法定免除された生活保護受給者が受け取る給付額は少なく，高齢者の生活保護への依存を高めるので，保険料を免除した時点で一般会計から全額補塡し，将来は満額の給付が得られるようにすべきと提案している．生活保

---

[5] 「生活保護法による保護の実施要領の取扱いについて」(社保第34号　厚生省社会局保護課長通知) 問 (第3の18).

護受給者以外にも国民年金保険料の法定免除者が存在していることを考えると，税財源により全額補填する同提案には公平性の観点等から反論もあると思われるが，少なくとも，生活保護受給者が自ら消費を切り詰め，老後の備えにつき自助努力を行う場合等については，将来の生活保護給付への影響も勘案して，その取扱いを検討していく必要があるものと考えられる．

4. 最適な最低所得保障年金のデザイン——限界税率の設定

4.1 不完全な保険料徴収とモラルハザード

　理論的には，積立方式に基づく強制貯蓄制度としての公的年金を導入すれば，モラルハザードの問題は回避でき，生涯を通じて最低生活を支えるのに賃金所得が不足している家計にのみ，高齢期に給付を行う補足的な公的扶助制度が存在すればよいことになる．しかし，現実の公的年金制度においては保険料徴収も不完全である．その場合，図3-5のように，現役期に保険料を支払わず，すべての所得を消費に回してしまい，高齢期に生活保護を受給しようとするモラルハザードが生じる．保険料の徴収強化が第一に望まれるが，徴収強化に限界がある場合は，公的年金制度・公的扶助制度のデザインを通じ，モラルハザードを抑制することが望まれる．

　「貯蓄の罠」の下，保険料を支払わないというモラルハザードを抑制するためのインセンティブの問題は，図3-5の水平軸を余暇，垂直軸を消費額に置き換えてみれば，実は，第2章で論じた「貧困の罠」の問題に似ていることがわかる．そこで第2章で紹介した議論を，公的年金制度のデザインに関する議論に活用することが考えられる．

　問題を単純化するために，ここでは各家計は，労働所得のうち，任意に保険料の納付額を決めることができるとしよう．さらに，所得の増加に応じて比例的に減額する（あるいはまったく減額しない）線型の最低所得保障年金のみを想定する．その場合，最低所得保障年金制度のデザインは，1単位の保険料支払いの追加に対し，どれだけの割合で最低所得保障年金給付が減額されるかを示す限界税率 t および最低所得 G の2つのパラメーターの設定の問題となる．以下，限界税率 t と最低所得 G の2つのパラメーターの変化が及ぼす影響に

図 3-7 フェーズアウト方式の最低所得保障
年金への転換の効果

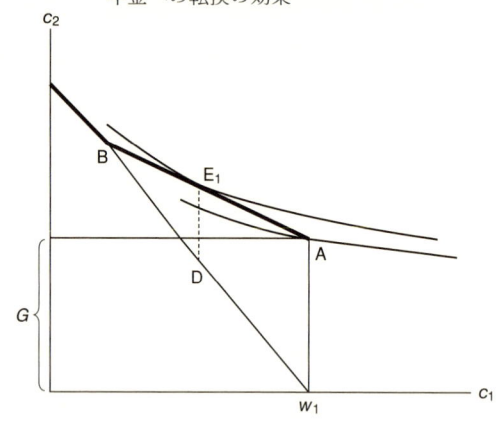

ついて考察する．

4.2 限界税率 t の影響

最低所得 G を所与として，限界税率 t の変化がどのような影響を及ぼすかを考えてみる．所得比例年金と最低所得の間のギャップを補填する単純な最低所得保障方式の年金の下では，追加の貯蓄（ここでは保険料納付）に対する限界税率が実質 100％ となるため，保険料納付ゼロの点で bunching している家計が多く生じるおそれがある（「貯蓄の罠」）．

これに対し，フェーズアウト方式のように，追加的に保険料が納付された際に所得比例年金と最低所得保障年金の合計が増加するようになっていれば，限界税率は 100％ から低下し，bunching している家計の一部が保険料の納付を開始する可能性がある．例えば，フェーズアウト方式への転換を示した図 3-7 において，点 A を選択していた家計のうち，所得比例年金と最低保障年金の合計額の増加率（同図の線分 AB の傾きの絶対値）より点 A における無差別曲線の傾きが小さい家計は，保険料納付を始める[6]．フェーズアウト方式の場合に

---

6) なお，以下の議論では，所得比例年金が積立方式で，その収益率が市場収益率と変わらないという単純化のための仮定を置いている．

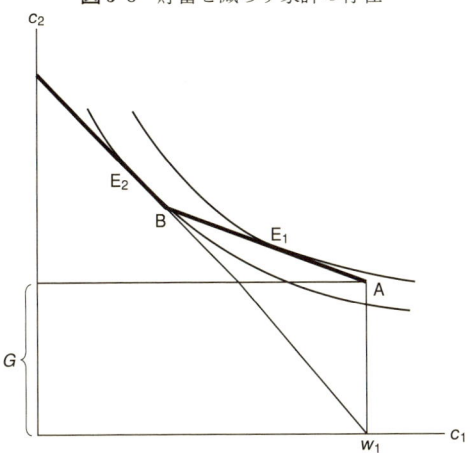

第3章　公的扶助の経済理論Ⅱ：公的扶助と公的年金　　　　　　　　　99

図3-8　貯蓄を減らす家計の存在

は，貯蓄が増加するに伴い，政府の支払う最低所得保障年金の額は減少する（この家計に関する財政負担額は，E_1とDの間の距離に圧縮される）．「貯蓄の罠」を脱出した家計の経済厚生は，保険料納付ゼロの場合よりも向上する．

　理論的には，貯蓄を減少させる家計も現れる可能性がある．これは，負の所得税についても，労働供給を減少させる家計が現れることと同様である．具体的には，定額給付方式やフェーズアウト方式の最低所得保障年金の場合，最低所得保障年金が支払われる家計の生涯所得が増加するため，所得効果が発生する．その結果，現役期の消費が増加し，貯蓄が減少する．また，フェーズアウト方式では，もともとは最低生活保障の範囲でなく通常の市場収益率での貯蓄（保険料納付）を行っていた家計にとっては，最低所得保障年金の範囲では追加的に保険料を納付したときの収益率は低下するので，代替効果からも貯蓄が減少する．具体的には，図3-8のE_2からE_1への移動のような形を取る．

　ただし，貯蓄を減らす家計が現れること自体は必ずしも否定的に捉えるべきではない．すなわち，そうした家計は自らの効用を高めており，その意味では経済厚生は高まることになる．

　フェーズアウト方式よりもさらに限界税率を引き下げ，0％にするためには，所得が増加しても最低保障年金を減額せず，一定水準に維持すればよい．これは，定額給付方式の最低保障年金を意味する．その場合の予算制約式は図3-9

図 3-9　定額給付方式

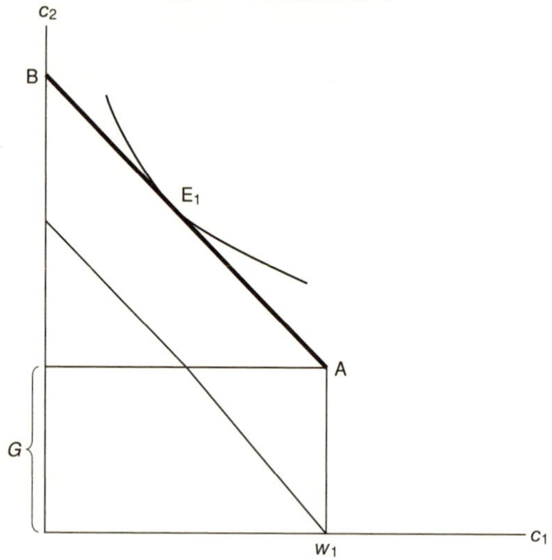

のようになる．我が国の基礎年金も，全加入者に同額が提供されるという意味ではこの方式である．限界税率が 0% なので，保険料の支払いを行わない図 3-9 の点 A における bunching は，フェーズアウト方式よりもさらに大幅に減少することが期待される．しかしながら，高額所得者にも定額給付を支払うため，最低保障所得額（図の G）を引き下げない限り，必要となる財源はフェーズアウト方式よりも相当，大きくなる．

4.3　extensive margin と intensive margin

これまでの説明においては，保険料納付ゼロの状態から納付を始める場合と，すでに保険料を納付している者が納付額を増加させる場合の貯蓄の弾力性は同様のものであることを暗黙裡に仮定して論じてきた．しかし，最近の負の所得税や勤労所得税額控除等の理論的分析においては，実証研究で指摘されている労働供給の就労についての弾力性（extensive margin）と一度就労したうえでの労働時間についての弾力性（intensive margin）につき大きな差異（extensive margin は大きく，intensive margin は小さい）が存在しており，それを前提とすると，従来の議論とは異なり，負の限界税率をもつ勤労所得税額控除も最

適課税理論で正当化できることが示されている (Saez 2002).

　もし保険料の支払いについても, extensive margin (公的年金への加入) と intensive margin (加入している公的年金にどれだけ納付するか) の弾力性の差異があるとすると, それにより, 望ましい最低所得保障年金の姿も大きく変わる可能性がある. 残念ながら, 保険料の支払いの extensive margin と intensive margin の弾力性については, 筆者の知る限り実証研究は存在しないが, 家計のポートフォリオ選択の実証研究においては, 家計の投資行動としてその投資商品に投資するかしないかの判断と, その商品への投資金額をどうするかの判断は, 別々に行われることが知られている. また, 利子を生む金融商品と当座預金の間の代替についても, 同様に2段階に分かれた投資判断があるとの指摘もある (Mulligan and Sala-i-Martin 2000). 保険料の支払い等についても2段階の決定が行われているか, 今後, 実証研究がなされることが期待される.

5. 最適な最低所得保障年金のデザイン——高齢者に保障されるべき最低所得

5.1 高齢者に保障されるべき最低生活保障水準

　ここまでは, 高齢者に対し保障されるべき最低生活保障の水準につき所与のものとして論じてきたが, 現実には, 当然ながら, どの程度の生活を最低限の生活として想定するかも重要な論点である.

　過去の我が国の生活保護制度においては, 高齢者に対し, 一般の生活保護の給付に加え, 老齢加算という付加給付がなされていた. しかしながら, 生活保護制度のあり方に関する専門委員会の「生活保護制度の在り方についての中間取りまとめ」(2003年12月16日) は, 単身無職の一般低所得高齢者世帯の消費支出額について, 70歳以上の者と60～69歳の者との間で比較すると前者の消費支出額が少ないとして, 70歳以上の高齢者について現行の老齢加算に相当するだけの特別な需要があるとは認められないため, 加算そのものについては廃止の方向で見直すべきであるとの考え方を示した. この考え方を受け, 2004年度より70歳以上の生活保護受給者の受ける老齢加算は, 段階的に廃止されることとなった.

　高齢者と現役世代の消費支出の水準については, 引退に伴い, 消費水準が減

少することが最近のマクロ経済学の研究で知られている[7]．そうした研究に従えば，高齢者の消費支出のニーズが一律に現役世代よりも高いと仮定した付加給付の制度は必ずしも必要ないとの議論になろう．

さらに，公的扶助政策においては，消費水準のみならず，余暇まで勘案した経済厚生を基準とすべきとの考え方に立つと，より深い議論が可能となる．すなわち，経済厚生を基準とした場合，最低生活の保障の観点からは，余暇の存在まで考慮して生活水準を評価する必要がある．効用水準は，効用関数 $U = u(c, l)$（ここで，c は消費，l は余暇）で示すことができる．現役世代は，一般に就労している場合，余暇の水準は就労していない者より低くなる．他方，引退した高齢者は，働いていない分，余暇水準は高くなる．単純に消費水準のみを比較するのではなく，余暇水準までを含めれば，最低生活保障の観点からは，高齢者に対する最低「所得」保障は現役世代に対する最低「所得」保障よりも低く設定するほうが，経済厚生を基準に考えればより公平ということになる．しかし，高齢者も老いてくれば，同じ余暇を楽しむにしても，肉体的により多くの負担を伴うことが増えてこよう．このことは，同じ余暇時間からの効用が低下することを意味し，年齢とともに，余暇水準の差に基づく高齢者と現役世代の最低生活保障の違いは縮小する可能性はある．

5.2 公的年金による最低所得保障

保障すべき最低所得水準が存在するとしても，それを全員に対し公的年金で保障すべきかについては議論がありうるが，ここでは，まず公的年金の最低給付額 G を最低所得水準に設定することによって，全員に対し最低所得を保障する場合の方式および財源について論じよう．

公的年金による最低所得保障が定額給付方式により行われる場合には，一般税収を財源に，最低所得水準に対応する定額給付を一定年齢以上の者全員に支払う形を取ることを想定して議論がなされることが多い．そうした定額給付の最低保障年金は，Atkinson (2002) が指摘したように，高齢者のみを対象とし

---

[7] マクロ経済学においては，消費の平準化仮説が現役期と高齢期の間でも成り立つかという観点から，引退前後の消費支出水準の変化の分析が進められている．一般に，引退に伴い，消費水準が減少することが観察されている．

た一種のベーシック・インカム政策と解釈することも可能である．我が国においては，消費税を財源として，最低生活費に対応するまで増額した基礎年金を高齢者全員に給付する橘木（2005）の構想も，こうした方式の一つに数えられよう[8]．

　税財源による定額給付方式の公的年金には，保険料の納付状況と関係なく定額の給付が行われるので，所得・資産の把握といった執行上の問題やスティグマ等の受給者側の問題がないため，給付面だけを考えれば執行費用をあまりかけずに，漏給のおそれが小さい形での最低所得保障が可能になるとの利点がある．

　しかしながら，問題点も多い．最大の問題としては，高額所得者も含めて定額の給付を行うため，必要となる税財源が巨額となることが挙げられる．

　さらに，公的年金の最適なデザインの観点から重要な問題と考えられるのは，公的年金の存在意義の一つに関連して上述したモラルハザードの問題である．高齢者に対し，公的扶助による給付（ミーンズテスト等の要件が比較的緩い場合）や公的年金による定額給付がなされる場合，現役世代の中には，公的給付や公的年金をあてにして，保険料納付や私的貯蓄といった自助努力を行わないモラルハザードが生じうる．我が国においても，菅（2007）の実証研究において，公的年金への非加入・未納がそうしたモラルハザードで説明されうることは上述したとおりである．

　こうしたモラルハザードを回避するための強制貯蓄としての役割こそが，公的年金の存在意義の一つであり，そのためには，現役世代の労働所得より強制的に保険料を徴収し，最低保障年金給付の財源とすることが求められる．実際には，現役時代も最低所得を下回る労働所得しか得られないケースもあり，その場合には，保険料に財源を求めるわけにはいかず，一般税収から財源調達を行い，最低保障所得との差額を補塡する必要が出てくる．そうした公的年金制度としては，保険料に基づく所得比例年金に加えて，一般税収に基づく付加年金（最低保障年金）を支払う最低所得保障方式またはフェーズアウト方式が望

---

[8] 橘木（2005）の年金改革構想と，ベーシック・インカム構想との関係は，武川（2005）および橘木・浦川（2006）で言及されている．

ましくなる．また，定額給付方式でも，定額給付の最低保障年金部分の財源につき保険料と一般税収の双方により調達する場合には，現役世代のうちに支払った保険料が一部給付に回されるという意味で，モラルハザードを部分的に回避することができよう．

5.3 最適な公的年金と生活保護のミックス

　所得の把握と保険料の徴収が完全であれば，所得比例年金により現役期に十分な労働所得のある者には保険料の支払いにより強制的に貯蓄をさせ，他方，現役期に十分な労働所得が得られない者に限り，最低所得保障方式またはフェーズアウト方式の最低所得保障年金により最低保障所得の確保を図ればよいが，現実には，所得の把握も保険料の徴収も不完全である．そうした場合，十分な財源があれば，フェーズアウト方式により保険料の追加支払いに対する限界税率を引き下げ，保険料支払いのインセンティブを与えることが考えられるが，実際には，我が国の財政が危機的な状況にある中，保険料徴収の不完全さを補うほど十分な金銭的なインセンティブを提供することには制約がある．

　第2章においては，情報の非対称性が存在する場合には，金銭的なインセンティブのみならず，さまざまな自己選択メカニズムを導入することで，不正受給者を減らし，結果的に真の困窮者に限られた財源から集中的に給付を行うことができることを指摘した．自己選択メカニズムとしては，現物給付のほか，給付金の使途制限，保有資産の制限，煩雑な審査手続（Nichols and Zeckhauser (1982) のいう "ordeal"）等も含まれうる．我が国の生活保護制度においても，保有資産の制限や資力調査等の煩雑な認定手続が存在しており，真の困窮者にスティグマを感じさせているという負の側面も指摘されているが，他方，一定程度，不正受給を図ろうとする者にディスインセンティブを与えているのも事実である．

　したがって，高齢者に対する最低所得保障制度として，公的年金制度と生活保護制度の一方に頼るのではなく，双方を最適な形で組み合わせていくことが望ましいと考えられる．例えば，高齢期に税財源で最低生活費を給付することによるモラルハザードを避けるため，強制積立の性格をもつ保険料に基づく公的年金給付を中心にするが，現役期に十分な労働所得がなかった者のために，

税財源も活用する．しかし，情報の非対称性により所得把握と保険料徴収が不完全であることに鑑み，公的年金の最低給付額は，最低生活費よりも低く抑える．財源に余裕があれば，フェーズアウト方式で，保険料の追加的納付へのインセンティブも提供する．そのうえで別途，真の困窮者への対応として，保有資産の制限等を通じた自己選択メカニズムを備えた生活保護制度により，最低生活費と公的年金の給付額の差額につき公的扶助を行うことが考えられよう．

いずれにせよ，高齢者に対する最低所得保障制度として，公的年金制度と生活保護制度を別々のものとして個別にそのあり方を検討するのではなく，お互いに不足する部分を補うものとして，どのように組み合わせるのが最も望ましいかを検討することが不可欠である．

6. 最適な最低所得保障年金――財源確保の方法

6.1 保険料と税 (1)――保険料と給付の間に明確な関係がない場合

各類型の最低生活保障年金の下での社会厚生を検討するためには，制度改正によりどれだけ人々の効用が変化するかのみならず，どれだけのコストが必要かを比較する必要がある．その際，必要財源額のみならず，その調達のために生み出される歪みにより失われる経済厚生も勘案する必要がある．最低所得保障年金の財源としては，保険料に基づく保険料方式と一般税収に基づく税方式が考えられるが，そのどちらが望ましいかについては広く議論が行われている．そうした議論については国枝 (1999) において整理しているので参照願いたいが，ここではよくみられる誤解について注意を促しておきたい[9]．

最近，企業関係者からは，保険料方式の場合，保険料の半分を企業が雇用主負担分として支払うため，企業の負担が重く，企業の競争力が低下するとの意見がよく聞かれる．しかし，現代財政学においては，企業自体が税や保険料を負担することはなく，企業が支払った税や保険料は転嫁され，企業の株主か，

---

9) なお，税方式と保険料方式といった場合，財源として一般財源と保険料のどちらが望ましいかという議論ではなく，保険料の徴収を社会保険庁およびその後継機関と国税庁のどちらで行うのが望ましいかという議論も混在していることがある．ここでは前者の議論について説明しているので，留意されたい．

労働者が負担するとされる．雇用者負担分の帰着は，労働者負担分の帰着と変わらず，雇用者負担分と労働者負担分の帰着を分けて論じることには意味がないとされている．

また，公的年金の財源を保険料から歪みが少ない消費税に置き換えれば，経済の効率性が増すとの議論もよく聞かれる．こうした考え方にも経済理論的には問題がある．まず保険料と給付の間に明確な関係がない場合，保険料は，労働者にとって労働所得税と同様に認識される．一方，個人の予算制約式に着目すると，（一律の税率の）労働所得税は，定常状態においては，消費税と同じ効果をもつことが知られている．したがって，保険料と消費税は，定常状態においては経済的効果に大きな違いはないことになる．

しかし，定常状態の比較ではなく，税制改革の一環として消費税の増税がなされる場合には，別の理由で経済の効率性向上に資することになる．すなわち消費税は，すでに保有されている資産にも，その購買力を低下させるという意味で課税を行っているが，この課税は，増税時には資産がすでに蓄積されてしまっているため，経済に歪みをもたらさない（"lump-sum tax" と呼ばれる）．税収の一部をこうした lump-sum tax で賄えるということは，歪みをもたらす他の税目に依存する割合を減少させるので，結果的に経済全体の効率性向上に貢献する．また，高齢者に対する課税（例えば年金課税強化）も同様の効果をもつ．この点は，税制改革の際の動学的な経済効率性向上の重要性を明らかにした Auerbach and Kotlikoff (1987) 以来よく知られているが，年金改革のシミュレーション等において十分認識されていないことがあるので，注意が必要である．

6.2 保険料と税 (2) ——保険料と給付に明確な関係がある場合

保険料と年金給付額との間に明確な関係がある場合には，さらに状況は変わってくる．保険料の追加的な支払いに対して，市場収益率で運用されたのと同額の追加的な給付が確実になされる公的年金があるとしよう．この場合，労働者にとって，保険料の支払いは老後のための民間貯蓄を行うことと同様の効果をもつ．労働者が保険料と給付の関係についてよく認識していれば，雇用主が支払った保険料はいわば一種のフリンジ・ベネフィットと認識され，その分，

現金による給与額が減ったとしても受け入れることになる．したがって，保険料の雇用主負担分と給与を合計した企業にとっての費用総額は変わらず，企業にとっても負担とならない．この点は，Summers (1989) で指摘され，Gruber and Krueger (1991) 等の実証研究において，一定程度，確認されている．

我が国においても，最近になっていくつかの実証研究が行われている．Tachibanaki and Yokoyama (2008) は社会保険料の事業者負担は基本的に転嫁されないとの結果を得ているが，Komamura and Yamada (2004) は，従業員の保険料負担とそれから得られる便益がある程度対応していると考えられる健康保険に関して，逆にほぼ完全に賃金の低下につながるとの結果を得ている．また，両者の研究を吟味した岩本・濱秋 (2006) は，部分的に賃金の低下につながっているとの結論を出している．このように，我が国における実証研究の結果は未だ方向性が定まっておらず，今後のさらなる研究が待たれるが，仮に現在の我が国の年金制度の下で年金保険料に対応して賃金の低下がみられないとしても，理論的には不思議はない．我が国の公的年金制度においては，保険料と給付額の間に一定の算定式はあるものの，個人勘定が存在する確定拠出年金制度ほど明確ではなく，また公的年金の持続可能性にも疑問がもたれている．加えて昨今では，年金記録問題のように，事務的にも支払った保険料が給付に反映されないとの懸念をもたれており，一般国民が，保険料と給付の間に明確な対応関係を認識していないとしても致し方ないからである．

そのような場合に政策的に求められるのは，保険料と給付の間の関係を明確化し，また国民の間の公的年金制度に対する信頼を回復させることである．最近，賦課方式ながら個人勘定を通じて保険料と給付の関係を明確化した Notional Defined Contribution (NDC) が各国で導入されはじめているが，その理由の一つは保険料と給付の関係が不明確な制度がもたらす労働供給の歪みを減少させることであった (Lindbeck and Persson 2003)．我が国においても，個人勘定の設置等を通じて保険料と給付の関係を明確にすることにより，年金保険料のもたらす歪みを減少させることが効率性の観点から望まれる．

なお，現実には，自営業者の所得把握等の問題があり，税と比較して保険料の徴収が不十分な形でしか行われていない実態がある．したがって，どの方式が望ましいとの結論を得るためには，徴収コストについても十分勘案する必要

がある．

6.3 世代間不公平の是正

これまでは，モラルハザードを防止するための強制貯蓄としての積立方式の公的年金を想定してきたが，我が国の現実の公的年金は，基本的に賦課方式である．

積立方式の公的年金においては，基本的に，市場での金融資産の収益率と同じ収益率を個人が保険料の支払いから得ることが期待でき，そのため，上記の分析の予算制約式においても，強制貯蓄の場合も民間貯蓄と変わらぬ収益率を得るものとして，分析を行った．

これに対し，賦課方式の持続可能な公的年金においては，(人口成長率)+(生産性上昇率)に等しい収益率しか見込むことができない．動学的に効率的な経済(我が国も該当するとされる(Abel et al. 1989))においては，(人口成長率)+(生産性上昇率)は市場収益率を上回ることはできないので，民間貯蓄から賦課方式の公的年金への転換により，保険料を強制的に支払わされる各家計の生涯所得は減少することとなる．したがって，賦課方式の公的年金の導入の影響を考える際には，生涯所得減少による所得効果の影響も考える必要がある．

また，保険料の支払いにより受益を上回る負担を負わされることを認識した現役世代の中には，老後に生活保護に依存する気はまったくないものの，収益率が市場収益率よりも低い公的年金ではなく，自らの貯蓄により老後の生活を支えようとして，保険料の支払いを逃れようとする者も出てこよう(江戸時代の重い年貢から逃れた農民の「逃散」になぞらえ，年金制度からの「逃散」と呼ぶことができよう(国枝 1999))．

他方，公的年金の導入時にすでに退職していた，あるいは退職が近かった世代は，保険料を(後者については十分)支払うことなく，給付を受け取っているため，賦課方式の公的年金の導入・拡充に伴い，大きな利益を得ていることとなる．動学的に効率的な経済においては，こうした世代の得る利益は，現役および将来世代の負担にちょうど対応する．その意味で，賦課方式の公的年金を通じて，高齢世代による「世代間の搾取」(国枝 1999)が行われている．

貧しい高齢者世帯に対する最低生活保障の財源が，同じく高齢の高所得者や

資産家の負担によるのであれば問題はないが，現役世代や将来世代の負担に求められる場合には，高齢者世帯に対する最低生活保障の拡充が「世代間の搾取」の激化を招いてしまうおそれがある．したがって，貧しい高齢世帯への最低生活保障の財源は，他の世代に求めることなく，同じ世代の高所得者が負担することが望ましい．具体的には，まず，比較的高額の年金を受給している場合の年金課税強化が考えられる（現実の政策においても，所得税の公的年金等控除の圧縮に伴う増収分が，基礎年金の国庫負担分に回されている）．また，消費税も，高齢者にも負担を求めることとなるので，世代間の不公平是正の観点から望ましい．

7. おわりに

本章においては，公的年金と公的扶助の関係につき，理論的な観点から論点の整理を行った．Akerlof (1978) の tagging の考え方に従えば，高齢者に限定した最低生活保障制度を設けることには意義があるが，税財源により生活保護給付を行うと生活保護モラルハザードが生じる．モラルハザードを避けるためには，保険料納付を義務づける強制貯蓄の形を取る公的年金が有効である．加えて，現役時に十分な保険料支払いが難しい者には，退職後，最低所得保障のための給付が必要になる．しかし，現実の保険料徴収は不完全であり，財源が確保できれば，保険料支払いの限界税率を引き下げるフェーズアウト方式等の採用で，保険料支払いのインセンティブを提供することが考えられる．同時に，自己選択メカニズムを伴う生活保護制度を設けることで，不正受給を防ぎつつ，高齢者の最低生活保障を図ることが考えられる．その際の財源については，保険料と給付の関係が明確な場合は保険料が最も経済厚生上のコストが少ないが，明確でない場合は，消費税が税制改革時に既在資産に対する lump-sum tax の役割を果たす分だけ効率的となる．他方，世代間不公平是正の観点からは，高齢者の最低所得保障の財源は，できるだけ消費税や年金課税の強化等，同世代内の再分配によることが望まれる．

以上のように，公的扶助と公的年金は，高齢者の最低生活保障において異なった役割をもちつつも，密接な関係を有しており，一体的にその改革を考える

ことが望ましい．本章に示した分析は，そうした議論の枠組みを提示するものである．紙幅の都合で本章で論じることができなかった執行面の問題，移行時の問題等も考慮しつつ，さらなる議論が進められることが期待される．

参考文献

岩本康志・濱秋純哉（2006）「社会保険料の帰着分析——経済学的考察」『季刊・社会保障研究』第3巻第42号，pp. 204-218.

牛丸聡・飯山養司・吉田充志（2004）『公的年金改革』東洋経済新報社．

国枝繁樹（1999）「年金改革の論点」『国際税制研究』第4号，pp. 59-83.

厚生統計協会（2007a）『保険と年金の動向』第54巻第14号，厚生統計協会．

厚生統計協会（2007b）『国民の福祉の動向』第54巻第12号，厚生統計協会．

厚生労働省編（2007）『世界の厚生労働 2007』TKC出版．

駒村康平編（2005）『年金改革』社会経済生産本部生産性労働情報センター．

菅桂太（2007）「年金未加入と生活保護モラルハザードに関する実証分析」NIRA報告書『年金制度と個人のオーナーシップ』総合研究開発機構，pp. 54-78.

高山憲之（2004）『安心と信頼の年金改革』東洋経済新報社．

武川正吾（2005）「訳者まえがき」トニー・フィッツパトリック（武川正吾・菊池英明訳）『自由と保障——ベーシック・インカム論争』勁草書房，pp. iii-x.

橘木俊詔（2005）『消費税15％による年金改革』東洋経済新報社．

橘木俊詔・浦川邦夫（2006）『日本の貧困研究』東京大学出版会．

日本総合研究所（2004）「基礎年金と生活保護の一体的議論を」日本総合研究所調査部経済・社会政策研究センター．

八田達夫・小口登良（1999）『年金改革論　積立方式へ移行せよ』日本経済新聞社．

Abel, A. B., Mankiw, G. N., Summers, L. H. and Zeckhauser, R. J. (1989) "Assessing Dynamic Efficiency: Theory and Evidence", *Quarterly Journal of Economics*, Vol. 56, January, pp. 1-20.

Akerlof, G. (1978) "The Economics of 'tagging' as applied to the optimal income tax, welfare programs, and manpower planning", *American Economic Review*, Vol. 68, pp. 8-19.

Atkinson, A. B. (2002) "How Basic Income is Moving up to the Policy Agenda: News from the Future", presented at the Ninth Congress of the Basic Income European Network, Geneva, 12-14 September, 2002.

Auerbach, A. and Kotlikoff, L. (1987) *Dynamic Fiscal Policy*, Cambridge: Cambridge University Press.

Diamond, P. (1977) "A Framework for Social Security Analysis", *Journal of Public Economics*, Vol. 8, No. 3, pp. 275-298.

Gruber, J. and Krueger, A. (1991) "The Incidence of Mandated Employer-Provided Insurance: Lessons from Workers' Compensation Insurance", in Bradford, D. (Eds.), *Tax Policy and the Economy*, Vol. 5, Cambridge: MIT Press, pp. 111–143.

Komamura, K. and Yamada, A. (2004) "Who Bears the Burden of Social insurance? Evidence from Japanese Health and Long-term Care Insurance Data", *Journal of the Japanese and International Economies*, Vol. 18, No. 4, pp. 565–581.

Laibson, D. (1997) "Golden Eggs and Hyperbolic Discounting", *Quarterly Journal of Economics*, Vol. 112, No. 2, pp. 443–477.

Lindbeck, A. and Persson, M. (2003) "The Gains from Pension Reform", *Journal of Economic Literature*, Vol. 41, No. 1, pp. 74–112.

Mulligan, C. B. and Sala-i-Martin, Xavier (2000) "Extensive Margins and the Demand for Money at Low Interest Rates", *Journal of Political Economy*, Vol. 108, No. 5, pp. 961–991.

Nichols, A. L. and Zeckhauser, R. J. (1982) "Targeting Transfers through Restrictions on Recipients", *American Economic Review*, Vol. 72, No. 2, pp. 372–377.

Saez, E. (2002) "Optimal Income Transfer Programs: Intensive versus Extensive Labor Supply Responses", *Quarterly Journal of Economics*, Vol. 117, pp. 1039–1073.

Summers, L. H. (1989) "Some Simple Economics of Mandated Benefits", *American Economic Review*, Vol. 79, May, pp. 177–183.

Tachibanaki, T. and Yokoyama, Y. (2008) "The Estimation of incidence of Employer Contributions to Social Security in Japan", *Japanese Economic Review*, Vol. 59, Issue1, pp. 75–83.

World Bank (1994) *Averting the Old Age Crisis: Policies to Protect the Old and Promote Growth*, Washington, D.C.: World Bank.

第 II 部　生活保護制度と関連領域

第4章 国民年金の未加入・未納問題と生活保護

阿部　彩

1. はじめに——社会保険と生活保護の補完性

　日本の社会保障制度の中で，生活保護制度をはじめとする公的扶助は，財政的にも対象者数にしても比較的に小さい規模に抑えられている．このことは，それ自体においては問題ではない．日本の社会保障制度の設計は社会保険を中心としており，公的扶助が担うのは社会保険がカバーできない分野に限られているからである．そのために，日本は早くから国民皆年金・皆保険を社会保障の基本理念として掲げており，理論的には国民のすべてをカバーする公的年金保険，公的健康保険の仕組みをつくり上げた．このことは日本の社会保障制度の大きな成果として評価されるべきである．それと同時に，公的扶助制度は，社会保険制度からこぼれ落ちてしまった人々に対する最低生活保障を担う補完的な制度と位置づけられた．

　国民皆年金・皆保険を達成するために中心的な役割を担っているのが，国民年金と国民健康保険である．国民年金は，1959（昭和34）年に国民年金法として公布され，1961（昭和36）年から拠出制国民年金として施行された．これにより，一般民間労働者に対する既存の厚生年金でカバーされていなかった5人未満の零細企業の従事者，自営業者，農林業従事者なども公的年金にカバーされるようになった（「国民皆年金」の成立）．国民健康保険も同じく1961（昭和36）年に新国民健康保険法として施行され，それまで普及率が約7割（1956年末）であった医療保険が全国民に提供されることとなった（「国民皆保険」の成立）．

　しかし，この2制度は保険制度であり，しかも，自営業者などの所得の把握が困難であるとの理由から保険料が一律，もしくは所得比例部分が少ない設計となっているため，保険料を支払うことができない低所得者や，すでに高齢に

達していたり，障害者，母子世帯である人々に対しては，特別な措置が必要であった．国民年金制度では，拠出制年金と並行して，無供出制の福祉年金が1959（昭和34）年から設けられ，すでに高齢であったり，障害をもっていたり，母子であって，拠出制の年金を受けられない低所得者に対する年金が支給されることとなった．福祉年金は，国民がすべて拠出制年金にカバーされるようになるまでの経過的な措置であり，徐々にフェーズアウトされている．また，現役世代で保険料を支払うことができない人々に対しては免除制度が導入され，保険料が免除されることとなった．国民健康保険においても，1963（昭和38）年に低所得被保険者に対する保険料の軽減措置が導入された．

　こうして，生活保護をはじめとする公的扶助制度の役割は小さくなっていった．しかし，社会保険が成熟し，福祉年金の経過措置もフェーズアウトしていった今日においても，公的扶助制度の役割がなくなったわけではない．なぜなら，社会保険はすべての国民に最低生活を保障するようには設計されておらず，また，その機能を求められているわけでもないからである．

　まず，第1に，厚生年金，国民年金の基礎部分である基礎年金は，老後の最低生活を保障するものではないことを認識しなければいけない．基礎年金額と生活保護制度の最低生活費（保護基準）はしばしば比較されるが，その設計の意図からして，この2つは比較できるものではない．基礎年金が設立された1985年改革の議論においても，政府は基礎年金は老後生活の「基礎部分」であるものの，「老後生活のすべてを賄うのは無理である」と言明している（岩田2007）．たとえ，基礎（国民）年金を満額受け取ったとしても，最低生活が保障されるわけではないのである．

　第2に，公的年金は最低生活保障の生活費の部分しか対象としておらず，特に高齢期の最低生活の重要な位置を占める医療，介護，住居の問題には対処していない．たとえ，生活費は年金で「何とか」なっても，いったん病気となって医療費の自己負担分が増えたり，高齢期までに住居を確保できなかった場合は，最低生活を保つことができない．

　第3に，公的年金制度は現役世代の困窮に対しては，何の役にも立たない．また，現役世代に課せられている保険料や医療給付の自己負担は，困窮している世帯にとっては過重な負担である．そのため，医療費の自己負担分や公的年

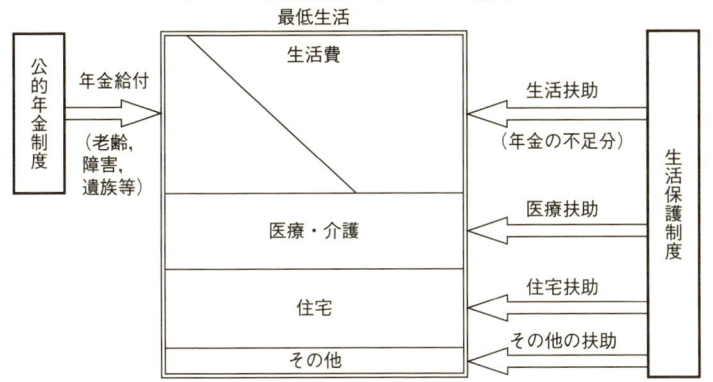

図 4-1 生活保護と公的年金の補完性

金・健康保険の保険料を差し引けば，最低生活以下の生活水準となってしまう可能性があるのである．

第4に，これが本章の主題であるが，公的年金や公的医療が保険方式で行われている以上，無保険者や低保険者が発生する．厚生年金は厚生年金を提供している職に就けば自然と加入することとなるが，国民年金や国民健康保険は自ら保険料を払うという行為が必要であるため，保険料の未加入・未納が起こりうる．健康保険についても，同様に未加入・未納（保険料の滞納）の問題が存在する．これらの理由により，社会保険によって最低生活が保障されなかった人々は生活保護制度の対象となる．このような生活保護と公的年金の補完的な役割を概念図で表したものが図 4-1 である．

この社会保険と生活保護の一種の「補完性」は，いくつかの問題もはらんでいる．一つは，生活保護が最後の砦としてあるからこそ，社会保険への加入動機が弱まるというモラルハザードの問題である．生活保護制度の基本原理である「無差別平等の原理[1]」（生活保護法2条）は，生活困窮がどのような理由に

---

1) 生活保護法2条は，すべての国民は，この法律の定める要件を満たす限り，この法律による保護を，無差別平等に受けることができる，と規定する．「ここでいう無差別平等ということは，生活困窮者の信条，性別，社会的身分等による差別的な取り扱いを否定するとともに，特に困窮に陥った原因によって差別を加えないということを意味している」（『新版・社会福祉学習双書』編集委員会編 2007,『公的扶助論』）．

よるものであったとしても（たとえ，「けしからん」場合であっても），保護が適用されることを明記している．これは国による生活保障に価値判断を持ち込まない誇るべき理念である．しかし，逆に，生活保護があるからこそ，社会保険から脱落してもよい，保険料を払わなくてもよい，と考える人がいてもおかしくない．この問題については，後に議論することとしたい．

　もう一つの問題は，生活保護は憲法で定める「文化的な生活」を保障するものであり，生活保護法で定める最低生活費は独立した概念であるが（その基準に関わる歴史的な展開については本書第1章で述べている），国民の心情的に，他制度と比較されることが多いことである．先にも挙げた基礎年金額や最低賃金と生活保護の最低生活費の比較もしかり，しばしば「（働かずにもらえる）生活保護で保障されるのは『最低』生活であるから，それ以外の（働いている人，働いた人がもらえる）制度からの給付より下であるべき」というような逆さまな議論が横行している．

　本章では，国民年金，国民健康保険の未加入・未納問題に焦点を当てて，その動向と要因について解説する．国民年金・国民健康保険の未加入・未納問題は，国民年金や健康保険の財政の問題と捉えられることが多い．しかし，未加入・未納問題は，日本の社会保障制度の基本概念である国民皆年金・皆保険の衰退の現れであり，将来の無年金者，低額年金者，現在の無（健康）保険者の増加を意味し，将来的に，被保護者数を上昇させることとなる．保険制度を中心とした日本の社会保障制度の中で，生活保護制度が国民の最低生活を保障する「最後の砦」としてあることは，一つには，こういった社会保険の「失敗」をカバーする意味で安心である一方，国民年金の未加入・未納問題と生活保護や他の社会扶助制度とを切っても切れない関係としている．そこで，本章では，生活保護との関連という視点から，国民年金の未加入・未納者問題を論じてみたい．なお，国民健康保険の未加入・未納問題も国民年金と同様の，また，むしろ問題が即発生するという意味で深刻な，問題をはらんでいる．しかし，国民健康保険については第5章においても触れられることから，本章では国民年金に焦点を当てて議論を進める．

第4章 国民年金の未加入・未納問題と生活保護　　　　119

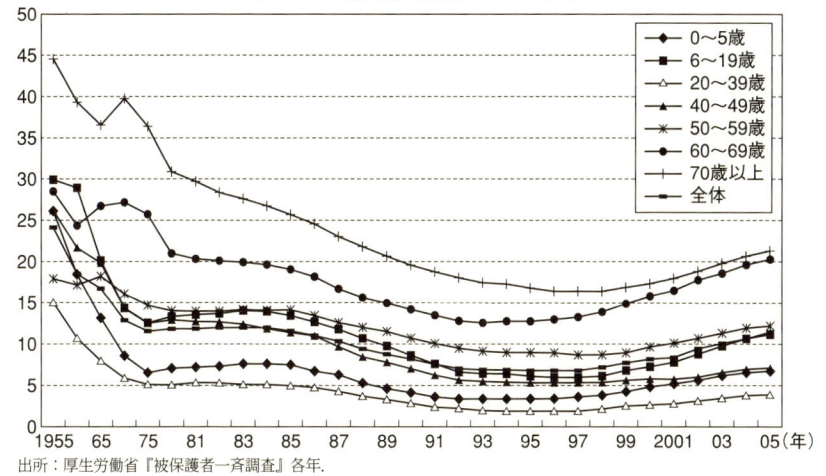

図4-2　年齢階級別保護率（人口千対）

出所：厚生労働省『被保護者一斉調査』各年.

2. 生活保護と公的年金

　前節で述べたように，公的年金が成熟するにつれて少なくとも高齢者の最低生活保障についての生活保護の役割は縮小しているはずである．実際に，高齢者の保護率は国民皆年金が達成された1961年から1990年代にかけて大きく減少した（図4-2）．60歳代の保護率は1955年の28.32‰から最低値を示した1993年の12.67‰まで減少し，同じく70歳以上の保護率は1995年の44.43‰から1997年の16.38‰まで減少した．しかし，1990年代になるとこのトレンドが逆行する．60歳代では1995年より，70歳以上では1997年より保護率は上昇しはじめ，特に60歳代の上昇が大きく2005年では20.38‰と最低値に比べて7.71‰の上昇，70歳以上に関しても2005年は21.29‰と最低値に比べて4.91‰の上昇となっている．国民皆年金が達成されて30年以上が経ち，社会保障が成熟期を迎えたといってよいこの時期から，高齢者の最低生活保障に関する生活保護の負担が大きくなってきていることは皮肉である．

　高齢者の保護率が上昇する理由は，2つ考えられる．一つは，高齢者の家族形態の変化である．1人暮らしや夫婦のみの高齢者が増え，子などと同居している高齢者が減ったことにより，生活に困窮し生活保護にかかる高齢者が増え

たと考えられる．高齢者が単独世帯にいる割合は，1980（昭和55）年の8.5%から15.5%（2005年）まで上昇しており，また，夫婦のみ世帯に属する割合も19.6%から36.1%まで上昇した（厚生労働省『平成17年国民生活基礎調査』）．推計によると，高齢者の自分独自の個人所得による貧困率[2]は，男性では40.7%，女性では81.0%にもなる．しかし，同居家族の所得も考慮した貧困率は男性12.2%，女性17.7%と減少する（阿部2007）．つまり，多くの高齢者が，単身であれば貧困となるものの，家族と同居することによってそれを免れているのである．もちろん，同居か否かの選択は高齢者本人や家族の経済状況に影響されるが（例えば，自身の所得が低すぎて別居という選択肢が考えられない場合），生活保護の申請の際には家族の扶養義務履行能力についての審査もあるため，基本的には被保護となる高齢者には同居するという選択肢がないと考えられる．高齢者が単身世帯，高齢者のみ世帯に属する割合は今後も増加すると考えられるため，高齢者の保護率も上昇しつづけると予測される．

2つめの理由として考えられるのが，公的年金の受給率，または受給額が保護基準に達しない高齢者の増加である．65歳以上の無受給権者は2.5%であるが，そのうち夫婦としては年金をもらっている者は0.7%おり，公的年金受給権がまったくない者は1.8%である（社会保険庁2007a）[3]．生活保護を受ける高齢者は，この年金受給権がない比較的少数の無年金者と，公的年金の受給額が最低生活費に足りない低額年金者と考えられる．参考までに，2005年度末における公的老齢年金の平均年金月額は厚生年金では16万7,172円であるものの，国民年金では5万3,012円であり，これを基礎年金のみの受給権しか有しない者に限ると4万7,210万円にしかならない（社会保険庁2007b）．国民年金と厚生年金の年金額別受給権者数をみると，国民年金のみで最低生活費を上回る受給を受けるのはほぼ不可能であり，厚生年金であっても約12%は年

---

[2] ここで用いられた貧困率の定義は，全世帯の等価世帯所得の中央値の50%を貧困線としたものである．個人所得の場合は個人1人の所得，世帯所得の場合は世帯員の所得を合算したものを世帯員数の2乗で除したものを，その人の所得としている．

[3] 60～64歳については，年金受給開始年齢は65歳であるが，繰上げ受給することも可能であるため，年金受給権があるのであれば，補足性の原理により，生活保護を受ける前に繰上げ受給すると考えられる．ちなみに，2005年の60～64歳の保護率は18.58‰，65～69歳の保護率は22.45‰である．

第4章　国民年金の未加入・未納問題と生活保護　　　　　　　　　　121

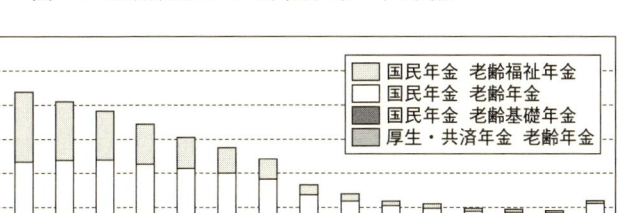

図4-3　生活保護にかかる高齢世帯の年金受給

注：数値は，被保護者における各制度の年金を受給する世帯数を被保護高齢世帯数で除したもの．公的年金は併給受給可能．
　　国民年金　老齢福祉年金＝拠出性国民年金の発足当時（1961年）に高齢であるため対象とされなかった者に70歳到達以降，全額国庫負担により支給される経過的給付．年金額は年額405,800円（2006年4月）．
　　国民年金　老齢基礎年金＝国民年金（新法）によって，給付されている老齢基礎年金（厚生年金受給者は除く）．
　　国民年金　老齢年金＝国民年金（旧法）によって，給付されている国民年金．
出所：厚生労働省『被保護者全国一斉調査』各年．

額100万円以下の受給権しかもっていないのである．

　図4-3は，生活保護にかかる高齢世帯（高齢者のみで構成される世帯）の年金受給の割合である[4]．これをみると，国民年金（旧法）による年金や福祉年金の受給者の減少に比べ，国民年金（新法）や厚生・共済年金の受給者の増加が少ないため，全体として，高齢被保護者の間で年金を受給している人が少なくなっている．2005年度においては，高齢被保護者の約半数しか年金を受給していない．この半数は，年金額が最低生活費に満たない低額年金者と考えることができる[5]．年金と生活保護を併給する人が減ったという事実は，一つには福祉年金から新国民年金，厚生年金に移行するにつれ，年金受給額が潤沢になり，年金を受ければ生活保護とならなくてもすむ人が増えたということを意味し，評価できる．しかし，他方で，年金受給権がない残りの半数の被保護高齢

---

4) これらの公的年金は併給することも可能なので，受給者が重複している可能性もあることに留意されたい．
5) 被保護者の中には生活費のみならず，医療費などが嵩むことにより被保護となる場合もあるため，ここでは，医療費なども含めた「最低生活費」の意味で用いている．

者の存在も忘れてはならない．彼らは，国民皆保険の制度の下にありながら，公的年金の受給権を獲得できなかった人たちである．この未加入・未納の要因を探るのが，本章のねらいである．

低額年金者が減り，無年金者が増えたことは，公的年金の受給権がない人のみが生活保護制度に取り残されたことを意味する．換言すると，無拠出で受給することができた福祉年金がフェーズアウトされ，拠出制の国民年金・厚生年金に公的年金がシフトしたことにより，高齢者の中で，生活保護層（悪しくいえば，社会保険からの脱落層）と年金受給層のはっきりとした亀裂ができたということとなる．これを勘案すると，高齢期に達する前の段階から，社会保険からいかに脱落しないようにしむけるかが今後の生活保護の政策においても重要なキーポイントになってくるといえよう．

3. 国民年金の未加入・未納の動態と政府の対応

3.1 国民年金の保険料免除制度

国民年金は，1961（昭和36）年に拠出制の公的年金制度としてスタートした（無拠出の福祉年金はすでに1959年に開始）．これにより，すでに設立されていた厚生年金や公務員共済組合など職域によって並立している諸制度にカバーされなかった5人未満の企業従業者，農林漁業従業者，自営業者などが新しく公的年金制度の対象となり，国民皆年金の体制が確立された．しかし，その保険料額は所得把握が困難との理由から一律とされたため，低所得者であっても高所得者であっても同等の逆進的な設定となった．また，保険料の納付期間が40年と長期にわたるため，この間に一時的に所得が減少し保険料の納付が困難となるおそれがあることから，保険料の免除制度が設定された[6]．

国民年金の保険料免除制度には法定免除と申請免除の2種類があり，法定免除はある要件に該当すれば届出をするだけで免除となる制度で，障害基礎年金

---

[6] 国民皆保険でありながら社会保険の形式をとっていることは，公的年金の改革の歴史の中でもしばしば問題として取り上げられている．1977（昭和52）年の社会保障制度審議会では，国民年金の免除，滞納，未加入者が多く存在することを問題とし，無拠出で税を財源とする基本年金を提言したものの，実現には至らなかった（中尾 2008）．

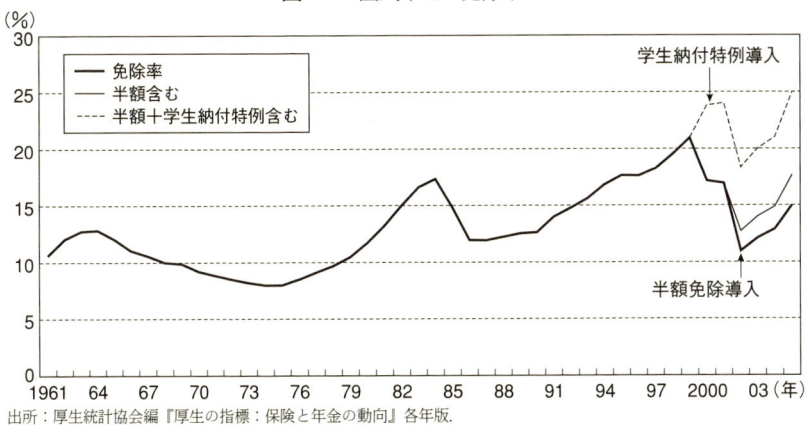

第4章　国民年金の未加入・未納問題と生活保護　　　　　　123

図 4-4　国民年金の免除率

(%)
凡例：免除率／半額含む／半額＋学生納付特例含む
注記：学生納付特例導入／半額免除導入

出所：厚生統計協会編『厚生の指標：保険と年金の動向』各年版．

や障害厚生年金の受給者，生活保護の生活扶助を受ける受給者などがこれに該当する．申請免除は，所得がないとき，生活保護の生活扶助以外の援助を受けているとき，障害者・寡婦であり所得が125万円以下のとき，そのほか，低所得のため保険料を納めるのが著しく困難な者が申請をして受けることができ，社会保険庁長官の承認によって許可される．免除された期間中においても，もし障害などを負ったときには障害年金を受けることができる．また，免除期間は受給資格期間（老齢基礎年金を受け取るためには，原則として保険料の納付期間が25年以上必要）には算入されるものの，将来受け取る年金額は免除の割合によって減額される．

　従来は，法定免除，申請免除ともに全額免除のみであったが，2002年には，申請免除の半額免除制度が導入され，所得額に応じて保険料の全額または半額が免除されることとなった．その4年後の2006年には多段階免除制度が開始され，4段階（全額，4分の3，半額，4分の1）に分けたきめ細かい免除設計が出来上がった．

　さらに，未納者が特に20代の若者に多いことから，若者を対象とした猶予制度が2つ導入された．一つは，2000年から導入された学生納付特例制度である．これは，学生を対象とし，本人の所得が一定以下であれば保険料の納付を猶予される．もう一つは，2005年に導入された若年者納付猶予制度であり，

国民年金保険料免除制度の改正

- 1991（平成3）年　学生強制適用
- 1995（平成7）年　国民年金手帳の送付による適用促進（職権適用）開始
- 2000（平成12）年　学生納付特例制度開始[1]（10年間追納可能）
- 2002（平成14）年　半額免除制度導入（半額免除と全額免除）
- 2005（平成17）年　若年者納付猶予制度導入[2]（2015年までの時限立法）
- 2006（平成18）年　多段階免除制度開始（新たに4分の1免除，4分の3免除の追加）

国民年金保険料免除制度の概要

- 所得基準（2007年度）
  - 全額免除：（扶養親族等の数＋1）×35万円＋22万円
  - 4分の1納付：78万円＋扶養親族等控除額＋社会保険料控除額等
  - 2分の1納付：118万円＋扶養親族等控除額＋社会保険料控除額等
  - 4分の3納付：158万円＋扶養親族等控除額＋社会保険料控除額等
- 年金額
  - 全額免除：3分の1，4分の1納付：2分の1，2分の1納付：3分の2，4分の3納付：6分の5．

[1] 学生納付特例制度：1991年より20歳に到達した学生はすべて国民年金の対象となった（職域適用）．家族の所得の多寡は問わない．

[2] 若年者納付猶予制度：30歳未満の若者に対し，親などの同居している世帯主の所得にかかわらず，本人と配偶者の所得が限度額以内であれば保険料の納付が猶予される．

30歳未満の若者に対する猶予制度が始まった（詳細は別掲のコラム参照）．通常の免除制度では，所得審査において，本人以外の世帯員（配偶者および親などの世帯主）の所得も審査の対象となるため，若者が親と同居している多くの場合は免除とならない．しかし，この制度によって，本人と配偶者がいる場合は配偶者の所得のみで所得審査が行われることとなる．

　国民年金は，保険料が一律で逆進的であることもあり，その発足当初から多くの保険料免除者を抱えていた．発足1年目の1961年には被保険者の約1割が免除となっており，その割合は徐々に増えている（図4-4）．1999年には最高の21.2％となり，5人に1人の被保険者が保険料免除となっている．2000年以降は，半額免除の導入に伴って全額申請免除の審査が厳しくなったことか

ら，一時的に免除率は低下しているものの，その後は各猶予制度の導入によって再び上昇している．免除者率の増加と並行して，全額納付対象者（全額納付をしなければいけない被保険者）の割合は減少しており，2005年には約7割と過去最低のレベルとなった．

3.2 未納の状況

しかし，免除制度をもってしても，保険料を支払うことのできない，または支払わない被保険者も多い．これらの保険料を滞納する人々は，「未納者」と呼ばれる．正式な免除手続きをもって免除となっている者は，「未納者」ではない．また，制度自体に加入していない人々も存在する．彼らは「未加入者」と呼ばれる．「未納者」と「未加入者」はしばしば同一のコンテクストで語られるが，問題の本質が異なるので，ここで簡単に説明しておこう．

厚生年金や共済年金などの他の公的年金に加入していない20〜59歳の日本国民は，国民年金に加入しなければならず（強制加入），加入の手続きとして市町村長に届出をしなければならない．この届け出を怠る者が「未加入者」である．過去には，20歳以上の学生や，厚生年金・共済年金加入者の配偶者などは強制加入の対象ではなかったので，これらの人々は未加入であっても違法ではなかった．しかし，現在は強制加入が徹底され，行政の職権適用で本人の同意なしに加入させることが可能となったので，若干の例外を除いて[7]，「未加入」であることは違法である．職権適用とは，20歳到達者などに国民年金手帳を行政より送付することにより，被保険者とすることであり，1995年度から段階的に行われている．

こうした措置により，1992（平成4）年時点で約200万人いた未加入者は，2004（平成16）年には36.2万人まで減少した．同時に，未納者数は徐々に増えており，1996年の172万人から2002年には326.7万人となった（社会保険庁『国民年金被保険者実態調査』）（図4-5）．この増加のすべてが職権適用の結果ということはないが，手帳送付者の納付率は26.4%（自ら届出を行った者の納付率は68.3

---

[7] 60歳未満の厚生年金・共済年金の受給権者や，海外在住の日本国民など強制加入の対象者でないものを除く（堀 2004）．

図4-5　国民年金の納付率の推移：1986〜2005年

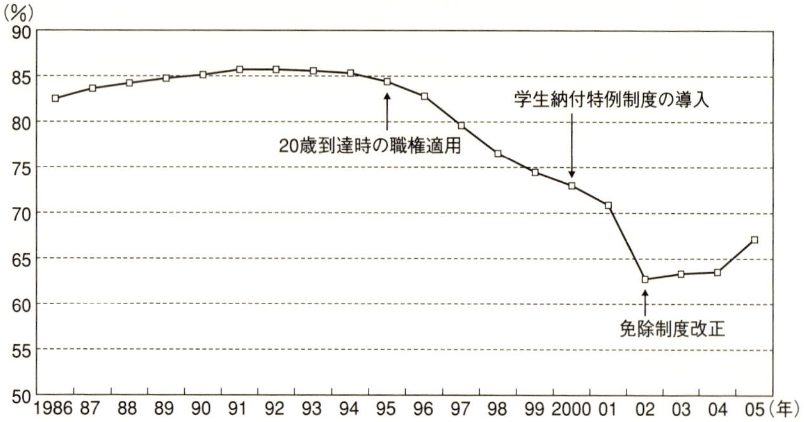

(グラフ中の注記：20歳到達時の職権適用／学生納付特例制度の導入／免除制度改正)

出所：社会保険庁『平成17年度の国民年金の加入・納付状況』．

％，2002年度）と低いため，職権適用が，問題を未加入から未納にすり替える要因となっていることは事実である（清水 2004）．

4. 未加入・未納者の属性

それでは，どのような人々が未加入・未納なのであろうか．ここでは，未加入・未納者の属性を，年齢層，出生年層（コホート），性別（ジェンダー），雇用形態の枠組みでみていくこととする．一般的に，未加入・未納は若者の問題と捉えられており，以下に示すデータも同様の傾向をみせているが，これが近年強まった傾向であるのか，あるいはどの世代においても同様に若者に未加入・未納が多いのか（つまり，年齢効果なのか出生年（コホート）効果なのか）は，より多彩なデータを検証しなければわからない．また，年金の問題をみる際には，ジェンダーの視点も忘れてはならない．女性は男性に比べ，労働市場との結びつきが弱く，年金制度との関係もより希薄であるからである．

なお，上記にあるように，職権適用の結果，未加入と未納ははっきりと線引きできなくなった．本人は「未加入」であると認識していても，制度上では「職権適用により加入しているが未納」である場合もある．そのため，未加入と未納の要因は必ずしも同じではなく，両者を同様に扱うべきではないが，両

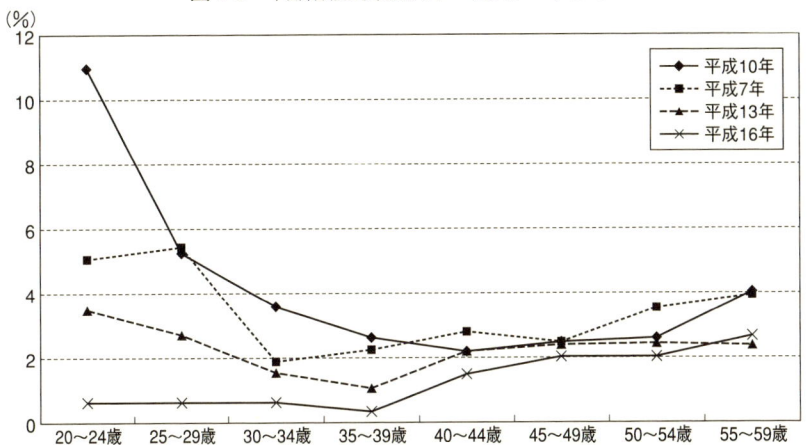

第 4 章　国民年金の未加入・未納問題と生活保護　　127

図 4-6　年齢階級別未加入率：公式データから

注：未加入率＝(第一号未加入者＋第三号未届者＋その他の非加入者)/(第一号被保険者＋第二号被保険者＋第三号被保険者＋非加入者).
出所：社会保険庁『平成 7 年, 10 年, 13 年, 16 年公的年金加入状況等調査』.

者は統計上，混合されている場合も多いことを念頭に以下のデータをみていただきたい．

4.1　年齢効果

　まず，未加入・未納と年齢の関係をみてみることとする．厚生労働省の公式データによると（図 4-6），1995 年の時点では未加入率は 20 歳代前半で突出して高くその後なだらかに減少している．しかし，最近の 2004 年では，20 歳代の未加入率は激減し，むしろ年齢とともに上昇している．この理由は，1995 年より職権適用で 20 歳到達者が強制的に加入させられるようになったため，特に若者層において未加入者の割合が減少したことによる．

　しかし，強制加入されている人々の中には自分自身に加入意志のない場合（保険料を払っておらず，役所の統計では未納者となる）も含まれるため，このような公式統計から得られる未加入の動向は単に強制加入の動向を反映しているに過ぎない．そこで，国民の意識上の公的年金の加入状況をみるために，別のデータを提示することとしたい．図 4-7 は，『平成 17 年国民生活基礎調査』から集計した年齢層別，性別の未加入率である．『国民生活基礎調査』は調査対象

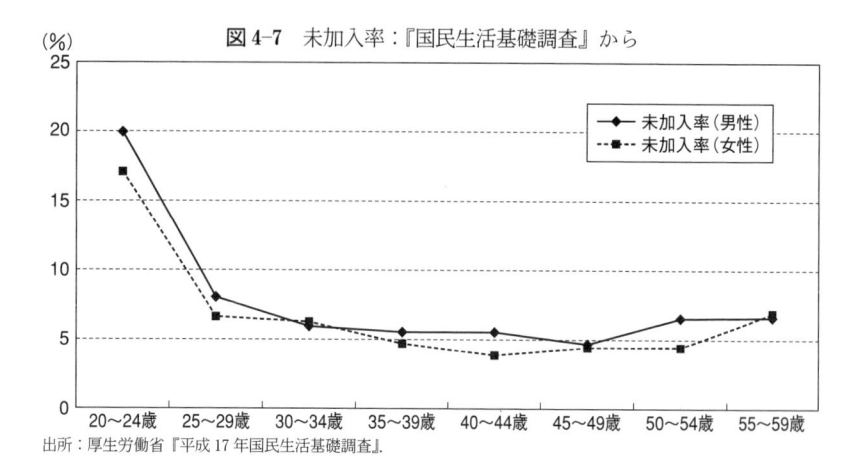

図 4-7 未加入率：『国民生活基礎調査』から

出所：厚生労働省『平成 17 年国民生活基礎調査』．

者が年金手帳などの資料をもとに記入するものであるが，本人申告によるものなので，より国民の意識上の公的年金加入状況に近い数値と考えられる．これをみると，未加入率は男女ともに，依然として 20 歳代前半で突出して高く，30 代，40 代，50 代ではほぼ 5％ 前後で落ち着いている．これをみる限り，依然として，未加入問題は「若者問題」であるといえる．

　一方で，未納者の属性は未加入者と若干異なる傾向をみせている（図4-8）．社会保険庁の公式なデータ[8]によると，未納率が一番高いのは 20 歳代前半ではなく 20 歳代後半であり，それ以降年齢の上昇とともに未納率も減少していく．これは，一つには 20 歳代前半では未加入者が多く，彼らが未納率の分母からも分子からも除かれているからとも考えられる．20 歳代前半では学生納付特例適用者が 30％ 近くを占めているが，20 歳代後半ではわずか数パーセントに過ぎない．つまり，20 歳代後半となり学生納付特例の恩恵を受けることができなくなっても，依然として社会保険を伴う職に就くことができない若者が多く存在する．また，免除者の割合が年齢層を通じてほぼ一定であることも興味深い．これは，免除者，つまり経済的理由で免除が認められる者が年齢層を通じてほぼ一定であるということであり，免除が決して若者に限った問題ではないことを示唆している．もし，経済的困窮が一時的なものではなく生涯

---

[8]　社会保険庁『平成 14 年国民年金被保険者実態調査』社会保険庁 HP．

第4章 国民年金の未加入・未納問題と生活保護　　129

図 4-8　年齢別：未納，申請免除，学齢納付特例の割合

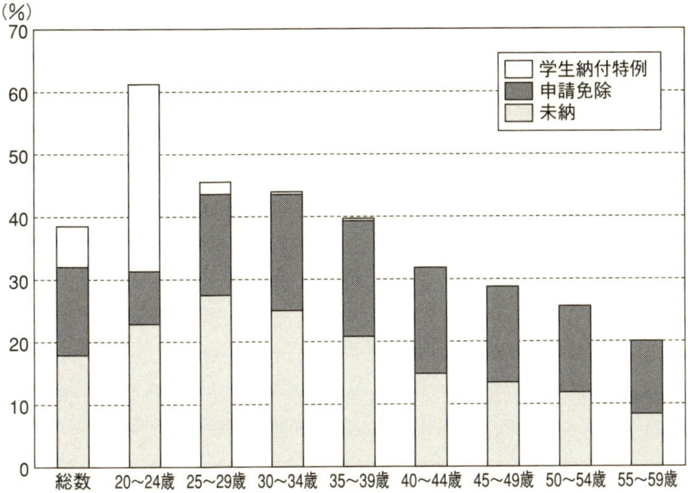

出所：社会保険庁『平成 14 年度国民年金被保険者実態調査』．

を通じて継続的に起こるものであれば，免除者は長期にわたって免除されていることとなる．免除された期間は，年金額算定の際に 100% とカウントされないので，これはつまり低額年金者が増えることを意味する．

4.2　コホート（世代）効果

4.2.1　コホートと未加入

　未加入が若年層に偏っている理由として通説となっているのが，公的年金の将来的な財政状況への不安や公的年金からの便益が若い世代ほど少ないことによる，若い世代における公的年金制度に対する不公平感や不信感の高まりである．また，若い世代の雇用の非正規化が進み，フリーターやニートの増加といった現象に現れる経済基盤の脆弱化が国民年金の未納につながっているという説も根強い．このように，コホートによって異なる加入インセンティブや加入行動の違いをコホート効果と呼ぶこととする．

　しかし，データをみる限り，未加入行動が若い世代に多くなっているという事実は認められない．まず，上記の『国民生活基礎調査』で年齢層別の未加入率を時系列にみてみよう（図 4-9, 4-10）．最新の 2005 年のデータの調査時の

図4-9 男性の未加入率（1986年，1990年，1998年，2007年）

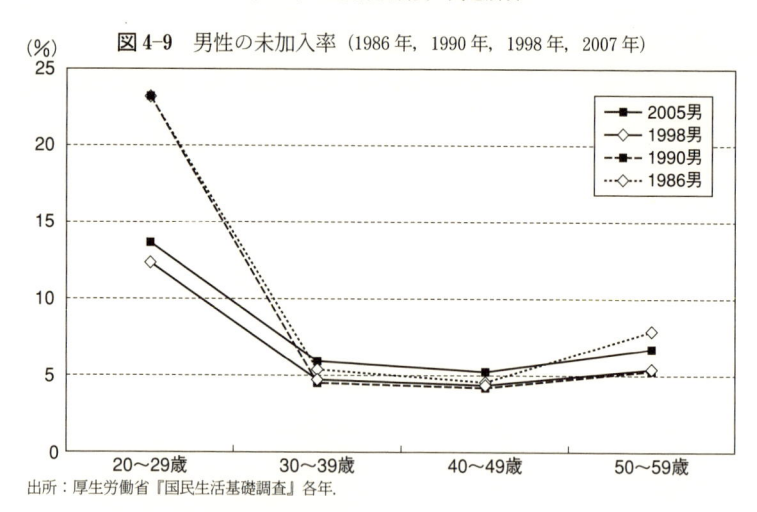

出所：厚生労働省『国民生活基礎調査』各年．

図4-10 女性の年未加入率（1986年，1990年，1998年，2007年）

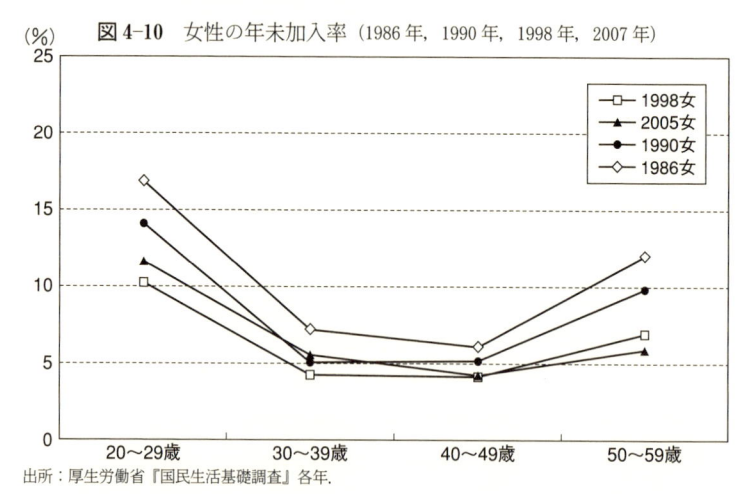

出所：厚生労働省『国民生活基礎調査』各年．

20歳代とは1976年から1985年生まれのコホート，最古の1986年のデータの20歳代は1957年から1966年生まれのコホートである．20歳代の男性の未加入率は，1986〜1990年から1998〜2005年にかけて大きく減少しており，これは職権適用による強制加入の結果かもしれない．また，1998年から2005年にかけて若干上昇していることは事実であるが，この上昇は，全年齢層において起こっている．つまり，20歳代だけに特化した現象ではない．女性について

は，1986〜1990 年から 1998〜2005 年にかけての減少は男性ほどではない．これは，もともと女性の 20 歳代の未加入率が男性の 20 歳代ほど高くなかったという理由もあるが，職権適用が男性ほど効果をなさなかったということもできよう．むしろ特記すべきなのは，女性においては，この期間の減少がすべての年齢層について起こっている点である．特に，1986 年時点では 20 歳代ほどではないものの高いレベルであった 50 歳代の未加入率が減り，U 字型がよりフラットな形となっている．これらを総合すると，1980 年代から 2000 年代にかけて，コホートが若いほど未加入が増加したという現象はここからは認められない．

未加入行動のコホート効果をより高度な統計手法を用いて検証しようとした実証研究においても，それは認められていない（阿部 2003，鈴木・周 2005）．阿部（2003）は，2001 年に 30 歳から 55 歳であった女性（コホートは 1946 年から 1971 年生まれ）とその配偶者（コホートは 1937 年から 1976 年生まれ）の公的年金加入歴を本人の記憶から再現し，20 歳となってから最初の加入までの年数についてサバイバル分析（生存時間分析）を用いてコホート効果を推計している．その結果，女性，男性ともにコホート効果は検証されず，コホート効果を強調する通説に反論する最初の実証研究となった．次に，鈴木・周（2005）は，1996，1998，2000，2002 年の 4 時点のクロスセクションデータをプールしたデータを用いてコホート効果を推計し，1945 年から 1976 年生まれのコホートについてコホート効果は認められないと結論づけている．一つ留意するとすれば，阿部（2003），鈴木・周（2005）はともに 1970 年代生まれまでのコホートしか分析対象としていないことであろう．本章の執筆の時点で，すでに 1987 年生まれの人が公的年金加入対象となっており，もしコホート効果が 1970 年代生まれよりも若い世代のみに存在する，この 10 年間ほどだけにみられる現象であれば，それを統計的に検証するのはデータが揃う数年後を待たなければならない．

4.2.2 コホートと未納

コホートと未納に関しては，未加入ほど研究蓄積がないが，コホート効果を若干示唆するデータは存在する．図 4-11 は，1996 年と 2002 年の男女別，年齢別，未納率である．これをみると，男女ともに，すべての年齢層で未納率が

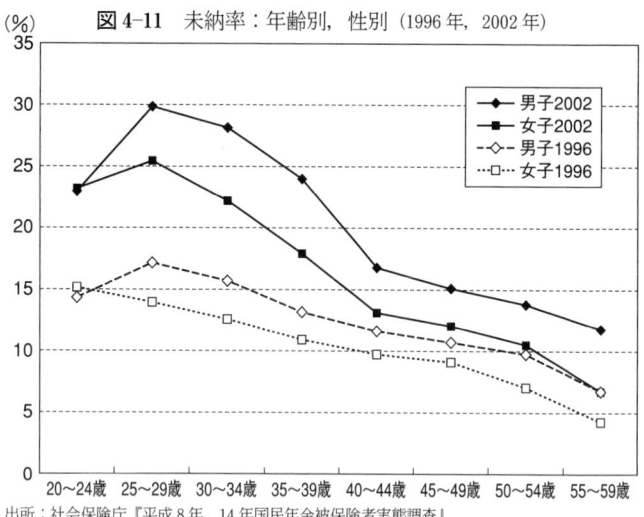

図4-11 未納率：年齢別，性別（1996年，2002年）

出所：社会保険庁『平成8年, 14年国民年金被保険者実態調査』.

上層していることがわかる．コホート効果を示唆するのは，上昇の幅の違いである．男女ともに，上昇の幅が一番大きいのは25〜29歳と30〜34歳であり，次が35〜39歳である．しかし，このコホート効果が失業率や雇用の非正規化などによる経済的要因などを取り除いた後でもみることができる現象なのかは，個票を用いた分析を行わなければわからない．

4.3 ジェンダー

国民年金の未加入・未納問題を語るときには，ジェンダーの視点が不可欠である．その理由は，第1に，公的年金の種類（国民年金，厚生年金など）と加入は就労形態に左右され，女性と男性の労働形態や就労パターンは大きく異なるからである．女性の雇用者のうち社会保険が通常適用されない非正規労働者は男性に比べ高いことに加え，女性は結婚や出産などによって就労を中断したり再開したりすることも多い．これらは，女性の公的年金の加入パターンに大きな影響を与える．第2に，女性の単身者は男性よりも経済的に脆弱であり，単身女性の貧困率も単身男性よりも高い（本書第1章を参照のこと）．また，既婚者であっても，まだ圧倒的に第一稼得者であることが多い男性と，所得を得ていても補完的な役割をすることが多い女性とでは，公的年金に加入するイン

センティブも異なるであろう．第3に，女性はライフサイクルにおいて公的年金との関わり合い方が変化することが男性よりも多く，また，その変化も多様である．典型的な例では，女性は20歳時点で学生であり国民年金に加入し第一号被保険者であったのが，就職とともに厚生年金に転換，第二号被保険者となり，結婚と同時に夫の扶養者となって第三号被保険者となる．しかし，結婚・出産時の就労行動や，夫が第一号被保険者（国民年金）か第二号被保険者（厚生年金，共済年金等）であるかなどによって女性の公的年金との関わり合い方も異なってくるのである．これらの制度上の転換が，未加入・未納のきっかけにもなると考えられる．これらを勘案すると，女性は男性よりも高い未加入・未納のリスクにさらされているといえる．

それでは，実際に，未加入・未納行動には男女差がみられるのであろうか．図4-7を再度ごらんいただきたい．これをみる限り，未加入率の男女差はほとんどない．それでは，未納はどうであろうか．図4-11を再度みていただきたい．20歳代前半を除き全年齢層で男性の未納率が女性の未納率を上回っており，その差はほぼ一定である．また，1996年と2004年を比べると，1996年においても男性の未納率が女性のそれを上回ることは同じであるが，男女差が2002年のほうが大きい．これをみる限り，未納は男性に多く発生しやすく，また，この男女差の傾向が強まっているといえる．これは，先に述べたような経済的格差や就労状態の男女格差を考えると矛盾する結果である．一つ考えられる理由が，男性のほうが年齢上昇とともに厚生年金に入る確率が高くなってくることである[9]．つまり，もともと国民年金の被保険者プールにおいては，経済状況や就労状況がよい人のほうが抜け落ちていく（厚生年金に移る．または，経済状況や就労状況が悪い人が移行してくる）というサンプル・バイアスが存在するが，そのバイアスの大きさが男性のほうが女性よりも大きい可能性がある．

4.4 就労形態別

最後に，就労形態別の未加入，未納率をみていこう．未加入率については，予測どおりに就労形態に大きく左右される（図4-12）．アルバイトの未加入率

---

9) 実際に，国民年金の被保険者の年齢別の男女比は，年齢とともに女性に傾いている．

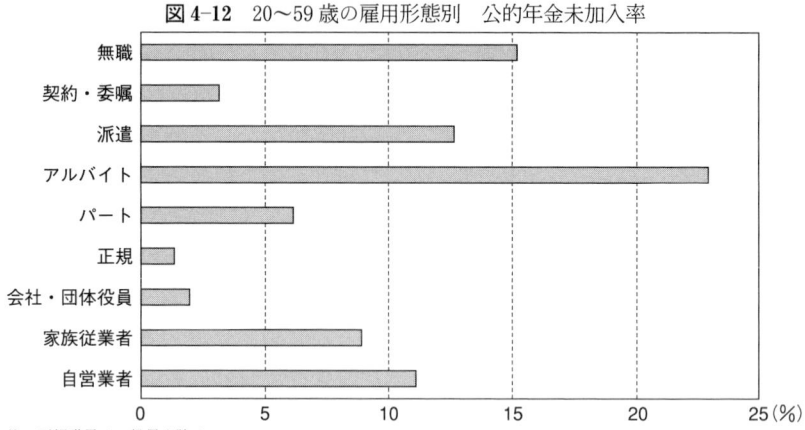

図 4-12 20〜59 歳の雇用形態別 公的年金未加入率

（棒グラフ：無職 約15%、契約・委嘱 約3%、派遣 約12%、アルバイト 約23%、パート 約6%、正規 約1.3%、会社・団体役員 約2%、家族従業者 約9%、自営業者 約11%）

注：正規職員は，役員を除く．
出所：厚生労働省『平成17年国民生活基礎調査』．

が 23% と，正規職員の未加入率 1.3% の 20 倍近い数値である．ただし，未加入率と就労形態の関係は性別と年齢によっても大きく変化する．例えば，40 歳から 44 歳ではアルバイトの未加入率が男性は 23.3% であるのに対し，女性は 6.5% である（図表は略）．これは，アルバイトや無職であっても，女性の多くは第三号被保険者として公的年金に加入しているのに対し，男性は未加入であることが多いためである．無職の男性の未加入率は特に高く，30 歳代から 50 歳代にかけては 40% に近い数値で推移している．

未納率については，就労形態による差がそれほど大きくないということが特徴的である（図 4-13）．どの就労形態においても，20% から 30% の未納者が存在し，無職であっても未納率が特に高いということはない．驚くべきことに，一番未納率が高いのは，常用雇用者である（30.1%）．これは，次の「臨時・パート」（29.5%）と比べるとわずか 0.6% の違いしかなく，職の安定性は未納にそれほど影響していない．この傾向は，特に 2004 年度において強まっており，どの職についても同様に未納率が増加している．

5. 未加入・未納の動態

ここまで，国民年金の未加入・未納の現状について，年齢，性別，コホート，

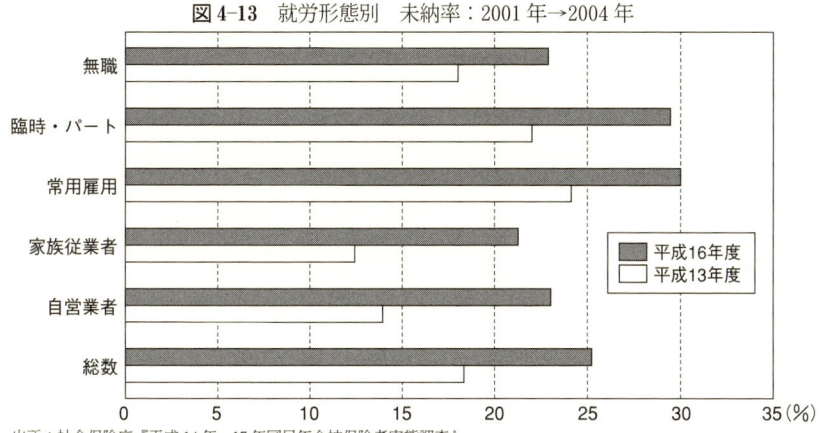

figure 4-13 就労形態別 未納率：2001年→2004年

出所：社会保険庁『平成14年，17年国民年金被保険者実態調査』．

　職業などの属性から概観してきた．しかし，前節までに提示したデータはすべて静的なデータ（つまり，一時点における未加入・未納の状況）であったことに注意されたい．「未加入」「加入」という行動については，ある一時点において「未加入か」「未納か」という視点に加えて，過去との連続性を考慮した視点が不可欠である．具体的には，例えば同じ25歳の時点の未加入行動であっても，20歳から継続して未加入である場合と，20歳で加入し5年間保険料を納付した後に25歳で未加入（または未納）に転じた場合とでは，その行動の深刻さも，未加入・未納となる要因も異なると考えられる．また，ある時点の未加入・未納行動がその個人のライフサイクルの上で，一時的なものなのか，継続的なものなのか，または繰り返し起こるものなのかなどによって，未加入・未納行動をタイプ分けして考慮することは政策上きわめて重要である．さらには，未加入・未納から加入・納付に転ずる要因，逆に，加入・納付していたものが未加入・未納に転ずる要因を解明することは，未加入・未納の具体的な予防策を模索するうえで必要である．

　残念ながら，このような問いに満足に答えられる研究は今のところほとんど行われていない．しかし手がかりとなるいくつかの実証研究は存在するので，ここで紹介することとしたい．まず，阿部（2003）は，本人の記憶による回顧データから，個々人の20歳からの公的年金加入歴を再現し，国民年金の未加

表 4-1 未加入の経験

	サンプル数	未加入経験者の数と割合 (%)	パターン①	パターン②	未加入回数＞＝2	加入経験なし
女性	1,144	350 (31%)	281 (26%)	61 (5%)	8 (0.7%)	20 (1.7%)
男性	922	436 (47%)	411 (44%)	25 (2.7%)	1 (0.1%)	20 (2.2%)

注：未加入経験（%）＝20歳以降1年でも未加入期間があった人の割合．
　パターン①＝成人となってから初めての加入を延期することによる未加入．
　パターン②＝いったん加入してから未加入に転じることによる未加入．
　未加入回数＞＝2　＝未加入の回数が2回以上．
出所：阿部（2003）．

入の分析を試みている．なお，阿部（2003）のデータは本人の申告によるものなので，前記の「制度上では加入しており保険料未納であるが，本人の意識上では未加入」というケースも含まれる．また，調査対象者が2001年時点で30歳から55歳の女性とその配偶者であり，特に男性サンプルに偏りがある点に留意されたい．

これによると，未加入行動については，以下の2つのパターンが検証される：

① 成人となってから初めての加入を延期することによる未加入

② いったん加入してからの未加入へ転じることによる未加入

前者は，いわゆる「若者の未加入パターン」ともいえ，この中には将来的にも永久に加入（納付）しないケースと，学生であったり，引退期まで長年あるために加入インセンティブが少ないなどの理由により，今は加入（納付）していなくても将来には加入（納付）する場合がある．一方，後者は，加入意志があり，ある程度制度に投資しているにもかかわらず，制度から脱落するケースであり，離婚・失職などの不意のイベントなどによるものと考えられる．また，国民年金の最低加入期間（25年間）を満たしたことにより，それ以降保険料を支払うインセンティブがない場合も考えられる．

この2つのパターンおよびその他の加入・未加入行動の発生割合は表4-1のとおりである．この調査はサンプル数は少ないものの，いくつかの興味深い所見を示している．まず，明らかなのは多くの人が少なくとも1回の未加入経験をもっていることである．この割合は，女性では約3割，男性では半数近くにもなる．女性よりも男性のほうが未加入経験は多く，これは男性のほうがパタ

ーン①の未加入(「加入の延期」)を経験することが多いからと考えられる．次に，未加入の形態の大多数がパターン①であり，パターン②(未加入への転落)はごく一部にしか過ぎない．しかし，パターン②の発生率は女性のほうが男性よりも高く，加入の意志がありながらも未加入となるリスクは女性のほうが多いと推測される．第3に，加入から未加入へ，また，加入へというような未加入のエピソードを繰り返す人は少ない．

6. 国民年金の未加入・未納の要因分析

6.1 本人申告による未加入・未納の理由

次に，未加入・未納の要因について議論することとしたい．未加入・未納の経済的な理論から考えられる要因については第3章で詳しく論じられているとうりである．第3章で挙げられた要因をここで簡単にリストアップすると，現役期から十分な所得を得ることができなかった場合(流動性制約要因)，近視眼的な家計の存在，将来公的扶助に頼ることに依存する場合(モラルハザード要因)である．この他にも，公的年金への「貯蓄」よりも，他の民間貯蓄や投資のほうが収益率が高いという理由から公的年金へ未加入となる「逆選択要因」も重要である．この場合，収益率が特に低くなると予測されているのが若い世代であるため，世代効果として未加入率に反映されると考えられる．それでは，実際の未加入者，未納者はどのような理由を挙げて未加入・未納となっているのであろうか．

表4-2は，厚生労働省が3年ごとに行っている『公的年金加入状況等調査』から得られる未加入の理由を列記したものである．理由は大きく，加入の意志はあるものの，制度の未周知や届け出を忘れていたなどの理由で未加入になる場合と，「加入したくない」という意志をもつ場合とに分けられており，この2つは1995(平成7)年から2004(平成16)年の間でほぼ均衡している[10]．加入意志がないとした人が挙げた理由の中では，「保険料を払うことが経済的に

---

[10] しかし，この10年の間に加入意志がないのに職権適用で強制加入(未納)となり，「未加入者」の定義からはずれてしまった人も多いと考えられることから，この2つの選択肢の割合については疑問が残る．

表 4-2　未加入の理由（『公的年金加入状況等調査』から）

	1995	1988	2001	2004
制度の未周知	46.2%	41.9%	44.1%	44.8%
加入したくない	53.8%	58.1%	55.9%	55.2%

（単位：％）	1995	1998	2001	2004	（単位：％）	1995	1998	2001	2004
保険料を払うことが経済的に困難	14.7	15.6	21.4	24.2	加入の届出は必要ないと思った	14.9	15.9	14.4	8.9
保険料が高いから	3.7	4.5			届ける暇がなかった	8.3	8.0	6.0	6.0
年金制度の将来が不安	8.1	15.5	5.0	4.0	うっかり届出を忘れていた	7.2	3.8	7.8	6.7
貯蓄や個人年金の方が得だから	4.9	3.7	1.7		制度のしくみを知らなかった	15.8	14.2	15.9	23.2
支払う保険料に比べ受給額が低い		3.0	5.1	2.5					
老後も働くつもりだから	2.6	2.8	0.7						
今から加入しても受給権がない	3.0	2.5	4.3	7.2					
学生であり親に迷惑をかけたくない	4.1	1.4							
手続きが面倒	0.2	0.9	0.0						
年金額が不満（年金額がわからない）	1.7	0.7	2.6	0.5					
他に収入のあてがある（貯蓄財産等）	1.1	0.6	0.9	0.7					
まだ若いから	2.9	0.5	0.4						
制度がよくわからない	0.9	0.4	0.3						
今までの加入期間で受給権を得られる	0.5	0.2	0.3						
その他・不詳	5.2	5.8	0.2						
納めた保険料の使途が不透明				2.5					
自分以外にも未加入・未納者がいる				1.7					

出典：社会保険庁『平成7年, 10年, 13年, 16年公的年金加入状況等調査』.

困難」が18.4%から24.2%に増えているほか,「今から加入しても受給権がない」が3.0%から7.2%に増えている.前者は,現在の所得が低く,年金に加入することによる将来的な便益があったとしても,現在保険料を支出することが困難であるという流動性制約要因と捉えることができる.後者は,国民年金は受給権が発生するまでに,最低25年間保険料の納付期間が必要であることに起因する要因である.このため,ある年齢を過ぎると60歳までに25年間の納付期間を満たすことが難しくなり,加入動機が急激に下がると考えられる.鈴木・周(2001, 2005)は,35歳近辺でこのnotchが存在すると予想し,その検証を試みている.この2つの要因の他に,「貯蓄や個人年金のほうが得だから」「他に収入のあてがある(貯蓄,財産等)」の選択肢は,「逆選択要因」と捉えることができる.また,「年金制度の将来が不安」「支払う保険料に比べ受給額が低い」など,制度への不信感も少なからず存在しており(これは「逆選択要因」と判別が難しい面があるものの「制度不信感要因」とする),これらは減少の傾向にある.

厚生労働省は,未加入とは別に,未納の理由も調べている[11].表4-3にこの結果を示す.一番多い回答が,「保険料が高く経済的に払うのが困難」であり,これは,1996(平成8)年の55.4%から2002(平成14)年の65.6%へと約10ポイントの増加となっている.未納の流動性制約要因が,未加入の流動性制約要因にも増して重要であり,その比重が増えていることが示唆される.加入意志そのものがないと考えられる理由が「国民年金をあてにしていない」であり,この中には「制度の将来が不安」「もらえる金額がわからない」「個人年金に入っている」など,制度不信感要因と逆選択要因が含まれている.しかしこの割合は,20.8%(1996年)から13.6%(2002年)へと減少している.

6.2 制度的要因

上記に挙げた個人の加入インセンティブに影響する要因の他にも,制度や運用の変化に起因する未加入・未納率の増加が文献では指摘されている(清水2004).その一つが,2002(平成14)年度に行われた免除制度の改正である.

---

[11] 3年ごとに国民年金加入者を対象に行われる社会保険庁『国民年金被保険者実態調査』.

表 4-3　未納の理由

(単位：%)

	1996	1999	2002
うっかりして忘れた	3.6	2.5	3.7
保険料の支払方法が面倒	1.3	0.6	0.9
後でまとめて払おうと思った	4	2.5	3.9
保険料が高く経済的に支払うのが困難	55.4	62.4	65.6
もともと収入が少ない		24.4	25.4
所得が低下した		11.7	13.8
経済的な支出がある		12	13.3
経済的な支出が多い		8.8	7.1
その他		5.5	6.1
学生であり親に負担をかけたくない	6.9	9.8	2.8
国民年金をあてにしていない	20.8	12.2	13.6
制度の将来が不安	13.7	6.3	8.4
もらえる年金額がわからない		3.2	2.6
個人年金に入っているから	2.6	0.7	0.3
自分で働く	1.5	1	0.6
財産がある	0.1	0	0
その他	3	1	1.7
まだ若いので今から払わなくてもよい	0.8	1	0.4
これから保険料を払っても加入期間が足りない	3	2.2	1.7
すでに年金の受給権がある	1.8	0.9	0.7
支払う保険料より受け取る受給額が少ない		4.9	3.9
特に理由はない	2.2	1.1	1.6
制度が複雑でよくわからない			1.1

出所：社会保険庁『平成8年，11年，14年国民年金被保険者実態調査』．

　これにより，それまで各自治体によって比較的に flexible に運用されていた特例免除が廃止され，免除基準が一律に厳格化された．結果として，特例免除されていた100万人程度が免除基準の厳正化により免除されなくなり，それらの者の納付率は特に低くとどまっている (14.5%)．これは，制度改正に起因するものの，基本的には流動性制約要因によるものと考えられる．また，先に述べたように，1995年より段階的に行われている年金手帳送付による職権適用は，未加入者を未納者とラベル替えすることによって未加入率の減少，未納率の増加の原因となっている．清水によると，手帳送付者の納付率は26.4%と，その他の人の納付率68.3%より大幅に低い (2002年度，清水 2004)．

　第2に，厚生年金制度の衰退が挙げられる．近年，厚生年金の廃止や，雇用の非正規化によって厚生年金から国民年金に移行してくる層が増えている．新規に国民年金の資格を取得する人は被保険者の26%にもなり，うち58%は第

二号被保険者(厚生年金の被保険者)からの,16%が第三号被保険者(第二号被保険者の配偶者)からの移行者で,20歳到達者は22%に過ぎない(同前).第二号被保険者からの移行者の納付状況は52.6%であり,すべての年齢層において,新規以外の被保険者よりも低い納付率となっている.移行者がなぜ未納になりやすいのかは不明であるが,それまで第二号や第三号の被保険者であり保険料を明示的に支払っていない(第二号被保険者の場合は給与からの源泉徴収,第三号被保険者の場合は免除されていた)人々が第一号被保険者となったとき,すでに第一号被保険者である人々とは違う加入ディスインセンティブがあるのかもしれない.これを解明するためには,前節で述べたような,未加入・未納のイベントヒストリー分析等の詳細な分析が必要である.

もう一つの制度的要因が,保険料徴収方法の変化である.2002年度は,保険料徴収事務が市町村から国へ移管されたことによって,特に郡部(町村部)の納付率が10.7ポイントも低下した.もともと,未加入率,保険料の未納率は,都市規模が大きいほど高い.都市規模が小さい地域では,コミュニティ意識が高く,加入・納付を促す無言のプレッシャーがあるとも考えられる.

6.3 生活保護とのモラルハザード

国民年金の未加入・未納問題と生活保護制度の一つの接点が,モラルハザードの問題である.生活保護という最後の砦があることが,人々に国民年金へ加入・納付することに対するディスインセンティブを与えるという議論である.この議論の理論的根拠については第3章をごらんいただきたい.第3章では,未加入・未納の一部はこうしたモラルハザード要因で説明できるとした実証研究も紹介されている.

実際に生活保護を受給するためには,所得以外にもさまざまなハードルや不利益があり,生活保護と年金は100%の代替性があるわけではない.まず第1に,生活保護を受けるためには,自身の生活水準が極端に低い状態まで落ちなければならない.例えば,持ち家や財産をすべて処分し,貯蓄残高は1カ月の最低生活費の50%まで低くなっていなければならない.通常であれば,低所得となった時点と,生活保護を受給できるようになる時点には,時間的にも心理的にも大きな距離がある.その間,低い生活水準で生活しなければない.第

2に，生活保護を受けるためには，本人の所得や貯蓄が低いことのみならず，配偶者はもちろんのこと，親や子，きょうだいなども扶養義務を果たせないことを証明しなければならない．第3に，生活保護受給者はケースワーカーをはじめとする行政からさまざまな干渉を受けなくてはならず，プライバシーの侵害や精神的苦痛に耐えなくてはならない．また，多くの人々が生活保護を受けることに対してスティグマを感じており，生活に困っていても生活保護の申請を行っていない．これらの「入り口規制」や「敷居の高さ」により，実際の生活保護の受給率は低いレベルで抑えられている．実際に，高齢者においても，生活保護の捕捉率は5%から27%と推計されており（山田 2005），ほとんどの低所得の高齢者でさえも生活保護を受けていない．

しかし，これらについて，人々が必ずしも周知しているかどうかについては疑問である．どうやったら生活保護を受けられるか，といったようなノウハウ本も発売されるような今日であるので，人々が老後の安易な選択肢として生活保護を選択する可能性は否めない．

6.4 実証研究

国民年金の未加入・未納の要因については，多くの実証研究の蓄積がある（小椋・角田 2000, 駒村 2001, 鈴木・周 2001, 2005, 阿部 2001, 2003, 塚原 2004, 佐々木 2005, 臼杵ほか 2007等）．これらの研究から得られた知見をまとめて紹介することとしたい．

まず，流動性制約要因については，すべての研究で確認されている．小椋・角田（2000）は，国民年金に限らないが社会保険料の納付が，現在の所得と去年の所得に影響されているとしている．同様に，鈴木・周（2001）は，失業・無業者であるか否か，また，金融資産が加入に影響するとしており，流動性制約仮説を支持している．阿部（2001）は，加入判断の後，納付判断をするというモデルに対して Probit with Sample Selection の推定方法を用いて，保険料率（世帯所得に占める保険料の割合）の影響を推計している．その結果，保険料率は納付・未納の決定には影響しているものの，加入・未加入の決定には影響していないと結論づけている．また，世帯主（最多稼得者）とそれ以外の世帯員では加入インセンティブが異なり，世帯主以外の世帯員のほうがより流動

性制約要因に縛られていることがわかっている．臼杵ほか（2007）においても，収入が低いほど未加入・未納になりやすく，この傾向は保険料免除が適用されるであろう低所得層においても存在することが確認された．つまり，免除制度に関する周知徹底がなされていないことにより，免除となるべき人が未加入・未納となっている場合も少なからず存在する．

鈴木・周（2005）では，未加入について，逆選択要因が強く支持される結果となっている．彼らは，25年の最低加入期間の規定があるために，その限界年齢である35歳周辺で未加入率が急減することを立証し，「最低の加入年数で最低限の年金給付を受け取ることが，規定の40年の加入をするよりも合理的と考える個人が一定程度いる」と結論づけている．

制度不信要因については，主にコホート効果を検証することによって，分析されている．4.2の「コホート効果」で述べたように，これまでの実証研究において，未加入行動のコホート効果は確認されていない．また，上記の公的データによる未加入・未納の要因においても，制度不信要因は減少の傾向にある．このことから，制度不信要因は個人の未加入，未納行動に大きな影響力をもっているとは考えにくい．

7．結語——高齢者の生活保障を何が担うべきか

高齢者の生活保障について，公的年金と生活保護が補完的な役割を果たすことはいうまでもない．日本においては，公的年金が社会保険として設計されているため，社会保険からドロップアウトした人々を生活保護のセーフティネットで救済するという仕組みがとられている．近年，その社会保険からのドロップアウトが多くなっていることを示すのが，国民年金の未加入，未納，免除者の急増である．もし，この傾向が続くのであれば，将来的に生活保護を必要とする高齢者が増えることは必然である．

しかし，国民年金の未加入・未納行動の要因についてはさまざまな説が飛び交っており，議論が必ずしもデータにバックアップされていないのが現状である．本章では，未加入，未納行動を区別して，年齢，コホート，ジェンダー，就労形態の4つの区切りで，その動向を説明した．また，未加入・未納の要因

分析を行った研究の結果を紹介し，流動性制約，逆選択，モラルハザード，制度不信感などの要因がどれほど実際の未加入・未納に影響しているかを論じた．ここから得られた知見で，特に政策的インプリケーションをもつ点をピックアップしてみたい．

　まず，第1に，未加入，未納の要因としては，流動性制約要因が一番大きいといえる．近年，免除制度が詳細化されるようになったものの，免除されたとしても，その状態が長期に続くのであれば，低額年金者となる．将来的には，低額年金と生活保護の併給という高齢者が増えることも覚悟しなければならない．また，近年，福祉年金が徐々にフェーズアウトされたことにより高齢の被保護者に無年金者が増えていることは，社会保険の機能の衰退を表しており日本の社会保障制度全体の再設計が必要である．第2に，未加入，未納行動には男女差があることである．女性は男性よりも，未加入になることが多いが，未納となることは少ない．これらから，女性と男性では，未加入・未納となる要因も異なると考えられ，ジェンダーに考慮した未加入・未納対策が必要である．第3に，モラルハザードの問題である．現行の生活保護制度においては，「入り口規制」や高いスティグマによって，不正受給者や現役期の貯蓄や公的年金の加入・納付のディスインセンティブが高まるといったことは少ないと考えられるが，これをさらに少なくするためにも第3章で提唱されるようなフェーズアウト方式の最低生活保障などを考慮する必要があるであろう．

　なお，制度不信感要因については，データからは検証されなかった．しかし，近年の公的年金に関する一連の不祥事（保険料支払い記録の紛失問題など）は，社会保険庁はもとより，公的年金制度や政府そのものに対する不信感を募らせている．そのため，現時点では大きな要因となっていることも考えられる．

参考文献

阿部彩（2001）「国民年金の保険料免除制度改正——未加入，未納率と逆進性への影響」『日本経済研究』No. 43, pp. 134-154.

阿部彩（2003）「公的年金における未加入期間の分析——パネル・データを使って」『季刊・社会保障研究』第39巻第3号, pp. 268-280.

阿部彩（2007）「貧困のリスク」橘木俊詔編『経済とリスク』（リスク学入門2）岩波書店, pp. 65-94.

岩田正美（2007）『現代の貧困　ワーキングプア／ホームレス／生活保護』ちくま新書.
臼杵政治・中嶋邦夫・北村智紀（2007）「国民年金1号被保険者の加入・納付行動の分析——なぜ、保険料を払わないのか」『リスクと保険』Vol. 3, pp. 21-41.
小椋正立・角田保（2000）「世帯データによる社会保険料負担の納付と徴収に関する分析」『経済研究』第51巻第2号, pp. 97-110.
駒村康平（2001）「社会保険料未納の実証分析——国民年金の空洞化と国民年金第3号被保険者問題について」丸尾直美・益村真知子・吉田雅彦・飯島大邦編『ポスト福祉国家の総合政策——経済・福祉・環境への対応』ミネルヴァ書房, pp. 107-119.
佐々木一郎（2005）「国民年金未加入行動に影響する要因の分析——大学生対象アンケートから」『季刊・社会保障研究』第41巻第3号, pp. 268-277.
清水時彦（2004）「国民年金の現状——未納とその対策」『年金と経済』（年金総合研究センター）第23巻第2号, pp. 51-60.
社会保険庁（2006）『平成17年度の国民年金の加入・納付状況』.
社会保険庁（2007a）『平成16年公的年金加入状況等調査報告』.
社会保険庁（2007b）『平成17年度社会保険事業の概況』.
社会保険庁（各年）『平成8年, 11年, 14年国民年金被保険者実態調査』.
『新版・社会福祉学習双書』編集委員会（2007）『公的扶助論』全国社会福祉協議会.
鈴木亘・周燕飛（2001）「国民年金未加入者の経済分析」『日本経済研究』No. 42, pp. 44-60.
鈴木亘・周燕飛（2005）「コホート効果を考慮した国民年金未加入者の経済分析」『季刊・社会保障研究』第41巻第4号, pp. 385-395.
塚原康博（2004）「年金における未加入・未納問題の経済学的評価」『年金と経済』（年金総合研究センター）第23巻第2号, pp. 46-50.
中尾友紀（2008）「公的年金」玉井金五・久本憲夫編『社会政策（下巻）』法律文化社, 2008年3月刊行予定.
堀勝洋（2004）「国民年金の未加入・未納問題」『年金と経済』（年金総合研究センター）第23巻第2号, pp. 30-38.
山田篤裕（2005）「日本における高齢者の相対的貧困・低所得の分析——公的年金制度とそれ以外の所得要素の影響」『日本年金学會誌』第25号, pp. 60-70.

第5章　医療と生活保護[1]

鈴木　亘

1. はじめに

　この章では，生活保護と医療保険制度の関係，および生活保護自体の医療制度である「医療扶助」について問題点と対策を論じる．よく知られているように，我が国の医療保険制度は1961年の国民健康保険の成立をもって「国民皆保険」を完成させた．国民皆保険は，すべての国民が平等に医療保険に加入できる制度であり，世界に対しても誇るべきものとして論じられることが多い．しかしながら，実際にはこの国民皆保険には2つの例外が存在している．

　その一つは，被保護者（生活保護受給者）である．彼らは保険料支払いができないために，保険原理になじまないとして，国民健康保険には加入できず，生活保護制度の中の医療扶助を用いて医療サービスの提供を受けている．医療扶助は，被保護者にかかる現物給付の費用全額を生活保護制度から医療機関に支払う制度であり，医療保険でいう自己負担に当たるものは存在していない．その代わりに，給付費の範囲に特定療養費の対象が含まれないなどの制約や，診療前に医療券・調剤券の発行を福祉事務所から受けなければならないというアクセスコントロールが存在している[2]．もっとも，それ以外は実質的にほとんど医療保険と変わらない制度であり，医療保険と変わらない診療内容を，同

---

[1] 近畿大学経済学部の熊谷成将准教授には，出版コンファレンスにおけるコメンテーターとして非常に有益なコメントをいただいた．また，財務省・財務総合政策研究所の小林航主任研究官をはじめ，出版コンファレンスの出席者の方々からも多くの有益なコメントをいただいた．感謝を申し上げたい．なお，本章の一部は，鈴木（2006d）をもとに加筆・修正した部分が含まれている．

[2] 福祉事務所等は，被保護者の申請によってまず，医療扶助指定（医療）機関から「要否意見書」を提出してもらう．その意見により医療扶助を決定し医療券等を発行することになっている．ただし，後述するようにその仕組みの一部には，かなりの形骸化が起きている．

表5-1 国民健康保険と医療扶助との制度比較

	国民健康保険	医療扶助
保険料	あり	なし
自己負担	あり（一般3割，老人1～3割）	なし
給付範囲	現物給付および金銭給付	現物給付および移送費等，特別の療養環境の提供，診療時間外の診察等，特定療養費の支給の対象となる療養の提供は認められず
診療報酬	診療報酬単価	診療報酬単価
レセプト審査	国民健康保険団体連合会	市町村，福祉事務所
医療提供体制	健康保険法による保険医療機関または保険薬局	生活保護法の指定医療機関（国保とほぼ同一）
アクセスコントロール	なし	原則として要保護者の申請により開始．審査のうえ医療券・調剤券を発行

一の診療報酬単価で，ほぼ同じ医療機関から受給できる制度となっている（表5-1）．

　実は近年議論されている生活保護改革の中でも，現在，特に注目されているのが「医療扶助の適正化」である．この背景にはもちろん，医療制度改革関連法案，障害者自立支援法，介護保険法改正といった他法制度の近年の改革や，自立支援プログラムの影響があるが，何といっても直接の原動力となっているのは，このところの政府の「歳出削減路線」である．「経済財政運営と構造改革に関する基本方針2006」（骨太の方針）では，社会保障費を2011年度までに国費ベースで1兆1000億円削減することを目標にしており，厚生労働省は年間2,200億円の財政縮減が求められているが，2008年度以降の縮減内容はメドが立っていない．このため，生活保護費の半分以上（2006年予算ベースで51.8％，1兆3,940億円）を占める医療扶助費がクローズアップされており，その削減手段として，厚生労働省では医療扶助への自己負担導入を検討しているということである[3]．また，2006年5月15日に開催された全国福祉事務所長会議では，社会・援護局から，医療制度改革と歩調を合わせた，①生活習慣病予防の徹底，②有病者・予備軍の28％減少，③平均在院日数の短縮化（全国平均36日と最短の長野県27日の差を半分に縮小）などの医療費適正化策が示され，現在，その方

---

3) 毎日新聞2006年7月11日朝刊記事．

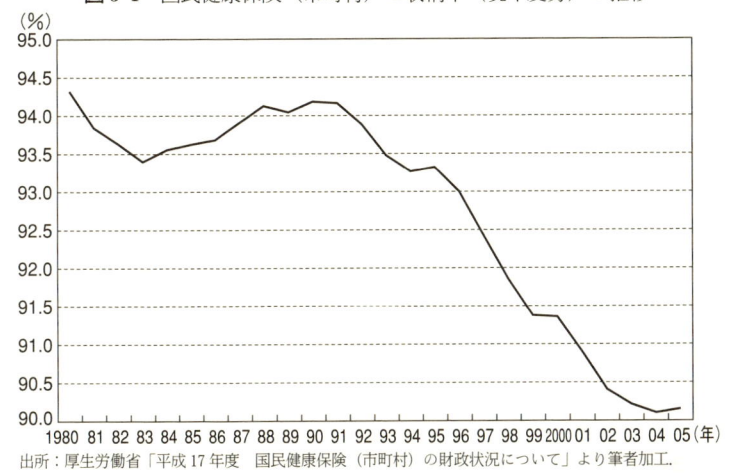

図 5-1 国民健康保険(市町村)の収納率(現年度分)の推移

出所:厚生労働省「平成17年度 国民健康保険(市町村)の財政状況について」より筆者加工.

針に従った医療扶助内容の適正化・見直しが各自治体レベルで進んでいる.

一方,皆保険制度の例外となっているもう一つは,国民健康保険で年々深刻さを増している未納者である.国民健康保険の未納問題は,第4章で議論した国民年金の未加入・未納問題の陰に隠れて,年金ほど大きな社会問題とはなっていないが,平成不況入り後,年々深刻化を続けており,直近の統計である2005年現在で9.85%と約1割に上っている(図5-1).

世帯ベースの状況はさらに深刻であり,厚生労働省が毎年6月1日時点で行っている調査では,国民健康保険の保険料(保険税[4])滞納世帯は全国で480.5万世帯であり,滞納世帯率は19.0%にも及ぶ(2006年).被保護者の場合には,医療保険に代わるべきカバーする制度が存在するという意味で,国民皆保険の例外としてそれほど大きな問題ではないのに対し,未納問題では,保険証が使えずに10割の自己負担に直面している「事実上の無保険者」が存在しており,国民皆保険の原則を崩しているといえる.実際,事実上の無保険者の多くは低所得世帯であるとみられるが,10割自己負担を行わなければならないために受診抑制を行っている実態が報告されている(鈴木 2000,鈴木・大日 2000,全

---

[4] 自治体によっては保険料ではなく,「保険税」として徴収業務を行っているところも多い.

国保険医団体連合会, 2007). その中には, 必要な診療を受診しないために疾病を重篤化させ, それが就業の困難化やますますの所得減という悪循環を生み, 最終的に生活保護という最後のセーフティーネットに至る人々も少なくないとみられる.

2. 国民健康保険の未納問題

2.1 事実上の無保険者の制度的背景

国民健康保険の保険料（保険税）は, 所得や資産にリンクした「所得割」,「資産割」部分があり, そもそも低所得者にある程度配慮した保険料体系となっている[5]. また, 保険料（税）の減免も, 法定減免制度や自治体の独自の申請減免制度があり, やはり低所得者に配慮している[6]. しかしながら, すでにみたように, 国民健康保険の未納問題は深刻化し, その一部が「事実上の無保険者」となっている. もちろん, 我が国の国民皆保険制度のもとでは, 法律上,「無保険者」は存在しえない. すなわち, 国民健康保険法5条・6条において, 市区町村に住所を有するものは, 他保険（被用者保険など）に加入していないか, もしくは被保護者でない限り, 必ず国民健康保険の被保険者とする旨が規定されているからである. しかしながら, 鈴木 (2000), 鈴木・大日 (2000) が行ったアンケート調査では,「自分の名前が入った保険証を現在所有していない」として,「事実上の無保険者」と自己認識している人々が1999年時点ですでに3.5%存在していた.

保険証を所有していない理由として第1に考えられるのは, 何らかの理由で

---

5) 「所得割」は所得にリンクさせた保険料部分であり,「資産割」は固定資産にリンクしている. 両者を合わせて, 負担能力に応じるという意味で「応能割」と呼ぶ. これに対して, 世帯ごとに課される「平等割」, 世帯の被保険者数に応じて課される「均等割」も存在しており, 両者を合わせて受益に応じるという意味で「応益割」と呼ばれる. 各自治体は, 所得割と均等割が入っていれば, この4種類を自由に組み合わせて保険料の徴収方式を決めることができる.
6) 法定減免制度は国が行っている制度で, 所得水準に応じて減額される. 2割減額は, 応益割保険料（税）の比率が45%以上55%未満の自治体で実施を定めており, 申請によって適用される. 自動的に行われるものとして, 応益割保険料（税）の比率によって6割, 4割減額と7割, 5割減額がある. このほか, 市町村独自の申請減免制度もある. これは, 災害や生活困窮等の理由に応じて, 申請によって状況が総合的に判断され, 保険料（税）の一部または全額が減額されるもので, 自治体によって基準が異なる.

新たに国民健康保険制度に所属することになった人が，国民健康保険への加入手続き（資格者届け提出）を「遅延」しているケースである．具体的には，①失業や退職による被用者保険からの脱退，②扶養者の認定を超える収入を得るなどして，被用者保険の扶養者からの脱退，③他の国民健康保険からの転入，④生活保護の廃止，⑤死別・離別等が考えられる．この際，低所得などを理由に意図的に加入手続きをしていないのであれば，これらの人々は，事実上の無保険者となる．

第2の理由として考えられるのは，国民健康保険を運営する市区町村が，保険料滞納が著しい加入者に対して収納対策を行った結果として起こる場合である．通常，保険証更新時には，郵送で保険証を送付するのが原則であるが，著しい滞納者に対しては窓口に本人を出頭させて交付する処置がなされる（窓口交付）．この場合，本人が窓口に出頭しなければ，保険証を所持せず事実上の無保険状態が続くこととなる．

一方，1987年の国民健康保険法改正により追加された9条3〜7項により，市区町村は，特別な事情がないのに保険料の滞納が著しい加入者に対して保険証の返還を要求できることとなった．このうち，未納期間が比較的短い場合には，短期間に更新手続きを必要とする「短期被保険者証」が配られることもあるが，それでも対応できない場合には，市区町村は健康保険証に代わるものとして，新たに「被保険者資格証明書」（以下，資格証明書）という証明を交付することになっている．また，2001年度以降は資格証明書の交付が義務化した．資格証明書は，国民健康保険に加入資格があることを証明するものに過ぎないので，診療行為を受けた場合には病院の窓口でいったん医療費を全額負担しなければならないが，申請すれば自己負担分を除く医療費が返還されることになっている．しかしながら，返還を受けるためには市区町村の窓口に申請しなければならず，申請をした場合には保険料滞納額と相殺されたり，滞納額の返還を命じられたりするため，実際に滞納者が市町村の窓口に行くことはほとんどないといってよい．したがって，この場合にも事実上の無保険状態に陥る．

さらに，同じく9条3〜7項には，悪質な滞納者に対する滞納処分として保険給付の一時差止も規定されている．実際には，差押財産の名義変更等，滞納処分を免れるための意図が明白な際に臨時的に行われるのみであるが（保険発

表 5-2　国民健康保険の保

		2000 年	2001 年
(1)	国保保険料滞納世帯数	3,701,714	3,896,282
	滞納世帯率	17.5	17.8
(2)	短期被保険者証交付世帯数	399,182	693,772
	交付率（全世帯数比，%）	1.9	3.2
	交付率（滞納世帯数比，%）	10.8	17.8
(3)	被保険者資格証明書交付世帯数	96,849	111,191
	交付率（全世帯数比，%）	0.5	0.5
	交付率（滞納世帯数比，%）	2.6	2.9

出所：全国保険医団体連合会作成資料より．

第百十三号国民健康保険課長通知），この場合にも事実上の無保険状態となる．

2.2　未納，事実上の無保険者の実態

表 5-2 は，短期被保険者証，被保険者資格証明書の交付世帯数の推移を示しているが，滞納世帯率が高まっている中で，滞納者に占めるそれぞれの割合自体も経年的に高まっていることがわかる．特に，「事実上の無保険者」に間違いなく相当する資格証明書の交付世帯が，全世帯数比で 1.4%，滞納世帯数比で 7.3% にも及んでいることは注目される．実際には，資格証明書の交付世帯以外にも事実上の無保険者は存在しているとみられることから，事態はもっと深刻であろう．

しかしながら，これらの人々の生活実態，医療アクセスの状態や，事実上の無保険者に至る理由・背景の解明はほとんど行われていないといえる．わずかな例外が，全国保険医団体連合会（2007）と，鈴木（2000），鈴木・大日（2000），湯田（2006）である．事実上の無保険者の医療アクセスの実態については，全国保険医団体連合会（2007）が，資格証明書交付世帯と一般被保険者世帯の受診率（被保険者 100 人当たりの年間レセプト件数）を，30 都道府県について単純比較している．それによると，資格証明書交付世帯の受診率は一般被保険者世帯の 32 分の 1 から 113 分の 1 という驚くべき状況となっているが，もちろん，これらは病状などのコントロールがなされていないので，単純に比較できるものではない．この点を考慮した推計が鈴木・大日（2000）によって行われている．彼らは，仮想市場法を用いて，風邪による医療機関受診に病状を揃えた推

険料滞納世帯数等の推移

2002 年	2003 年	2004 年	2005 年	2006 年
4,116,576	4,546,714	4,611,603	4,701,033	4,805,582
18.0	19.2	18.9	18.9	19.0
777,964	945,824	1,045,438	1,072,429	1,224,849
3.4	4.0	4.3	4.3	4.8
19.0	20.8	22.7	22.8	25.5
225,454	258,332	298,507	319,326	351,270
1.0	1.1	1.2	1.3	1.4
5.5	5.7	6.5	6.8	7.3

計を行っているが，彼らの推計結果から計算すると，事実上の無保険者は通常の国民健康保険加入者に比べて，医療機関の受診率が36.2%ポイント低いことになる[7]．

一方，事実上の無保険者となる理由・背景についても，鈴木 (2000)，鈴木・大日 (2000) が分析を行っている．彼らの推計結果では，事実上の無保険者となる確率に有意に影響するのは，世帯所得，本人の就業状態，被扶養者の有無，年齢，本人の健康状態である．このうち，世帯所得に関しては100万円の低下に対して1.1%ポイント，就業については無就業者になると8.4%ポイント，事実上の無保険者となる確率が高まることから，失業や低所得化による影響がかなり大きいと判断される．また，最近の湯田 (2006) では所得や無就業は考慮されていないが，所得を分母とした保険料率が有意に「未加入率[8]」を高めており，所得要因もある程度影響しているとの解釈が可能である．所得や就業以外の要因としては，健康状態が良いほど事実上の無保険者になるという「逆選択仮説」が鈴木 (2000)，鈴木・大日 (2000)，湯田 (2006) によって検証されているが，前2者は有意度が低いものの支持，湯田 (2006) は不支持の結果を報告している[9]．

---

7) 鈴木・大日 (2000) は，事実上の無保険者の情報を用いて，仮想市場法に伴うバイアスを調整した推計結果を示している．ここで示したのは，このバイアス調整を行った後の数値である．
8) 未加入の判断は本人によるものである．家計経済研究所の『消費生活に関するパネル調査』を用いている．
9) また，塚原 (1997) は，医療保険，年金，介護保険について，「もしそれらが任意加入であったならば」という想定的状況下での加入希望を独自に作成したアンケートにより調査した．健康

以上から考えると、やはり、低所得や失業という要因を主因として、事実上の無保険者に陥っており、しかも10割の自己負担率に直面して、受診抑制を行っている姿がうかがえる．もし、こうした人々の中で、慢性疾患やすでに深刻な疾患をもっている人々がいれば、受診抑制によって重篤化し、低所得と疾病悪化の悪循環に陥り、生活保護に至る可能性も想像に難くない．

3. 医療扶助費の実態

3.1 疾病別の内訳

次に、生活保護制度の中の「医療扶助」の実態をみてみよう．医療扶助費の実態については、厚生労働省によって「医療扶助実態調査」という統計がつくられているが、その詳細な分析はほとんど行われてこなかった．ようやく最近になって、厚生労働省保険局調査課が全国福祉事務所長会議の際にやや詳細な「医療扶助実態調査　平成16年6月審査分」の分析を公表している（厚生労働省 2006）．また、会計検査院（2006）なども、いくつかの分析を公開している．ここでは、これらの資料を手がかりに、医療扶助の実態について整理をすることにする．

まず、医療扶助費は大きく、入院と入院外（外来）の医療費に分かれるが、2004年度ベースで、入院は52.5％、外来は26.7％である（図5-2）．疾病別にみて、入院の中で一番多い項目は、予想どおり「精神・行動の障害」であり、入院医療費の41.3％を占める．次に大きな割合は、脳梗塞や高血圧、心筋梗塞、狭心症、動脈硬化などの「循環器系の疾患」であり、19.8％となっている．それ以外の項目はいずれも5％以下にとどまっており、精神と循環器系の2項目で6割を超えるという集中化が起きていることがわかる（表5-3）．精神については、国民健康保険に比べて、アルコール中毒や薬物中毒などの「精神作用物質使用」や統合失調症の割合が高いという特徴がある．一方、循環器系では、狭心症や心筋梗塞などの「虚血性心疾患」の割合が国民健康保険に比べ

状態と加入希望のクロス表を用いた分析の結果、慢性疾患をもたない人ほど保険の加入意志が低く、統計的に逆選択仮説と整合的であることが報告されている．

図 5-2 医療扶助費の内訳

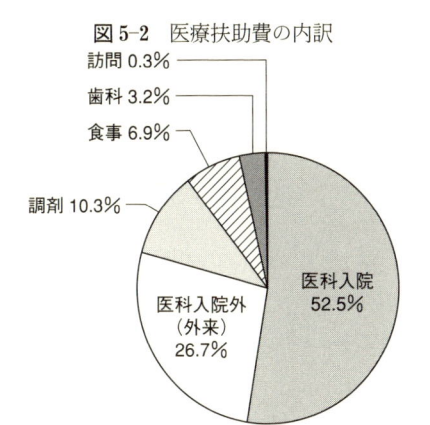

訪問 0.3%
歯科 3.2%
食事 6.9%
調剤 10.3%
医科入院外（外来）26.7%
医科入院 52.5%

注：平成16年ベース．
出所：社会保険診療報酬支払基金『基金年報』．

表 5-3 入院点数の内訳
(単位：%)

精神・行動の障害	41.3
循環器系疾患	19.8
内分泌栄養代謝免疫障害	4.9
消化系疾患	4.1
神経系疾患	3.9
筋骨格系・結合組織の疾患	3.8
呼吸器系疾患	3.0
その他	19.1

出所：厚生労働省（2006）．

表 5-4 入院外（外来）点数の内訳
(単位：%)

循環器系疾患	19.7
尿路性器の疾患	17.1
内分泌栄養代謝免疫障害	12.5
筋骨格系・結合組織の疾患	11.0
呼吸器系疾患	7.4
消化系疾患	7.0
精神・行動の障害	4.6
神経系疾患	2.6
その他	18.2

出所：厚生労働省（2006）．

てやや低く，逆に脳梗塞の割合が高い．また，国民健康保険に比べて1日当たりの医療費が低いものの，入院日数は1.24倍の長さとなっている．

入院外（外来）については，やはり循環器系疾患が多く19.7％を占めるほか，腎炎，腎不全，糖尿病性腎症，尿路結石などの「尿路性器系疾患」が17.1％，糖尿病が主である「内分泌栄養代謝免疫障害」が12.5％，リウマチ，関節炎，腰痛などの「筋骨格系・結合組織の疾患」が11.0％と，この4項目を合計するとやはり6割になるという集中化が起きている（表5-4）．仔細にみると，循環器系においては，国民健康保険に比べて，高血圧性疾患の割合が低いものの，

図 5-3 東京都の医療扶助費の入院費の内訳 (2004 年度)

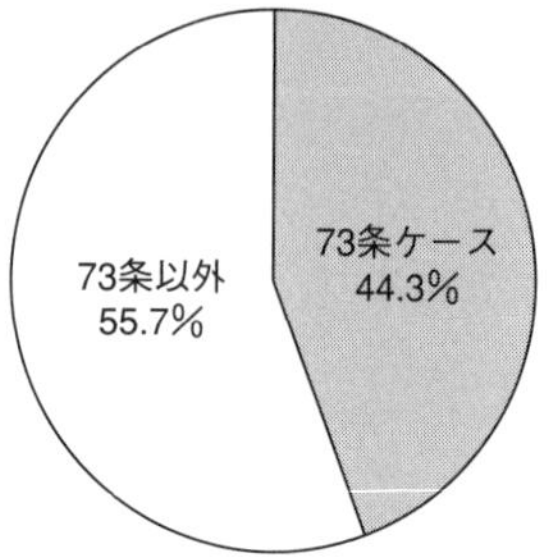

73条以外 55.7%
73条ケース 44.3%

出所:東京都福祉健康局『生活保護費国庫負担金実績報告(平成16年)』.

入院同様,脳梗塞の割合が高いという特徴がある.尿路性器系では,人工透析が必要な腎不全の割合が国民健康保険に比べて著しく高い.また,内分泌系栄養代謝免疫障害では,件数ベースで約4分の3が糖尿病であり,やはり国民健康保険に比べて非常に高い割合である.筋骨格系・結合組織の疾患には,整形外科だけではなく,いわゆる「施術[10]」が多く含まれていると思われる.これら4つの項目のいずれも,国民健康保険に比べてレセプト1件当たり(一つの治療ごと)の外来日数が長いという特徴がある.

3.2 ホームレスの医療扶助費

都市部において医療扶助費が高いもう一つの理由は,ホームレス等の住所不定の人々(生活保護法73条対象者)が救急搬送され,急迫保護として医療扶助の単給が行われるからである.全国ベースの数値は公表されていないが,図5-3にみるように,東京都発表の統計によれば,東京都において医療扶助の入院医療費における44%もの割合を73条のケースが占めていることがわかる.逆に,73条ケースの人々が受けている生活保護費の内訳をみると,その73.6%が医療扶助費という異常な状況にある.

---

10) あん摩マッサージ指圧,はり・きゅう,柔道整復を指す.生活保護制度では施術券が交付されて,サービスを受けることになる.

3.3 頻回受診者・長期入院

　医療扶助を受給する被保護者については，自己負担が存在しないために，外来においては高頻度で通ういわゆる「頻回受診者」，入院においては医療的治療が必ずしも必要ないのに長期間入院をする「入院の必要がない長期入院患者」が以前から問題視されており，現在，福祉事務所では医療扶助の適正化として，この2つの該当者に対する是正措置を講じている．しかしながら，2004年度において頻回受診者として実際に認定された被保護者は全国でたかだか3,867人であり，医療扶助人員の0.3%に過ぎない（会計検査院 2006）．この場合の頻回受診者の定義は「同一月内に同一診療科目を15日以上受診している者」というものであるから，かなり限定された定義であり，例えば「同一診療科目」という制約を外すか，15日を10日ぐらいに変えるなどすれば，現場でよく聞かれる頻回受診の実態にかなり近づくと思われる．実際に，医療扶助費の入院外のレセプト1件当たり日数は国民健康保険の1.38倍にもなっているので（会計検査院 2006）[11]，分布や治療内容にもよるが，医療扶助のほうが国民健康保険よりも平均的にみて，通院回数がかなり高いといえるだろう．

　一方，2004年度に「必要のない長期入院者」とされた人数は全国ベースで5,532人であり，医療扶助の入院者に対する割合は4.1%である．これも，医師によって「必要がないと判断される」ということが定義となっているために過小となっており，実態としてはもっと割合が高いものと考えられる．実際，入院日数が180日を超える生活保護の長期入院患者自体は全国で65,198人存在していることから（厚生労働省 2005），これらの入院患者のうちどれぐらいが必要のない社会的入院であるか，客観的な基準で実態把握が行われるべきである．ちなみに，長期的入院患者が医療扶助の入院患者に占める割合は実に49.2%にも及んでいる．

　さて，以上の限られた統計や資料から得られる情報をまとめると，以下のように整理ができると思われる．

　① 脳梗塞を中心とした循環器系の入院患者，外来における糖尿病，透析患

---

[11] 一方，1日当たり診療費は国民健康保険の1.04倍なので，レセプト1件当たり診療費は国民健康保険の1.44倍である．

者など，治療費の高額な重症患者が多いという傾向がある．これは被保護者となってから重篤化したというよりは，その前に重篤化したとみるべきであろう[12]．

② 生活習慣病の慢性疾患患者が非常に多い．
③ 精神疾患による入院，あるいは多分に重なるかもしれないが長期入院患者が非常に大きな医療費を占めている．
④ ホームレスの急迫保護も，都市部を中心に医療扶助費のかなりの割合を占める．
⑤ 頻回受診が顕著なのかどうかは既存の統計からは明確ではないが，外来の日数が押しなべて過剰になっている可能性がある．

こうしてみると，まず第1にいえることは，医療扶助費が高い理由は医療扶助自体の問題というよりは，その前の段階で放置されたり，貧困化したり，重篤化したりして，生活保護の中に落ちてくることにあるのではないかということである．その意味では，医療扶助の適正化は医療扶助内だけで行えるものではなく，他の医療保険制度やホームレス対策等と一体として議論しなければならないだろう．そのうえで，医療扶助自体の適正化の余地があるとすれば，頻回受診に代表される通院回数・通院日数の多さや，精神疾患などに存在する社会的入院ということになる．この部分には，自己負担が存在していないことによる患者側のモラルハザードとともに，「医療機関側のモラルハザード」が存在していると思われる．

ここで注意しなければならないのは，医療扶助には，単なるこの両者のモラルハザードだけではなく，中長期的にみても治癒・改善する動機（インセンティブ）が存在しないという問題があることである．つまり，医療扶助の受給者にとって，疾病からの回復・改善は，被保護者でなくなり，生活保護が打ち切られることを意味する．したがって，改善・治癒を望まずに治療期間が長くなるというメカニズムが働いている可能性が高い．その意味で，2006年5月の全国福祉事務所長会議で示された生活習慣病予防の徹底などの医療適正化策は，

---

[12] そしておそらくは，重篤化が原因として生活が困窮化し，被保護者となった人々も多いであろう．

一般の医療保険制度（健保組合や国民健康保険）が直面する以上に[13]，ずっと大きな困難に立ち向かうことになるだろう．

4. 医療扶助の適正化をどのように進めるか

それでは，具体的にどのように医療扶助の適正化・改善を進めていくべきであろうか．以下では，①ホームレス等の要保護者の急迫保護対策，②精神疾患入院・社会的入院対策，③頻回受診者対策，④慢性疾患・生活習慣病患者対策にそれぞれ分けて，論じていきたい．

4.1 ホームレスに対する予防的対策

鈴木（2005a, 2006a）等が分析しているように，ホームレスの多くは高齢者であり，治療が必要な何らかの慢性疾患をもっている．表5-5は，鈴木（2006a）が分析したホームレスの人々と組合健保加入者の検査値の比較である．

具体的には，大阪城仮設一時避難所に入所した際のホームレスの人々の検査値を，ホームレスと同じ年齢階層に合わせてサンプル抽出を行った組合加入者の検査値と比較している．血圧，肝臓に関する検査値，血糖値，たんぱく，尿酸値など，ほとんどの検査値で，要精密検査・要指導，あるいは要医療の状態となるリスク者の割合が，組合健保加入者を大幅に上回ることがわかる．疑われる疾病は，高血圧症，肝臓障害，糖尿，高脂血症，高尿酸血症・痛風などである．ちなみに，大阪城仮設避難所に入所を希望したが，医療が必要なためにすぐに入院退所となった人々の病名を調べると（表5-6），これらの疾患が重篤化した場合の病名が並んでいる．

しかしながら，ホームレスの人々はこうした慢性疾患を抱えつつも，野宿状態から医療へのアクセスは非常に困難である．まず，すでにほとんどの人々は健康保険証を保持しておらず，住所が不定であるから資格証明書すら交付されていない．また，たとえ10割負担で一般の医療機関にかかろうにも実質的な

---

[13] 2006年医療制度改革における生活習慣病対策の実効性が乏しいという点については，鈴木（2005b, 2006b, 2006c）が詳しく論じている．

表 5-5 各検査値別のリスクグループ割合の比較

	要精検・指導以上			要 医 療		
	仮設一時避難所	組合	差	仮設一時避難所	組合	差
(1) 最高血圧	0.262	0.050	＋***	0.082	0.007	＋***
	(0.441)	(0.219)		(0.275)	(0.081)	
(2) 最低血圧	0.191	0.061	＋***	0.077	0.014	＋***
	(0.394)	(0.239)		(0.267)	(0.115)	
(3) GOT	0.052	0.005	＋***	0.017	0.000	＋***
	(0.151)	(0.067)		(0.131)	(0.011)	
(4) GPT	0.023	0.012	＋	0.012	0.001	＋***
	(0.151)	(0.110)		(0.107)	(0.030)	
(5) γ-GTP	0.133	0.082	＋**	0.092	0.035	＋***
	(0.341)	(0.275)		(0.291)	(0.185)	
(6) 血糖	0.295	0.102	＋***	0.173	0.048	＋***
	(0.457)	(0.302)		(0.380)	(0.213)	
(7) 総たんぱく	0.012	0.001	＋***	0.000	0.000	－
	(0.107)	(0.038)		(0.000)	(0.014)	
(8) A/G 比	0.029	0.062	－*			
	(0.168)	(0.241)				
(9) 総コレステロール	0.162	0.162	－	0.046	0.023	＋*
	(0.369)	(0.369)		(0.211)	(0.151)	
(10) トリグリセリド	0.289	0.150	＋***	0.046	0.012	＋***
	(0.455)	(0.357)		(0.211)	(0.111)	
(11) HDLコレステロール	0.040	0.018	＋**			
	(0.198)	(0.133)				
(12) BMI	0.011	0.003	＋*			
	(0.104)	(0.055)				
(13) 尿酸	0.092	0.054	＋**			
	(0.291)	(0.227)				
(14) クレアチニン	0.491	0.091	＋***			
	(0.501)	(0.287)				
(15) 赤血球数	0.012	0.002	＋**			
	(0.107)	(0.041)				
(16) ヘモグロビン	0.006	0.001	＋	0.000	0.000	－
	(0.076)	(0.037)		(0.000)	(0.011)	
(17) ヘマトクリット	0.058	0.012	＋***			
	(0.234)	(0.110)				

注：***は1％基準，**は5％基準，*は10％基準で差が有意であることを示す．（　）内は標準偏差．
出所：鈴木（2006a）．

診療拒否や心理的なスティグマに直面してアクセスできない．わずかに存在する無料低額診療所も慢性疾患にはほとんど対応していない．したがって，多くの場合はそのまま病状の悪化を放置して，重篤な疾患になってから救急搬送という形で医療機関にかかり，急迫保護として高額の医療扶助費がかかることに

表5-6 健康診断未受診の入院退所者における疾病名

病　名	人数
肝炎・アルコール性肝機能障害・肝硬変	24
糖尿病	14
胃炎・胃潰瘍・十二指腸潰瘍	11
腰痛	8
結核	7
狭心症・心筋梗塞・不整脈・虚血性心疾患・心房細動	7
脳梗塞	6
ヘルニア	6
高脂血症	5
腰椎症	5
胆石	5
貧血	5
脊椎症	4
アルコール依存症	4
痛風・高尿酸血症	3
覚せい剤中毒後遺症	3

注：その他，結腸癌，甲状腺腫瘍，甲状腺機能障害，神経障害，神経痛，前立腺肥大，てんかん，静脈瘤，動脈硬化，動脈閉塞症，統合失調症，神経性抑うつ症，心臓弁膜，坐骨神経痛など．1人の患者に複数の病名がつく場合も多い．
出所：鈴木（2006a）．

なる．そしてしばしば，最も高額な医療費として知られる終末期医療費を医療扶助から支出させることになる．これは，彼らのQOL（Quality of Life）や人権という面から問題であることはもちろん，医療費財政という面からみても「損」なことであり，生活保護にかかる前のホームレス層への医療アクセスの改善，健康への早期介入は，医療扶助費を大きく削減する可能性をもつ．そのためには，鈴木（2006a）が詳しく論じているように，無料低額診療所の拡充・慢性疾患への対応化，国民健康保険証のホームレスや生活困窮者への無条件交付と保険料全額免除，医療機関への協力謝金交付，医療関係者の巡回相談，ホームレスがかかりやすい時間帯での市民検診実施などが検討されてしかるべきである．

また，現場や関係者の間では，こうした救急搬送のホームレスを専門的に扱う医療機関[14]の診療内容の適切さに疑問の声が聞かれる．もし，こうした医療機関にモラルハザードが存在しているのであれば，レセプトのチェック[15]だけ

---

[14] こうした病院を関係者は，「行路病院」，あるいは「行旅病院」と呼んでいる．

ではなく，医療関係者から構成される第三者機関による診療内容自体への評価を行って，過剰診療のチェックを行うべきである．そして，不適切な治療が続くようであれば，医療扶助指定機関から外すことも辞すべきではない．ただし，ホームレスを受け入れるこうした医療機関は，一般の患者が敬遠し，経営上のデメリットを強いられることもまた事実であるから，その分はしかるべき補助金で補塡するべきであろう[16]．

それとともに，医療機関のモラルハザードを防ぐためにも，救急搬送で運ばれた人々に医療扶助の単給を行う場合には，無駄な延命治療を拒否する「リビングウィル（生前遺言状）」を書くことを義務化してはどうであろうか．これは急迫保護に限らず，医療扶助を受給するすべての被保護者についても，国民の税金を使っているのであるからそれを少しでも節約するという意味で，リビングウィルを義務化することも一案である[17]．

4.2 精神疾患入院・社会的入院対策

精神疾患入院・社会的入院対策については，すでに自立支援プログラムの中の社会的入院解消・退院促進プログラム，あるいは適正化としての「必要のない長期入院是正」として着手されているところである（池谷 2006）．精神疾患の場合，1人1カ月平均でおよそ40万円の入院医療費がかかっているといわれているが，退院促進することにより，通常の生活扶助費と外来費程度の費用負担になるのであるから，かなりの生活保護費の削減余地が存在すると考えられる．しかしながら，問題はその適切な行き先が確保できるかということである．1980年代のレーガン政権下のアメリカでも，やはり精神疾患患者の脱施設化（deinstitutionalization）が進められたが，それがこの時期のホームレ

---

15) 大阪市をはじめとする自治体の中には，医療扶助のレセプトデータを電算化していない自治体もあり，レセプト情報によるチェック体制を手作業で行わざるを得ず，その膨大な事務作業から事実上，ほとんどチェックがされていないという現実がある．こうした電算化事業に対しては，一定の国庫負担を行って進める必要がある．
16) 一般患者が来院しないデメリットを相殺するために，ホームレスに誘発的な医療を施すのであれば，その分を事前に補塡するほうが望ましい結果となる．
17) リビングウィルは延命治療だけではなく，死亡して後のお墓や埋葬法についても遺言を残すことができ，死に直面する単身の高齢者の安心感につながる場合も多い．終末期医療やリビングウィルについては，鈴木（2004）を参照されたい．

ス急増の主因であったとする研究もある (Honig and Filer 1993).

　まず，医療機関とともに適切な対象者を選定することはいうまでもないが，退院後も，救護施設やグループホームなどの中間的な施設で適切なケアを維持し，時間をかけた自立促進を図る必要がある[18]．そのためには，ケアの専門家に対する人件費もかかるし，施設についても新規建設か補助金による参入促進を図らねばならないから，新しいコストがかかるであろう．また，医療機関にしても，退院促進プログラムに協力することは経営上マイナスであるから，例えば，退院者は外来患者として同一病院に通うようにするか，協力謝金のような形で何らかの補塡を考えなければ実効性は乏しいと思われる．したがって，安易に大きな医療扶助費削減効果だけを期待することは禁物であろう．

4.3　頻回受診者・外来日数対策

　これについては，厚生労働省が検討中の1割の自己負担導入が，医療保険における過去の経験からいっても一定の効果をもつことは疑いの余地がない[19]．しかしながら，医療扶助の場合にはいくつか特有の問題が発生する．まず，最低保障額であるはずの生活扶助から，さらに自己負担をさせるということは生活保護費の定義に矛盾する．すでに慢性疾患患者が多い現状を考えると，この自己負担によって生活の維持が実際上困難になる人々が数多く発生するであろう．したがって，高額医療費と同様に，自己負担額に一定の上限を設けるとともに，生活扶助に事前に自己負担分を一定額上乗せしておくことが考えられる．しかしながら，生活設計能力の乏しい人々も多いので，この余裕額を事前に浪費してしまうことも考えられ，その場合には命に関わる問題なので事後的に補塡せざるを得ないであろう[20]．また，入院が必要な急性疾患についても自己負担資金があろうとなかろうと対応せざるを得ず，資金がなければ，それも事後

---

18) 現実には，こうした施設は待機者が発生している状況であり，現在のところ，第7章で触れる自立援助ホームや無料低額宿泊所が受け皿となっているケースも数多い．これらの施設は，専門的ケア・医療的ケアは予算措置されていないために，中長期的な対応には限界がある．
19) 医療費への自己負担導入の効果に関する包括的サーベイおよび計測例は，例えば鈴木（2005c）を参照されたい．
20) 行動経済学的にいえば，非常に近視眼的なあるいはハイパーボリックな時間選好をもつ人々と解釈できる．

補塡せざるを得ない．結局，現実的には，慢性疾患などで毎月一定額かかるような疾患や急性疾患については自己負担分を自動的に補塡することとし，自己負担による規律づけを設けるのは風邪などの軽医療部分にとどまらざるを得ないのではないだろうか．しかし，それでは医療費縮減効果はあまり期待できない．

したがって，この外来医療にモラルハザードによる無駄な医療費が存在しているのであれば，自己負担導入よりも「アクセスコントロール」で対応するほうが現実的であると思われる．アクセスコントロールについては，本来，1節で説明したように医療券・調剤券制度と要否意見書制度が存在しているが，現状は都市部を中心に「なし崩し」の状態であり，ほとんど機能していない．すなわち，被保護者は福祉事務所に連絡なく医療機関を受診し，医療機関から事後的に請求が行われる．調剤も被保護者の利用後に，事後的に調剤券を発券しているのが実情である．現場では，このような現状を追認する形で，医療券を医療証にしてはどうかという意見が根強くあるほどである．

この背景には，福祉事務所が医療機関よりも医療の専門知識に乏しく，アクセスコントロールの責任が取れないために，医療機関と患者の言いなりにならざるを得ないということがある．したがって，このアクセスコントロールを再び機能させる一つの方法は，イギリスの国民医療制度（NHS: National Health System）のようにゲートキーパー医を設けることである．イギリスの国民医療制度は全額公費で行われる代わりに，患者は勝手に医療機関を選択することができない．ゲートキーパーという主治医をまず受診し，その医師の判断によって，さらに別の専門的な医療機関にかかれるかどうかが決められる．現状でも，生活保護制度には指定医療機関制度があるが，その協力関係をさらに強化・法制化することにより，各地区にゲートキーパー医を設けてはどうか．そして，事前に協力謝金などの形で医療機関の協力を予算化することにより，頻回受診者を注意したり，不必要な診療は拒否，認めないようにする[21]．こうしたアクセスコントロールは，医療の専門家のみが可能な制度なのであり，こ

---

21) そしてもちろん，不適切なゲートキーパーは指定医の契約を取り消す措置を行う．これは，アメリカのHMOなどでも行われている．

れまで福祉事務所に権限があったことがそもそもの間違いなのである．

また，自治体の中には，医療機関に通う場合の移送費としてタクシー代を認めているところもあるが，これは問題である．急性の重篤の疾患についてはタクシー利用もやむを得ない場合もあるが，これは医療機関で緊急性が高かったことを証明してもらったときにのみ認め，それ以外は自己負担とするべきである．こうした安易な移送費の利用も，医療保険以上にアクセスが自由になってモラルハザードを促進する一要因となっている．さらに，患者の自己規律を促すという意味では，一部の国民健康保険や健保組合が行っているような医療費の通知制度を行うということも一案であるが，通知だけではあまり効果のない患者もいるので，ケースワーカーの指導と組み合わせることが考えられる．

4.4 慢性疾患・生活習慣病患者対策

慢性疾患・生活習慣病患者，特に重篤な疾患の患者が医療扶助では多いが，すでに指摘したように生活保護制度は，疾病の治癒や病状の改善が起きた場合には生活保護制度から自立させられてしまう可能性があるために，「貧困の罠」[22]のように，治癒への努力，生活習慣改善の努力を行う動機に欠ける．医療機関にとっても現状の出来高払い制度の下では，健康指導等を行い，生活習慣を改善させて医療費を縮減する動機は存在しないし，そもそもその手立ても存在しない．

こうした両者の動機づけが存在しない状況を改善させる一つの方法は，「自立支援プログラム」を活用することである．まず，生活習慣病・慢性疾患などについては医療機関に自立へ向けたプログラム・計画をつくらせて，そのプログラムに即した診療を実践させる．患者はそれに向けた改善・治療への努力を行い，一定期間ごとに検査・検診をして，ケースワーカーと医療機関を交えた評価を行っていく．もし，自立支援プログラム作成に協力できないとする医療

---

[22] 生活保護制度は，ひとたびそこから自立すると税金や社会保険料，家賃・敷金礼金など急激にさまざまな費用がかかるために，自立したほうが生活保護の生活水準を下回る可能性がある．こうした場合，なかなか生活保護制度から脱却せずに，その中に押しとどまる動機が合理的に存在する．この状況を「貧困の罠」と呼んでいる．

機関は指定から外す．患者についても指示義務として指導をする．こうすることにより，患者，医療機関の両者に病状改善へのインセンティブが生まれるし，過剰な医療行為を行う，あるいは受ける余地も狭めることができる．また，医師だけでは実行の難しかったアルコールや喫煙，肥満といった生活習慣のコントロールも自立支援プログラムの一環として，実効性のあるものとなる[23]．さらに，それを側面支援する検診や保健指導は，医療制度改革の一環として国民健康保険と共同で行うことにする．

5. おわりに——医療扶助と医療保険の一体的改革を

既にみたように，医療扶助では糖尿病や腎不全，脳梗塞患者など重篤かつ高額医療の患者が多くを占めているが，これは医療扶助の下で発病もしくは重篤化したのではなく，その前の保険制度において適切な措置が行われなかったことに原因があるとみるべきである．あるいは，そういった重篤な疾患になったことにより，生活が困窮して被保護者となったと考えられる．これは，上記の疾患に限らず，精神疾患の入院患者も同様であるし，ホームレスの急迫保護も同様に保護以前の問題である．つまり，他の医療保険制度，特に国民健康保険は加入者の健康悪化を防ぐ努力を怠り，生活保護制度に「ただ乗り」していると考えることができる．今，この状況を簡単に説明したものが図5-4である．

はじめに，生活保護制度がない状況下で，医療保険が加入者の平均的健康水準をどのように決定するかを考える．グラフの横軸は加入者の平均的健康水準であり，右側にいくほど悪化するとしよう．右下がりの直線 A-A は，加入者の健康水準の悪化を許した場合の限界的な管理費用の削減分を表す．保険者にとって，加入者の健康水準を維持あるいは改善するためには，さまざまな費用がかかる．例えば，検診や保健指導，健康に関する啓蒙活動，医療機関の診療内容のチェック，レセプトのチェック，健康増進運動，加入者への健康状態の通知，健康相談等であり，それに伴うさまざまな事務負担や努力なども費用と

---

[23] また，頻回受診が多いといわれる「施術」については，こうした自立支援プログラムの中で治癒に向けた実効性があるものだけに制限し，自立支援プログラムの策定自体は整形外科医に行ってもらうのがよいであろう．

第5章 医療と生活保護　　　167

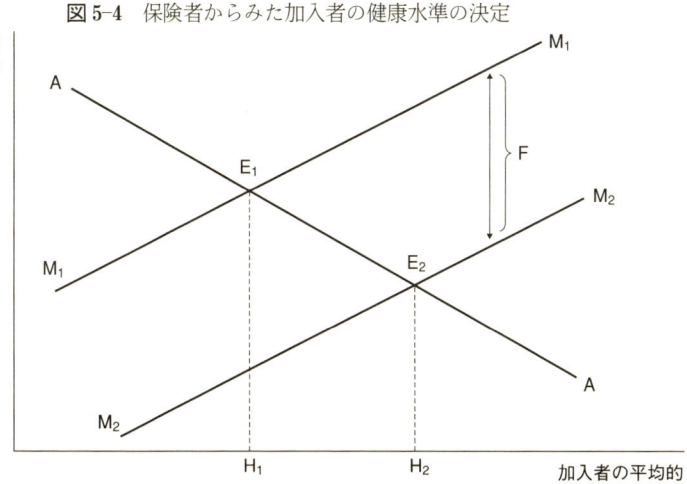

図5-4　保険者からみた加入者の健康水準の決定

考えられる．また，国民健康保険の場合は特に，未納から事実上の無保険者となった者は，放置すると健康水準の悪化が激しくなると考えられるが，こうした人々に対する諸対策にも費用と努力が必要である．

　こうした努力を行わずに健康水準が悪化していくことをそのまま放置すれば，限界的な管理費用は安くなると考えられる．ただし，その費用削減効果は健康水準が悪化すればするほど逓減すると想定されるので，A-A は右下がりに描かれている．一方，M_1-M_1 は健康水準の悪化に伴う限界的な医療費増分[24]である．これは右裾の長い医療費分布の特徴からもわかるように，健康水準が悪化するほど高まっていくと考えられる．このとき，医療費と管理費を合計した総費用を最小化する最適な加入者の健康水準は，E_1 で決まると考えられる．つまり，この点から左側は，限界的な管理費用削減分よりも限界的な医療費が安く，健康水準を悪化させて総費用を低くする動機があるが，E_1 より右側は限界的な医療費が限界的な管理費用削減分を上回り，保険にとって損になるので，E_1 にとどまって均衡となる．また，このときの加入者の平均的健康水準

---

24) この場合の医療費は，医療費そのものというよりも，医療費が高まることによって保険管理者，保険事務者が感じる不効用の価値とみる方が適切かもしれない．

は H_1 となる[25]．

　ここで生活保護制度を考慮してみよう．すなわち，健康水準が悪化して，それに伴って失業・所得が悪化した人々が，保険の対象から外れ，医療扶助の対象となるとすると，保険者にとって，加入者の健康水準の悪化に対する限界的医療費が全般に低くなることになる[26]．この状況を表したものが図中の M_2-M_2 であり，この場合の均衡は E_2 へと移り，健康水準は H_2 へ悪化する．つまり，医療扶助の存在によって，保険者は加入者の健康水準を悪化させる限界費用が低くなったことから，健康水準の悪化をある程度放置することになるのである．具体的な話でいえば，例えば，事実上の無保険者で疾患をもつ人々に対して，減免を受けさせたり，保険証の更新をさせるように努力して治療し健康状態を回復させるよりも，そのまま放置して健康状態を悪化させ，いずれ被保護者に陥らせたほうが保険者にとって得となってしまうのである．

　こうした「ただ乗り」が医療扶助の高額化を招いているのであれば，国民健康保険をはじめとする他の保険者に費用負担を求め，他保険に加入しているうちに重篤化させないインセンティブを付与することが必要である．具体的には，図中の F に当たる限界費用を保険者に負担させるべきである．これは，経済学的には，医療扶助が医療保険に対して発生させている「外部性」を「内部化」することに対応し，一種のピグー税と解釈できる．

　それを実現するための方法の一つは，各保険者から医療扶助への財政調整制度を設立することである．これは，老健拠出金や国民健康保険の退職者医療制度拠出金と同様の仕組みであり，これらの制度の設立当初のように医療扶助にかかる費用の一部負担を各保険者の責務にするというものである．事務的に可能であれば，医療扶助費を多く発生させている保険者（特に国民健康保険）に

---

25) 図5-4は式で説明するほうがあるいはわかりやすいかもしれない．保険者にとっての総費用（TC）を，管理費用（A）と医療費（M）の合計とする．A, M は健康水準（h）の関数である（h は高いほど健康状態が悪いとすると，$M'(h)>0$, $A'(h)<0$）とすると，$TC(h)=A(h)+M(h)$ で表されるが，TC が最小化する1階の条件は $TC'(h)=0$ であるから，$M'(h)=-A'(h)$ となる．図中の M_1-M_1 は $M'(h)$，A_1-A_1 は $-A'(h)$ を描いたものである．本文に説明した想定から，$M''(h)>0$, $A''(h)>0$ なので，$TC''(h)>0$ となり，最小化の2階の条件も満たす．

26) 医療扶助は，国庫負担が4分の3，交付税措置を考えるとほぼ全額が国庫補助である．これに対して，国保の国庫負担率は2分の1である．又，未納に対しての保険者へのペナルティーも存在している．したがって自治体財政全体としても医療扶助の方が安上がりとなる．

ペナルティーとして多く負担させる仕組みにすることが望ましい．

　もう一つの方法は，生活扶助や医療扶助は医療保険の保険料および自己負担分のみを支払うにとどめ，被保護者を保護以前に加入していた医療保険に引き続き加入させ続けるというものである．つまり，介護扶助[27]と同様の仕組みである．

　折しも，2006年は医療制度改革関連法案が成立し，今後，後期高齢者医療保険制度，保険者の再編・統合，医療費適正化計画などが本格的に始動するわけであるが，こうした改革の中で，医療扶助だけが別立てで取り残される必要性はまったく存在しない．これまで医療扶助を国民健康保険に移管する案は何度となく提示されてきたが，その反対論の主な根拠は，①小規模の国民健康保険の財政運営が難しくなる，②保険料を支払えない人々が保険に加入することは保険原則に反する，というものであった．しかしながら，①については，すでに今回の医療制度改革において，国民健康保険は都道府県からのさまざまな財政支援や再保険の拡充が図られ，後期高齢者医療保険制度も実質的な財政運営は都道府県単位の広域連合となり，財政運営が安定化した．したがって，もはや小規模国民健康保険の問題はほぼ解決しているといえる．②については，すでに説明したように，生活扶助がすでに保険料を支払ったうえで，被保護者を介護保険制度に加入させ，自己負担分のみを介護扶助として負担しており，医療扶助だけが例外となる理由が存在しない．つまり，もはや医療扶助の国民健康保険移管・統合を拒む正当化事由はほとんど存在しないのである．したがって，今回の医療制度改革という節目に合わせて，医療扶助を医療保険制度の中に統合して，真の国民皆保険制度を設立してもよいのではないだろうか．生活扶助および医療扶助の役回りは，自己負担分と保険料の扶助と，自己負担を担保[28]にしたアクセスコントロールと医療費チェック，自立支援プログラムに

---

27) 介護扶助（65歳以上の第一号被保険者に対応する人々の分）については，生活保護制度の生活扶助から保険料を支払って，介護保険に加入することになっている．介護保険の使用に際して発生する自己負担分は介護扶助から支払われる．

28) すなわち，指定医療機関以外で治療を行った場合には自己負担分の扶助は交付しない．過剰診療を行ったり，自立支援プログラムの策定・実施を拒否する医療機関は指定から外すという形で，実質的な保険者機能の強化が可能である．また，自己負担導入については，自己負担分の扶助の交付額を減らすという形で，軽医療の分野において実行できる可能性がある．

よる治療計画の策定と実施に限定化すればよいのではないかと思われる.

　加えて，国民健康保険制度における未納の問題についても，財政上の観点からだけではなく，医療を取り巻く制度全体の効率化という観点から，対策を考えるべきである．資格証明書という制度は，事実上の無保険者を生み出すことから，医療扶助を含めて考えると効率的な手段とはならない可能性が高い．また，近年の未納率の高まりは，これまでの減免策だけでは対策が不足していることを意味している．所得・資産を多く保有しながら未納をしている人々に対しては差し押さえなどのペナルティーを高くして対処すべきであるが，低所得・低資産者に対してはミーンズテストを課したうえで，もっと保険料を低くするか，無料の交付も費用対効果の観点からは正当化されるかもしれない．いずれにせよ，医療保険の未納・未加入の先行研究は少なすぎ，対策を考えるだけの情報量がない．もっと詳細な調査・研究，政策評価が今後必要とされている．

参考文献

池谷秀登（2006）「自立支援プログラムの作成，実施とその課題」『賃金と社会保障』No. 1419, pp. 16-42.

岡本悦司（1989）『国民健康保険』三一書房.

会計検査院（2006）『社会保障費支出の現状に関する会計検査の結果について』(http://www.jbaudit.go.jp/audit/audit_index.htm).

厚生労働省（2005）「参考資料4. 医療扶助及び介護扶助の状況」『社会・援護局関係主管課長会議資料（平成17年3月1日開催）』.

厚生労働省（2006）「生活保護の医療費」『全国福祉事務所長会議（平成18年5月15日）資料』(http://www.mhlw.go.jp/topics/2006/05/tp0515-1.html).

厚生労働省保険局国民健康保険課（2007）『国民健康保険関係法令例規集平成19年度』法研.

鈴木亘（2000）「公的医療保険制度に逆選択は存在するか？」ISERセミナー発表論文.

鈴木亘（2004）「終末期医療の患者自己選択に関する実証分析」『医療と社会』14 (3), pp. 175-189.

鈴木亘（2005a）「急がれるホームレスの健康・医療対策」『ESP』（内閣府）2005年1月号, pp. 61-65.

鈴木亘（2005b）「厚生労働省・医療制度構造改革試案の批判的検討」『ESP』（内閣府）2005年12月号, pp. 69-74.

鈴木亘（2005c）「レセプトデータを用いたわが国の医療需要分析と医療制度改革の効果に関する再検証」日本医師会編『国民医療年鑑　平成17年度版——医療改革の視点（その2）』春秋社.

鈴木亘（2006a）「仮設一時避難所検診データを利用したホームレスの健康状態の分析」『医療と社会』15 (3), pp. 53-74.

鈴木亘（2006b）「医療改革を斬る（下）　世代格差是正　積立式で」『日本経済新聞』2006年3月10日朝刊（経済教室）.

鈴木亘（2006c）「10章　生活習慣病対策」日本医療政策機構編『2006年版・医療白書』日本医療企画, pp. 200-204.

鈴木亘（2006d）「医療扶助の適正化と改革のあり方に関する一試論」『季刊Shelter-less』No. 30, pp. 125-137.

鈴木亘・大日康史（2000）「医療需要行動のConjoint Analysis」『医療と社会』10 (1), pp. 125-144.

全国保険医団体連合会（2007）『資格証明書の交付を受けた被保険者の受診率（推計）一覧』.

総務庁行政監察局（1989）『国民健康保険事業の現状と問題点』大蔵省印刷局.

塚原康博（1997）「社会保険における逆選択の実証研究」社会保障の経済分析研究会『高齢化社会における社会保障の経済分析研究報告書』pp. 67-88.

湯田道生（2006）「国民年金・国民健康保険未加入者の計量分析」『経済研究』Vol. 57, No. 4, pp. 344-356.

Honig, M. and Filer, R. (1993) "Causes of Inter-city Variation in Homelessness", *American Economic Review*, Vol. 83, pp. 3-21.

第6章　就労支援と生活保護[1]

阿部彩・國枝繁樹・鈴木亘・林正義

1. はじめに

　労働市場へ容易に参入できない者の雇用や賃金の増加を図る政策は「積極的雇用政策（active employment policy）」あるいは「積極的労働市場政策（active labor market policy）」と呼ばれる．これに対し，労働市場自体のパフォーマンスの向上ではなく，労働市場で不利益を得ている人々の厚生の増加を図ろうとする政策は「受動的雇用政策（passive employment policy）」と呼ばれる．OECDの分類によれば，積極的雇用政策には，公的な職業紹介，職業訓練，補助金による雇用促進，公共部門による直接雇用，そして，障害者雇用政策等が含まれ，受動的雇用政策には失業保険や早期退職促進政策等が含まれる（Martin and Grubb 2001）．かつては，多くの先進国において受動的雇用政策に重点が置かれてきたが，最近では，積極的雇用政策の果たす役割が拡大している．例えば，ヨーロッパ大陸諸国や北欧諸国では積極的雇用政策に関する公的支出のGDPが1%を超えているし，また，伝統的に積極的雇用政策の役割は小さかったイギリスやアメリカ等のアングロサクソン諸国においても積極的雇用政策が広く採用されている．

　こうした積極的雇用政策は公的扶助の対象者にも大きな影響を与えている．過去においては，積極的雇用政策と公的扶助政策は別々に論じられることが多かったが，最近の就労を重視した福祉政策への転換の中で，積極的雇用政策は低所得者向けの政策としても重要性を増している．例えば，イギリスのブレア政権が導入した政策では，18～24歳の失業者は失業保険給付開始から6カ月

---

[1]　本章は第2節を國枝，第3節を阿部，第4節を鈴木が担当し，林がその他の部分とともに，全体のとりまとめを行ったものである．

以内に New Deal for Young People と呼ばれるプログラムへの参加を義務づけられ，さもなくば失業保険給付が停止される．同プログラムの導入段階（Gate Way 段階）では，担当アドバイザーの下で，必要ならば簡単な職業訓練を受け，求職活動を続けることが求められる．プログラム開始から4カ月以内に就職できない場合は，次の段階（Option 段階）へと進み，全日制の教育・訓練，雇用促進補助金付きの雇用（週1日の職業訓練付き），6カ月のボランティアの仕事（同），もしくは，6カ月の環境タスクフォースでの仕事（同）のうちいずれかを選択し，従事することになる．それでも就職ができない場合は，最終段階（Follow-through 段階）に進み，アドバイザーからさらなる支援を受けることになる．つまり，失業保険給付を受けるためには，アドバイザーの下で，求職活動，職業訓練や Option 段階での仕事への従事等，最終的に就労につながる活動を続けることになる．その意味で，このプログラムは，低所得者（この場合は若年の失業者）に対する給付と積極的雇用政策が不可分な形で結びついた政策として理解できる（cf., Blundell 2002, 木原・柵山 2006）．

　我が国においても，低所得者への直接給付による支援から積極的雇用政策による支援への移行がみられるようになっている．社会保障審議会に設置された「生活保護制度の在り方に関する専門委員会」は，その検討結果報告の中で，生活保護制度を「利用しやすく，自立しやすい制度」へと改革するべきと勧告し（生活保護制度の在り方に関する専門委員会 2004），これを受けて，生活保護者を対象とする「自立支援プログラム」が 2005 年より策定されている．この自立支援は，就労自立支援，日常生活自立支援，および社会生活自立支援の3つに分けられ，2005 年度からはハローワーク連携型の就労支援プログラムが開始されている．

　また，母子世帯に対する支援が，直接的な給付から就労支援重視の方向に転換されてきたことも特徴的である．2002 年には母子及び寡婦福祉法および児童扶養手当法等が改正され，児童扶養手当の受給が5年を超える母子世帯には手当の一部を支給停止する制度が導入されているし，2005 年度から生活保護を受給する世帯のうち 16～18 歳の子どものみを養育する母子世帯に3年間かけて母子加算が段階的に廃止されることになっている．しかし同時に，給付による支援から就労支援への政策転換が図られている．2003 年の母子家庭の母

の就業の支援に関する特別措置法に基づき，自立・就労に重点を置いた各種施策が講じられ，また2007年からは，母子世帯や生活保護世帯等につき，5年後の就労移行の具体的な目標設定やその実現のための具体的な施策を含む「『福祉から雇用へ』推進5ヵ年計画」の策定の方針が明確にされている．

一方，地方公共団体側からも生活保護制度における就労支援の強化が提案されている．例えば，新たなセーフティネット検討会は，生活保護に期限を付すとともに，就労するためのプログラムへの参加を原則として義務づけることを提案しており，同プログラムの具体的なイメージとして，職業経験・職業訓練・職業教育や就労支援，補助金付きの仕事の提供等の施策が示されている（新たなセーフティネット検討会 2006）．

しかしながら我が国においては，こうした提言や政策が行われる場合に，積極的雇用政策の強化が実際にどの程度，低所得者層の賃金上昇や雇用改善をもたらし，低所得者の経済厚生に貢献するのか等についての十分な経済分析がなされたとは言い難い．これに鑑み，本章ではまず，積極的雇用政策の有効性についての欧米における理論的分析と実証研究を簡単に紹介する．

次に，これらの議論を踏まえ，我が国の母子世帯とホームレスを対象とした積極的雇用政策の現状と展望について検討する．序章でみたように，保護世帯の大部分は高齢者および障害・傷病者であるから，現実的に就労による自立が望めるのは「母子世帯」と「その他の世帯」となる．したがって，母子世帯は全保護世帯の約9％しか占めていないにもかかわらず，生活保護からの就労自立の「模範サンプル」として位置づけられる．

また，「その他の世帯」に属する主要な集団としてホームレスを捉えることができる．ここで「ホームレス」とは，野宿生活者の他に，生活保護を受けるなどして野宿生活を脱した人々，あるいは野宿生活までには至っていないが住居を失いホームレスの自立支援策の対象となった非野宿の人々を含む．こうした人々の中には，就労をしながら残りの生活費を生活保護から受給している人々も多い．ホームレス自立支援法に始まる我が国のホームレスに対する政策の中心は「就労支援」にあり，就労させることによってホームレス生活から脱却させることが政策目標となっている．

2. 積極的雇用政策の経済分析

　積極的雇用政策に対して経済学的な分析を行う場合，なぜ労働市場に公的介入が必要になるのかを明らかにする必要がある．また実際に政府が積極的雇用政策を実行した場合に，そのような公的介入を正当化するような効果が存在するか否か，また，存在する場合はどれくらいの程度であったのかを実証的に検証する必要がある．

2.1　理論分析

　積極的雇用政策は，①職業紹介，②職業訓練，および，③雇用創出（雇用補助，公共部門の直接雇用）に大きく分けて考えることができる．第1の職業紹介に関しては，求人中の企業と求職中の失業者の結びつけを考察する，いわゆるマッチング・モデルを用いて分析することができる．例えばYavas (1994)は，すべての職業紹介が民間部門によって担われている場合には，労働市場が失敗し，非効率な資源配分がもたらされる可能性があることを指摘している．特に，職業紹介業（エージェント・ビジネス）に携わる企業（エージェント）間で混雑効果が存在し，当該エージェント・ビジネスに固定費用が伴う場合に，このような非効率な結果がもたらされる可能性がある．したがって，このような市場の失敗が発生する場合には，それを是正するため，公的な職業紹介が正当化されることになる．

　第2の職業訓練については，Becker (1964) による人的資本論の枠組みで理解することができる．人的資本は，広くさまざまな職業に役立つ一般的人的資本と特定の企業にのみ有効な企業特殊的人的資本に分類できるが，これら人的資本への投資は必ずしも市場を通じて効率的に行われるとは限らない．まず，信用市場が不完全である場合，最適な人的投資が行われないおそれがある．例えば，低所得者が流動性制約に直面しているならば，教育や職業訓練といった人的資本への投資が低所得者の将来賃金を大きく上昇させる（当該投資が十分高い収益を生む）ことが明らかであっても，低所得者は最適な投資水準に必要な資金を調達することができなくなる．また，労働市場に取引費用が存在する場合，職業訓練を通じた人的資本への投資は，過小になりうることも示されて

いる (Acemoglu and Pischke 1999). これらのように最適な人的資本への投資が達成されないという意味で資源配分の非効率性が存在する場合には, 公共部門による教育や職業訓練の提供は, 公平性の観点だけではなく, 効率性の観点からも望まれる政策となる.

第3は直接, 雇用を創出するための施策に関する分析である. 労働需要を増加させる一つの手段は事業主に雇用量に応じて補助金を支払うことである. そのような補助金の利益は雇用者だけではなく, 被雇用者にも帰着することがあり, その帰着の相対的な大きさは労働市場における需要や供給の賃金弾力性等の相対的な大きさに依存することになる. ただし, 積極的雇用政策によって雇用量全体を増加させようとしても, 補助金の対象となった特定のタイプの労働者の雇用が増えるだけで, それによって同数の他タイプの労働者が職を失い, 雇用量全体は変わらない可能性もあることに留意する必要がある. また補助金ではなく, 公共部門が直接, 自己の雇用を増加させる場合でも, 当該直接雇用が民間部門での雇用を減少させる場合もある. このような雇用のクラウディング・アウトが発生する場合は, その分だけ直接雇用の効果を割り引いて考える必要がある.

2.2 実証分析

積極的雇用政策に関する実証研究としては, 社会実験を利用した事例を含め, アメリカにおける事例を対象にした研究が数多く存在しているが, 最近では欧州における事例を対象とした研究も盛んになりつつある. 積極的雇用政策の有効性を測る指標として賃金の上昇と雇用の増大との2つが考えられるが, 主にアメリカの研究では賃金の上昇を, 主に欧州の研究では雇用の増大を指標として分析が行われているようだ.

これら積極的雇用政策を評価する場合は, その効果とともにその費用についても十分考慮する必要がある. 例えば, 施策に必要な財源を調達するためには税収の増加が必要となるが, 増税が経済に歪みをもたらす場合は, それによる厚生損失を考慮して費用を算定する必要がある. また, 就労プログラム参加者には自身の余暇消費が減少する形で費用が発生するが, この余暇の減少は特に子育て中の母子世帯にとっては重要であろう. さらに, 職業訓練を受けた労働

者の雇用が増加すると，その代わりに他の労働者が雇用を失う可能性もある．このように積極的雇用政策には考慮されるべき複数の政策費用が存在するが，Heckman et al. (1999) が指摘するように，多くの研究ではこれらの政策費用が適切に考慮されているとは言い難いようだ．

OECD諸国の事例を対象とした実証分析をレビューしたMartin and Grubb (2001) によると，積極的雇用政策に関する実証研究の結果は以下のように概括できる[2]．

第1は，最も費用のかかる職業訓練に関わる実証結果である．職業訓練の効果は，その種類および対象によって大きく異なる．職業訓練のうち講義形式の訓練は，職場復帰を図る女性に有効であり，低学歴の男性や高齢の労働者には有効でないようだ．また，職業訓練のうちオン・ザ・ジョブ・トレーニング形式の訓練も，職場復帰を図る女性および母子家庭の女性に有効であるように思われる．どちらの場合も有効な職業訓練であるためには，対象を限定すること，小規模で行われること，訓練の内容が労働市場で重視されるものであること，雇用主に評価されるような資格につながること等が必要とされる．

第2は労働需要の促進に関わる分析結果である．まず，政府部門による直接雇用は長期的にはあまり有効ではないとされる．民間の雇用者に対する雇用補助金は，長期失業者や職場復帰を図る女性には有効だが，対象を絞り，モニタリングを行うことが必要である．

さらに，若年者向けの雇用政策（雇用補助金と直接の雇用機会創出に加え職業訓練等も含む）も一般的に有効ではない．ここからは，若年者向けの雇用政策を効果的に完行するためには，単なる労働需要創出だけではなく，彼らの教育，職業訓練，本人およびその家族へのサポートを適切かつ一体的に組み合わせる必要があるとされる[3]．

---

[2] 以下は，Martin and Grubb (2001) の表2の記述に基づく．なお，実証研究におけるテクニカルな問題も含めたより詳しい説明については，Heckman et al. (1999) 等を参考されたい．

[3] なお，積極的雇用政策とは異なるが，貧困の連鎖を防ぐという意味では，教育・職業能力という形での人的投資の収益率が最も高いのは実は就学前の児童に対するものであることは留意に値する．アメリカの場合，「ヘッドスタート」と呼ばれる低所得の家庭の就学前児童に対する教育プログラムが存在し，有効性が確認されている．我が国において，母子家庭に対する支援を考える際にも，こうした視点からの配慮も必要であろう．

最後は，公的職業紹介に関わる実証分析である．公的職業紹介は，ほとんどの失業者，特に女性に対して有効とされる．ただし，公的職業紹介が有効に機能するためには，失業者の求職行動の監督の強化やワークテスト（就労可能性の判定）の実施を伴う必要があるという結果になっている．したがって，公的職業紹介は，積極的雇用政策の中では最も費用の安い政策でもあるため，費用対効果の観点からは最も望ましい政策と考えられている．

Martin and Grubb（2001）以降のヨーロッパにおける積極的雇用政策については，Kluve（2006）が概観した上，過去の実証研究に基づくメタ分析を行っている．Kluve（2006）のメタ分析によると，政府による直接雇用は効果がなく，また公的職業訓練については，一定の効果はあるが，民間雇用に対する補助金の方がより有効である．さらに，不参加の場合には何らかの制裁（例えば，給付金の中止・減額等）が課されるタイプの公的職業紹介関連事業が，雇用される確率の向上という観点からは最も有効とされる．なお，積極的雇用政策に関する各国の実例を踏まえ，さらに包括的な議論については，Carcillo and Grubb（2006）が参考になる．

既存の実証分析の結果に基づく限り，一般に，積極的雇用政策は，その導入で，就労状況や賃金が大幅に改善し，生活保護等の公的扶助の大部分が不要になるほどの効果をもたらすわけではない．しかし，対象を絞り，適切な方法で実施されるならば，低所得層，特に女性の経済状況の改善に効果的になりうることが示されている．そうした政策を，伝統的な公的扶助政策と適切に組み合わせることで，より効果的な貧困対策が実現されるであろう．

3. 母子世帯への就労支援

日本において低所得の母子世帯を対象とした給付には，生活保護制度による扶助と児童扶養手当の2つが存在する．母子世帯のほとんどは，生活保護制度による扶助ではなく，児童扶養手当を受給している．また母子世帯の母親に対する就労支援には，生活保護の一環として生活保護下の母子世帯を対象とするものと，児童扶養手当の一環としてより広い母子世帯を対象とするものとがある．したがって，生活保護制度からの観点だけで我が国の母子世帯に対する就

労支援を論ずるだけでは，当該問題を適切に考察することは難しいであろう．このような観点から以下では生活保護とともに児童扶養手当も取り上げ，これら2つの制度と母子世帯に対する就労支援策について検討することにする．

3.1 母子世帯の就労状況

まず，母子世帯の全体数と就労状況について確認しておこう．母子世帯の定義は複数存在する．厚生労働省の「全国母子世帯等調査」は，母子世帯を「父のいない児童（満20歳未満で未婚の子ども）がその母によって養育されている世帯」と定義しており，この定義に基づく母子世帯数は，2003年時点で約123万世帯と推計されている．一方，同じく厚生労働省の「国民生活基礎調査」では，母子世帯は「65歳未満の配偶者のいない女性と20歳未満のその子のみで構成される世帯」と定義され，「全国母子世帯等調査」では母子世帯に分類される世帯が一部除かれており[4]，「狭義」の母子世帯として約69万世帯と推計されている．

「全国母子世帯等調査」によると，「広義」の母子世帯の母親の就業率は1990年代以降85.0％前後でほぼ横ばいの状況が続いており，2006年は84.5％となっている（11月1日現在）．雇用の形態をみると，常用雇用は2003年から2006年にかけて若干の増加はみられるものの，1990年代以降大幅に減少し，代わりに臨時・パートが増えている．また収入をみると，2006年の平均収入は213万円（うち就労収入の平均は171万円）となっており，全世帯の平均収入の約38％である．子どもの父親からの養育費を受けている世帯は約19％であり，その平均額は月あたり，約4.2万円である．

生活保護を受けている母子世帯の割合（世帯保護率）は，狭義の定義を用いると13.1％（2005年，『生活保護の動向』），広義の定義を用いると9.6％（2006年，厚生労働省『全国母子世帯等調査』）となる．一方，児童扶養手当[5]は母子世帯の

---

[4] 例えば，「全国母子世帯等調査」による母子家庭の定義では，20歳以上の子や配偶者以外の世帯員が存在する世帯でも，20歳未満の子どもが配偶者のいない女性によって扶養されている場合は母子家庭となる．「国民生活基礎調査」ではこのような世帯は除かれることになる．

[5] 親1人子1人の場合，児童扶養手当は所得が230万円以下の母子世帯に給付される．ここでいう所得とは，収入から勤労控除など控除額を引き，養育費の8割を足した額である．

6～7割が受給していると推計されている（厚生労働省『平成19年度母子家庭白書』）．このように，母子世帯の大部分（約9割）は就労による収入と児童扶養手当で生活しており，母子世帯で生活保護を受給する世帯は1割程度に過ぎない[6]．また，生活保護を受給している母子世帯でも，約半数（49.2%）は就労しており（常用雇用は41.2%），生活保護や他の福祉給付のみで生活をしている世帯は少数である．

3.2 就労インセンティブと公的扶助

欧米では，福祉給付の存在によって就労インセンティブが失われ，貧困線を越えるか越えないかの生活に甘んじる，いわゆる「福祉依存」の母子世帯が問題とされ，多くの国において「福祉から就労へ」のスローガンの下に政策が転換されている[7]．しかし，このような問題が日本における母子世帯の典型であるとは考えにくい．というのも，既述のとおり日本の母子世帯の9割は生活保護を受けておらず，公的支援が存在するにしても，それは月々4万円程度の児童扶養手当のみの受給であるからである．

そもそも生活保護受給者の就労意欲を議論する以前に，就労可能性のある人々にとって生活保護の受給はきわめて困難であるという事実がある．つまり，稼働能力を有する個人は，「補足性の原理」によりその能力の活用を求められるため，実質的に生活保護制度から排除され，就労せざるを得ない立場に置かれる．その意味で，日本の生活保護制度は究極的な「就労促進型」であるともいえよう．実際，日本の母子世帯の母親の就労率は国際的にみても非常に高く（所 2003），生活保護を受けていない母子世帯はもちろんのこと，受けている母子世帯においても約半数が就労している（図6-1）．さらに，母子世帯が生活保

---

[6] 生活保護を受給していない母子世帯においても，その経済状況は厳しい状態である．2001年のデータを用いた阿部・大石（2005）によると，母子世帯の等価世帯所得（世帯人数で調整した世帯所得）は他の子どものいる世帯の40%（独立母子世帯），72%（同居母子世帯），貯蓄なしの世帯の割合は30.6%（独立），20.0%（同居）であった．

[7] 例えばアメリカでは，要扶養児童家庭扶助（AFDC: Aid to Families with Dependent Children）に代えて，貧困家族一時扶助（TANF: Temporary Assistance to Needy Families）が導入されたことが挙げられる．詳細については，例えば，阿部（2004）や根岸（2006）等を参照されたい．

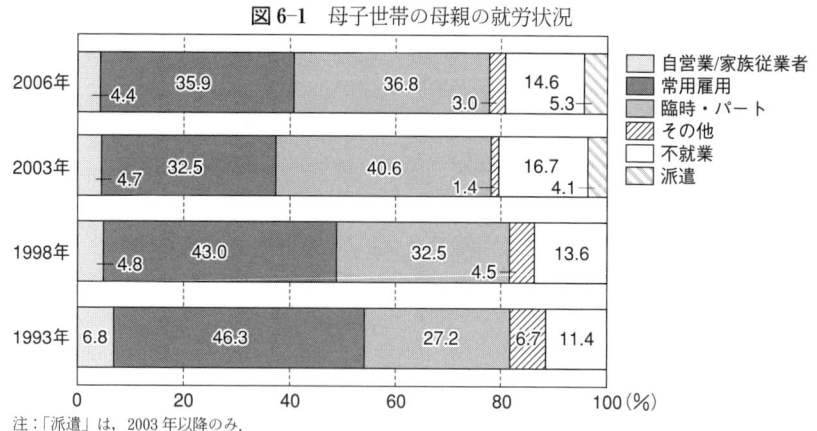

図 6-1 母子世帯の母親の就労状況

	自営業/家族従業者	常用雇用	臨時・パート	その他	不就業	派遣
2006年	4.4	35.9	36.8	3.0	14.6	5.3
2003年	4.7	32.5	40.6	1.4	16.7	4.1
1998年	4.8	43.0	32.5	4.5	13.6	
1993年	6.8	46.3	27.2	6.7	11.4	

注：「派遣」は，2003年以降のみ．
出所：厚生労働省「全国母子世帯等調査」．

護を受給する場合，その母親に就労可能性が存在するならば，福祉事務所ではケースワークとして就労指導が行われており，生活費の全額を生活保護給付に依存することを極力回避する方針がとられている．

　ここから，生活保護を受けている母子世帯のうち，就労していない残りの半数の受給者は何らかの就労阻害要因を抱えていると考えられる．実際，保護受給母子世帯は，他の母子世帯と比べて就労阻害要因が多く，労働市場において不利な立場にあることが報告されている．例えば，中園 (2006) による，釧路市における保護受給母子世帯と非保護母子世帯とを比較した調査では，保護受給世帯は非保護世帯に比べて，学歴が低く，健康状態が悪く，子ども数も多いことが報告されている．そのうち，賃金に大きく影響すると考えられる学歴に関しては，中卒の割合が無職の被保護母子世帯においては22％であるのに対し，有職の被保護母子世帯では12％，生活保護を受けていない母子世帯では6％となっている．

　しかしながら，いったん生活保護制度内に取り込まれ，給付を受けるようになると，実際の就労からの所得よりも潤沢な給付額と追加的な就労所得の取り扱いによって，受給者の就労意欲が損なわれ，「貧困の罠（poverty trap）」に陥る側面があることも否定できない．しばしば指摘されるように，被保護の母子世帯の平均所得は一般の母子世帯の平均所得よりも高く（厚生労働省 2003），

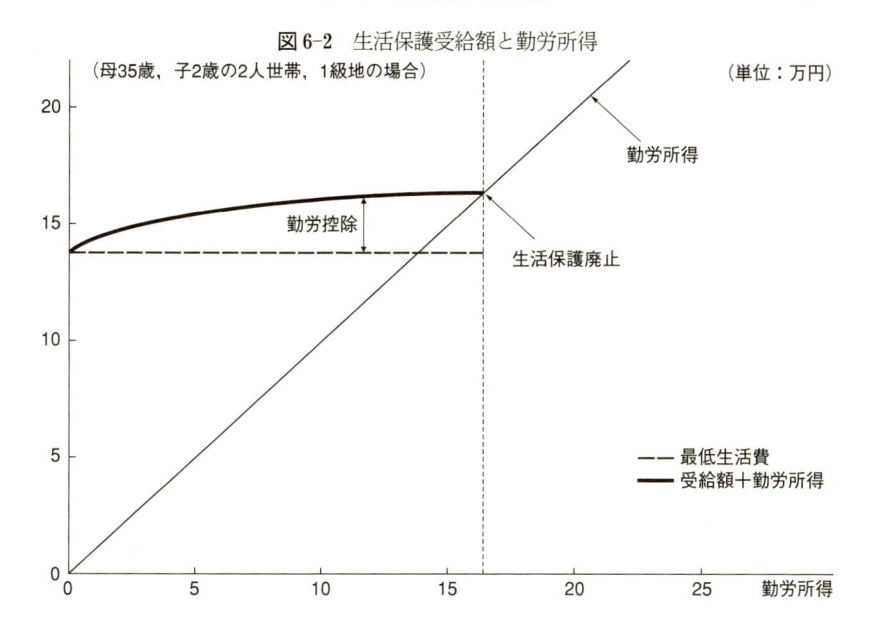

図 6-2 生活保護受給額と勤労所得

(母35歳, 子2歳の2人世帯, 1級地の場合)　　　　　　　　　　　　　　　　(単位：万円)

さらに生活保護給付には医療扶助や介護扶助などの必要に応じた扶助も伴っている．また，被保護世帯が就労から追加的な所得を得ようとすると，その所得のほとんどは生活保護給付額から差し引かれることになる．つまり，就労からの追加的な所得に対する限界税率は，勤労控除によって100％未満には抑えられているが（図6-2），かなりそれに近い水準となっている．したがって，就労しても最低生活費を大きく上回る所得を見込めない世帯にとっては，生活保護制度内に居続けることは魅力的であり，そのため受給世帯のなかには，就労を控える，または，就労時間を少なくする世帯が存在するかもしれない．

児童扶養手当には生活保護ほど厳しい要件は存在しないが，その受給には所得制限がある．児童扶養手当の給付額のみで生活することはほぼ不可能であるため，それを受け取るために就労をしないという選択肢をとる母子世帯はないと考えられるが，所得制限の周辺で勤労時間を調整（制限）している可能性はある．このため，2002年の母子福祉改革[8]では，児童扶養手当の給付額を所得

---

8) 厚生労働省『母子家庭等自立支援対策大綱』(2002年) などを参照のこと.

に応じて減額するテーパリング (tapering) 方式が導入され, 限界税率が一定内に収まるように制度変更が行われている.

阿部・大石 (2005) は, 児童扶養手当の所得限度額の引き下げが, 受給者の就労行動や稼働収入に与えた影響を, 分析している. 児童扶養手当は全額支給と一部支給の2段階に分けられていたが, 1997年に全額支給の所得限度額はほぼ据え置かれていた一方で, 一部支給の所得限度額は大幅に引き下げられた. 同研究では, 3時点 (1995年, 1998年, 2001年) の「国民生活基礎調査」を用いて, この1997年の制度変更が母親の就労行動や稼働収入に与える影響が推定されている. まず, 就労確率に関する二項選択モデルの推定からは, 児童扶養手当は就労に影響を与えるが, 就労と児童扶養手当は代替関係にあるのではなく, 補完関係にあることが示唆された (ただし, 給付水準が就労に与える影響はきわめて小さい). 次に, 稼働収入に児童扶養手当が与える効果を推定した結果からは, 児童扶養手当による有意な効果は確認できず, むしろ, 勤労年数や失業率などの労働市場からの影響が認められた. これらを受け, 阿部・大石 (2005) は, 「児童扶養手当が就労意欲を阻害しているという仮説は支持されない」とし, むしろ, 「母親の就労率は失業率に大きく影響されているため, マクロの雇用情勢が改善しない状況で支給条件を厳格化させたり, 支給期間に制限を設けたりしても, 『自立』促進にはつながらないばかりか, 母子世帯の子どもの経済状況を悪化させる恐れがある」と結論づけている.

児童扶養手当の給付額は生活保護と比べると限定的であるから, 上記の実証分析の結果を, そのまま生活保護の効果として置き換えることはできないであろう. しかしこの結果は, 独りで子ども扶養する女性の就労や収入が, 社会福祉制度に内在する要因よりも労働市場における需要側の要因に強く規定されることを示唆しており, これは生活保護を受給している母子世帯の母親が就労する際にも当てはまることであろう. 既述のように, 被保護母子世帯はその他の母子世帯よりも就労阻害要因が大きいことを考えると, 貧困の罠から抜け出すための方策としてより重要なのは, そのような就労阻害要因を排除することであろう. このような観点から, 生活保護制度内においても, 以下のような積極的雇用政策が開始されている.

3.3 母子世帯への就労支援
生活保護制度における就労支援

 既述のように，生活保護給付は，就労を促進するようには設計されていない．この就労に関する問題を含む生活保護制度の諸問題を検討するため，厚生労働省社会保障審議会福祉部会に「生活保護制度の在り方に関する専門委員会」が設置され，その検討結果は 2004 年に報告書としてまとめられている（生活保護制度の在り方に関する専門委員会 2004）．その中で，委員会は生活保護制度を「利用しやすく，自立しやすい制度」に改革することと勧告し，これを受けて，2005 年より生活保護者を対象とする「自立支援プログラム」が策定された．委員会による「自立支援」の定義は，「就労による経済的自立のための支援（就労自立支援）のみならず，それぞれの被保護者の能力やその抱える問題等に応じ，身体や精神の健康を回復・維持し，自分で自分の健康・生活管理を行うなど日常生活において自立した生活を送るための支援（日常生活自立支援）や，社会的なつながりを回復・維持するなど社会生活における自立の支援（社会生活自立支援）」という3つの支援を含んでいる．2005年度には，この3つの自立支援のうち就労支援プログラムが他に先駆けて全国で開始され，2006年度からは他の2つの自立支援プログラムも全地方公共団体において策定・実施されることとなっている（表6-1）．

 就労支援プログラムは，ハローワーク連携型と地方独自のプログラムに大き

表 6-1 生活保護制度における自立支援プログラム実施状況（2006年）

ハローワークにおける生活保護受給者等就労支援事業[1]	対象者（人）	支援開始者（人）	支援終了者（人）	就職者（人）
生活保護受給者等就労支援事業活用プログラム	56,288	7,309	4,553	3,007
地方による自立支援プログラム策定状況[2]	プログラム数	対象者（人）	参加者（人）	達成者（人）
就労支援プログラム（就労支援員等活用）	156	69,897	19,776	5,940
就労支援プログラム（職場適応訓練，他）	155	47,578	2,593	982
日常生活支援プログラム計	214	9,378	5,497	854
社会生活支援プログラム計	60	1,278	226	104

出所：1) 全国福祉事務所長会議社会・援護局長説明資料（2006年5月15日）．
2) 生活保護関係主管課長会議資料（2006年2月28日），布川（2006a）による．

く分類される．ハローワーク連携型は2005年より行われており，その具体的な内容は「ハローワークにおける就労支援ナビゲーターによる支援」「トライアル雇用の活用」「ハローワークにおける公共職業訓練の受講の斡旋」「生業扶助等の活用による民間の教育訓練講座の受講勧奨」「一般の職業相談・紹介の実施」などである．「就労支援ナビゲーター」とは履歴書の添削や面会演習等を支援する者を指し，全国で105名（2006年度）配置されている．また，ハローワークには全国175名のコーディネーターが配置され，保護受給者の就労支援メニューに関して福祉事務所側のコーディネーターと調整が行われている．

就労支援プログラムは，「稼働能力を有する者」「就労意欲がある者」「就職に当たって阻害要因のない者」および「事業への参加に同意する者」を対象としている．そもそも非常に限定された生活保護の受給者おいて，この4条件を満たす者は少ない．実際，2006年3月時点で就労支援プログラムに参加した被保護者は7,309人であり，20歳から60歳の被保護世帯人員49万人[9]の約1～2％に過ぎない．ただし，参加条件が厳しいこともあり，全参加者の43％（実数3,007人）は就労に至っている．母子世帯に関しては，2005年6月から2006年度末にかけて就労支援事業に1,453人（うち支援開始者1,198人）が参加し，そのうち50.3％（実数731人，うちパート288人）が就労している（布川2006a）．このようにプログラム参加者に限れば，ある程度の効果が存在するといえよう．

その一方で，「ワークファースト（work first）」の自立支援プログラムが，生活保護の運用をより厳しくしているという指摘もある．厚生労働省は2006年3月に「生活保護行政を適正に運用するための手引き」を全国の福祉事務所に通知し，期限を定めて就労指導を行う要領を明確にした．これを受けて，期限を区切って「就労を指導する」という運用を行う福祉事務所もあり，それに従わない者の保護を停止するというような管理方法も強まっている（布川2006a）．

残念ながら，これら就労支援事業の効果に関する実証分析は少ない．唯一，玉田・大竹（2004）が，大阪府の44福祉事務所を標本として，就労支援（能

9） 被保護世帯人員の総数は147万人である（生活保護の動向編集委員会 2007）．

力開発講座,求人情報提供,求人情報フェアの開催)が稼働率(生活保護受給世帯の中で就労している世帯員がいる率)に与える影響を推定している.その結果,就労支援は稼働率に有意な効果をもたないことが示されている.しかし,この研究は自立支援策が本格的に導入された2005年前を対象とし,また標本規模も限定されているため,その結果を近年の自立支援プログラムに当てはめることは適切でないかもしれない.

このような「職安連携型」のプログラムの他に,地方公共団体独自の取組みも始まっている.これらは,必ずしも就労自立支援だけではなく,既述の日常生活自立支援や社会生活自立支援をも対象としている.また,就労自立支援に関しても「半福祉・半就労」といったボランティア的な「中間的就労」も提供されている.さらに,必ずしもすぐに就労に結びつかなくとも,コミュニケーションスキルの向上,基礎学力の向上,生活リズムの改善,多重債務の処理,通勤手段の確保等,被保護者の潜在ニーズを把握し,阻害要因を一つひとつ取り除いていく形で就労自立支援が行われていることも特徴的である(布川2006b).

母子及び寡婦福祉法による支援(母子世帯一般への支援)

児童扶養手当制度は,生活保護制度が対象とする母子世帯より広い範囲の母子世帯を対象として就労支援プログラムを展開している.2002年の母子及び寡婦福祉法ならびに児童扶養手当法等の改正によって,母子世帯への政策は「子育て・生活支援策」「就業支援策」「養育費の確保策」「経済支援策」の4つに再編された.就業支援策については,職業紹介や職業訓練などさまざまなプログラムが用意されており,一部は2003年から実施されている(表6-2).この中には,①就業相談や職業紹介のための母子家庭等就業・自立支援センターやマザーズ・ハローワーク,そして,個別相談支援員の配置,②職業訓練のための自立支援教育訓練給付金や高等技能訓練促進費,さらに,③雇用促進のための補助金としての常用雇用転換奨励金などが含まれている.

しかし,これら支援プログラムの利用者数は児童扶養手当受給者の1割程度であり,就労に至った者は1%にも満たない(田宮 2007).この低い就労率は母子世帯が直面する労働市場の制約によるところが大きい.まず,マザーズ・ハローワークや母子家庭等就業・自立支援センターで得られる求人件数が少な

表6-2 母子世帯が活用できる就労支援策

	プログラム名	内容	実績 (2006年度)
就業相談・就職支援	①マザーズ・ハローワーク	子育て中の女性等に対する再就職支援（全国12カ所）	就職件数 13,834件
	②母子家庭等就業・自立支援センター	就業相談や就業支援講習会の実施，就業情報の提供など一貫した就業支援サービス	就業相談数 46,972人，就業実績 3,918件（就業率 8.3%）
	③母子自立支援員の配置	全国で常勤 488名，非常勤 974名	
	④母子自立支援プログラム策定事業	福祉事務所において自立が見込まれる児童扶養手当受給者等を対象にした自立支援プログラムの策定	自立支援プログラム策定件数 2,171件，就業実績 1,006人
職業能力開発	⑤公共職業訓練の実施		
	⑥自立支援教育訓練給付金	パソコン，ホームヘルパー等の教育訓練講座の受講料の2割（上限10万円）を講座終了後に支給（雇用保険に入っていなくても適用）	就業実績 1,155件（4～12月分）
	⑦高等技能訓練促進費事業	看護師，介護福祉士等の資格を取得するための2年以上の養成機関等の修学の際に，生活費の軽減（修学期間の最後の3分の1の期間，月額10万3千円）	就業実績 977件
常用雇用に向けた支援	⑧特定求職者雇用開発助成金	母子家庭の母等の就職困難者を一定期間継続して雇用した場合の賃金の一部を助成	支給件数 22,236件
	⑨常用雇用転換奨励金	パートタイム等で雇用している母子家庭の母を OJT 実施後，常用雇用に転換した事業主に対する奨励金（1人当たり30万円）	転換件数 28件
	⑩トライアル雇用奨励金	母子世帯等を試行的に雇用	
	⑪行政機関等における雇用促進		
	⑫その他		

出所：厚生労働省（2007a, 2007b）．

いという問題がある．また，現在の就労を一時中断して職業訓練に参加することは困難であるからか，職業能力開発プログラムへの参加者も少ない．例えば，高等技能訓練促進費事業では，母子世帯の母が看護師や介護福祉士等の資格取得のため2年以上養成機関で修業する場合に，予定された修業終了時点から遡った一定の期間[10]にわたり月額10万3千円の手当が支給されている．この事業による資格取得者の就業率は6割と比較的高いものの，資格取得に至らない

---

10) 12カ月を上限とする修業期間全体の3分の1に相当する期間．

者も多い（丹波 2006）．さらに，雇用促進のため雇用主に対して支払われる補助金である，常用雇用転換奨励金やトライアル雇用奨励金は，就労を誘発する効果は高いものの，事業規模が小さく，母子世帯69万のニーズからみると大海の一滴にしかすぎない．

3.4 まとめ

母子世帯の母親の就労は女性一般が直面する雇用状況とともに非正規化が進み，その状況は厳しい状態にある．2002年の児童扶養手当の改定では開始5年後以降の給付が2008年度より減額されることが検討されたが[11]，近年行われた調査は，母子世帯の勤労収入は母子世帯となってからの年月が経っても伸び悩むことが多く，また，それと同時に子どもに関わる支出が多くなることから，その経済状況は5年経っても改善するのが困難であると報告している（阿部ほか 2006）．

母子世帯の母親の勤労収入を増加させる最も有効な手段は雇用形態の改善であり，将来の所得上昇は正規の職に就けるか否かに大きく依存する．母子世帯の母親が正規職に就く割合は，母子世帯となってからの年数とともに上昇するものの，低学歴，高年齢など不利な条件を背負った人々にとっては，これは簡単なことではない．前項で挙げられたような積極的雇用政策の成果はまだ限定的であるが，これらの効果を確かめる前に所得保障を削減することは，母子世帯に育つ子どもの育成の観点から望ましいとはいえない．

生活保護制度に関しては，被保護母子世帯は他の母子世帯より大きい就労阻害要因を抱えていると考えられることから，実際の就労に直結する支援に加えて，日常生活自立支援や社会生活自立支援，および就労してからのサポート（育児支援など）を充実させた支援策を強化する必要がある．そして，当然のことながら，子どもの育成にとって負の影響を与えるような母親の就労形態が回避されるような政策的配慮が必要である．

---

11) 2002年の改正においては減額が決定されたが，2007年にこれは凍結された．

4. ホームレスへの就労支援

　母子世帯への就労支援とともに，ホームレスへの就労支援は我が国における代表的な低所得者向けの積極的雇用政策として位置づけることができる．ここで，「ホームレス」とは，野宿生活者の他に，野宿生活から生活保護を受けるなどして野宿生活を脱した人々，あるいは野宿生活までには至っていないが住居を失いホームレスの自立支援策の対象となった非野宿の人々を含む広義の概念である．こうした人々の中には，就労をしながら残りの生活費を生活保護から受給している人々も多く，統計上は，保護世帯のうち「その他の世帯」に含まれる．第7章で詳しく述べるように，ホームレス自立支援法に始まる我が国のホームレスに対する政策の中心は就労支援にあり，就労させることによってホームレス生活から脱却させることが政策目標となってきた．しかしながら，自立支援センター等の公的な中間施設で行われる就労支援による就職率は1～2割程度ときわめて低く（厚生労働省 2007c），また，ホームレス就業支援事業など，それ以外の公的就業支援策についても成果ははかばかしくはない．さらに，生活保護を受けながら就労を続けている元ホームレスへの就労支援・自立支援プログラムにも，さまざまな問題がある[12]．

4.1　公的中間施設

　公共部門によるホームレスに対する自立支援事業の中心は，全国22カ所（定員2,060人）で運営されている「自立支援センター」であり，そこには様々な就労支援機能が集中している．地域によってシステムは多少異なるが，以下では，代表例である東京都のケースを説明しよう．なお，ホームレスを多く入所させている更生施設，緊急一時避難所（シェルター），緊急一時保護センター等も，就労支援の仕組みはおおむね似通っている．

　まず，自立支援を希望するホームレスは，第1ステップの緊急一時保護センターに入所し，アセスメントを受ける．1カ月程度（必要に応じてさらに1カ月

---

[12]　厚生労働省による2006年のホームレスの生活保護廃止状況によると，就労による収入増加で廃止に至った割合は7%となっている（厚生労働省 2007c）．

の延長あり）の入所期間の間に，健康相談，生活相談，法律相談，職業相談，技能講習等が行われ，就労意欲があり，心身の状態が就労に支障ないと判断された場合に，第2ステップの自立支援センターへの入所が認められる．このアセスメントは，従来は野宿生活者を対象とするものであったが，最近では，野宿まで至らないものの住居を失っている「広義のホームレス」の利用も増えている．

　自立支援センターの入所期間は原則2カ月であり，仕事の決まった入所者は各センターから職場へ通うことになる．2カ月でアパートを借りる資金を貯めることが難しかった場合など，必要に応じてさらに2カ月の延長が可能である[13]．就職活動については，主にハローワークからの出向者によって「職業相談」が行われており，履歴書の書き方，求人票の見方，面接の受け方などが相談の対象となっている．求人については，ハローワークから該当する求人票を選別したものや，自立支援センターなどが独自に開拓した求人情報等が提供されている．このほか，就労への支給金として，求職交通費，外食費，就労支度金の提供や，面接衣類の貸出・提供等が行われている．

　また，自立支援センターや緊急一時保護センターの入所者たちは，職業能力を身に付けるための技能講習事業が利用できる（日雇労働者等技能講習事業[14]）．主な講習科目としてはビル管理・清掃，建築重機（クレーン，フォークリフト），大型自動車，ホームヘルパー，パソコン講習などがあり，受講者は各講習実施団体に申し込み，ハローワークが認定するという仕組みとなっている．2005年度の修了者は2,054名である（厚生労働省 2007b）．

　このように就労支援の資源を集中化させているにもかかわらず，就職率が低い理由の一つとして，短い入所期間をあげることができるであろう．技能講習自体は6カ月までの利用が可能であるが，自立支援センターの入所は原則2カ月が上限なので，長期間の職業訓練や再訓練はそもそも難しいという問題があ

---

13) ただし，利用延長するためには福祉事務所への申請が必要であり，仕事が決まっていること，口座を作成して通帳とカードを寮に預けることが条件となっている．入所期間中に仕事を辞めると退寮となる．
14) これは国の委託事業であるが，その他，大阪市の野宿生活者能力活用推進事業など地方独自の事業も存在する．

る．また，2カ月の期間では，常用雇用の安定した職が見つかる確率も低くなろう．さらに，退所後に自立した生活を送り，就業を継続するためにはある程度の初期資金が不可欠であるが，2カ月の入所中の就業では十分な金額を得ることは困難である[15]．

加えて，アフターフォロー（アフターケア）の問題も指摘できる．自立支援センター等の就労退所者の就業継続率は一般的に低いが，それは，退所後，職場の人間関係，些細なトラブルや失敗，体調悪化といった小さな障害を乗り越えられなかったことが原因であることが多い（虹の連合・大阪就労福祉居住問題調査研究会 2007）．また，一般住宅転居後の住居や生活が安定しなかったことが，就労にも影響する場合もある．そうした退所後の問題を解決し，確実な職場定着を図るには，退所後も一定の生活全般に対する関与（アフターフォロー）が必要であるが，自立支援センターの中には，予算化されているにもかかわらず，形式にとどまり，実質を伴っていない施設も少なくない[16]．これは，救護施設や更生施設などの生活保護法施設も同様であり，アフターフォローについて突出した実績を挙げている施設はごく一部である．

4.2 民間中間施設

第7章で詳しく説明するように，ホームレスに対する自立支援施設として，既述の公的中間施設に対して優るとも劣らない機能を果たしているのが，「民間中間施設」である．具体的には，第二種社会福祉事業に基づく無料低額宿泊所や，簡易宿泊所から共同住宅に転換したサポーティブハウス，NPOや個人支援者の借上げ住宅・支援者個人宅等があるが，これらの民間中間施設も独自の就労支援を行っている．例えば，宿泊所の中には，就労特化施設として就労意欲が高い人々を集めた施設をつくり，キャリアカウンセラーの資格所持者やハローワークOBの就労支援員を置いているところもある．支援内容としては，

---

15) 水内・花野（2003）は，大阪の自立支援センターおおよどの退所者についてのアフターフォローのデータから，就労継続の条件を探っている．彼らの分析結果によると，就業継続のために最も重要な要素の一つは，退所時の初期資金額である．

16) 例えば，実地調査を行うと，都内の自立支援センターの中には，営業時間内である平日の昼間に退所者宅に電話をすることをもって，アフターフォローと称しているところも存在していた．当然のことながら，就業継続者は平日の昼間には自宅にいることはない．

自立支援センターの就職相談と同様，履歴書の書き方，求人票の見方，面接の受け方等の相談を行う他，模擬面接やグループ学習，個人面談や就労研修会等も実施され，実践性が高いサービスが提供されている．また，独自の求人情報も熱心に開拓されている．なお，入所者の就労支援のために生業扶助を活用している宿泊所もある．

こうした宿泊所の就職率や就業継続率は，一般的にかなり高く（虹の連合・大阪就労福祉居住問題調査研究会 2007），例えば，最大手とみなされている宿泊所では，その退所者の就労自立率は31％に及んでいる（2005年）．宿泊所入所者は，すでに「半就労・半支援」もしくは「ケア付き就労」という形で生活保護を受給している場合が多く，そこには，自立支援プログラムの対象者や，生活保護受給の要件として就労継続が求められている人々も多く含まれる．退所者の就労継続率や自立率（就労収入増加による生活保護廃止率）が高い施設は行政側から高く評価され，それが福祉事務所を経由した入所者の増加につながると考えられる．したがって，そのことが施設側に継続率や自立率を高める努力を促すインセンティブになっているのであろう．

ただし，こうした民間中間施設における就労支援は，すべて入所者の生活保護費に基づいており[17]，公的中間施設に比べて利用できる公的資源は極端に少ない．第7章においても議論するように，こうした民間施設の就労支援努力を評価して，公的な就労支援資源が投入されるような仕組みが必要だろう．

4.3 その他の就労支援[18]

公的・民間双方による中間施設による就労支援とともに，それらを側面的に支える事業も行政により実施されている．例えば，「ホームレス等試行雇用事業（トライアル雇用事業）」では，ホームレスを試行的に雇用した事業主に対して，ハローワークから1カ月あたり50,000円（最長3カ月まで）の奨励金が

---

17) 入所者の就労支援のために，生業扶助を活用している宿泊所もある．
18) この他，仕事のない日雇労働者やホームレスを直接に公的労働に就かせる事業も各自治体で行われている．最も有名なものは，大阪市が実施している高齢者特別清掃事業（特掃）であり，登録している55歳以上の人々に順番に公園や道路などの清掃の仕事が与えられる．しかし，これらは「就労支援」とはやや性格が異なるため，ここでは取り上げなかった．

支給されている．また，東京，大阪，愛知，神奈川では，ホームレス就業支援推進協議会が国の事業として設立され，「職場体験講習」および「就職支援セミナー」等が実施されている．職場体験講習は，ホームレスに対して1カ月以内の期間で仕事を体験させ，本格的な就労への準備を行う事業であり，実施した事業主に対して「職場体験講習実施奨励金」(1日1人当たり5,000円から18,000円)，受講者に対して「職場体験講習受講奨励金」(1日1人当たり3,000円) が支給される．また，就職支援セミナーは，就職の心構えや面接のマナーおよび履歴書の書き方など，就職活動に役立つ助言をキャリアカウンセラー等の専門講師が行うものである．さらに，協議会は求人開拓事業も行っており，ホームレスに適合する求人情報の収集や開拓を行っている．

しかしながら，こうした諸事業の成果は非常に限定的である．例えばホームレス等試行雇用事業の利用実績は2007年度で111人，職場体験講習の利用実績も2007年で185人ときわめて低い．また，協議会による求人開拓も，十分な成果を上げているとは言い難い．例えば，東京都のホームレス就業支援推進協議会は，民間の人材派遣会社を事業委託させるなど，マスコミにも取り上げられ，鳴り物入りで始まったが，実際には紹介される求人要件のハードルが高すぎ，マッチングに至るケースはきわめて少ない (石神 2006)．

5. おわりに

本章では，このような積極的雇用政策の有効性に関する既存の理論・実証研究を簡単に紹介し，我が国における母子世帯とホームレスを対象とした就労支援政策の現状について展望した．最後にこれら就労支援に関する課題を再掲して，本章の結語としたい．

母子世帯の母親の就労は女性一般が直面する雇用状況とともに非正規化が進み，母子世帯の経済状況は厳しい状態にある．母子世帯に対する就労支援政策の成果はまだ限定的であるが，これらの効果を確認せずに所得保障を削減することは母子世帯に育つ子どもの育成の観点からも望ましいとはいえないだろう．また生活保護を受給している母子世帯は，他の母子世帯より大きい就労阻害要因を抱えていると考えられる．したがって直接の就労支援に加え，日常生活自

立支援や社会生活自立支援など就労後の公的なサポート（育児支援など）を充実させる必要があろう．

　ホームレスに対する自立支援事業は自立支援センターの入所を通じて行われているが，入所期間が短いという問題もあり，職業訓練や求職などが効果的に行われないという批判がある．また，（元）ホームレスの就業継続に対しては退所後のフォローが有効であることが示されるが（補論参照），公的中間施設も含め，十分なフォローができていない場合がある．さらに，雇用主に対するホームレス雇用奨励金やホームレスに対する職場体験講習や就職支援セミナーへの参加奨励金等に関しては，実際の求人要件が厳しすぎるという問題がある．これら公的支援に比して，特に民間の中間施設の就職率・就業継続率は概して高く，その就労支援は効果的であると考えられる．ただし，これら民間施設による支援はその経費が入所者の生活保護費から捻出されていることもあり，さらに効果的な支援展開および公的中間施設の入所者との公平性という2つの観点から，これら民間施設に対して公的な就労支援資源が投入されるような仕組みも必要であろう．

参考文献

阿部彩（2004）「アメリカの福祉政策の成果と批判」『海外社会保障研究』第147号，pp. 68-76.

阿部彩・大石亜希子（2005）「母子世帯の経済状況と社会保障」国立社会保障・人口問題研究所編『子育て世帯の社会保障』東京大学出版会，pp. 143-161.

阿部彩・藤原千沙・田宮遊子（2006）「母子世帯の生活変化調査（当事者団体調査）の結果報告」社会政策学会第113回大会配布資料．

新たなセーフティネット検討会（2006）『新たなセーフティネット検討会の提案──「保護する制度」から「再チャレンジする人に手を差し伸べる制度」へ』(http://www.nga.gr.jp/upload/pdf/2006_10_x36.PDF).

石神朋敏（2006）「包括的地域生活支援における就労支援の取り組み」『季刊 Shelter-less』No. 26, pp. 115-123.

木原隆司・柵山順子（2006）「イギリスの雇用政策・人材育成政策とその評価」樋口美雄・財務省財務総合政策研究所編著『転換期の雇用・能力開発支援の経済政策』日本評論社，pp. 207-241.

厚生労働省（2003）「説明資料」生活保護制度の在り方に関する専門委員会（第1回）参考資料3 (http://www.mhlw.go.jp/shingi/2003/08/s0806-6.html).

厚生労働省（2007a）『平成18年度母子家庭の母の就業支援施策の実施状況』第166回国会（常会）提出資料．
厚生労働省（2007b）「ホームレス施策実施状況等」ホームレスの実態に関する全国調査検討会（第4回）参考資料2（http://www.mhlw.go.jp/shingi/2007/07/s0718-13.html）．
厚生労働省（2007c）「自治体ホームレス対策状況結果」ホームレスの実態に関する全国調査検討会（第4回）参考資料3（http://www.mhlw.go.jp/shingi/2007/07/s0718-13.html）．
厚生労働省雇用均等・児童家庭局（2007）『母子家庭の自立支援策について』2007年11月2日．
厚生労働省雇用均等・児童家庭局家庭福祉課母子家庭等自立支援室（2007）『平成18年度全国母子世帯等調査結果』2007年10月16日．
厚生労働省大臣官房統計情報部編（2007）『平成17年国民生活基礎調査』厚生統計協会．
生活保護制度の在り方に関する専門委員会（2004）『生活保護制度の在り方に関する専門委員会報告書』厚生労働省社会保障審議会福祉部会（http://www.mhlw.go.jp/shingi/2004/12/s1215-8.html）．
生活保護の動向編集委員会（2007）『平成19年版生活保護の動向』中央法規出版．
鈴木亘・阪東美智子（2006）「ホームレスの側からみた自立支援事業の課題」『季刊住宅土地経済』No. 63, pp. 15-23．
玉田桂子・大竹文雄（2004）「生活保護制度は就労意欲を阻害しているか」『日本経済研究』No. 50, pp. 38-62．
田宮遊子（2007）「母子世帯の母親を対象とした就業支援策の有効性」厚生労働科学研究費補助金政策科学推進研究事業「日本の社会保障制度における社会的包摂（ソーシャル・インクルージョン）効果の研究」平成18年度報告書, pp. 355-363．
丹波史紀（2006）「母子家庭と自立支援」社会政策学会第113回大会報告資料．
東京都（2007a）『東京ホームレス白書II──ホームレス自立支援の着実な推進に向けて』．
東京都（2007b）『生活保護を変える東京提言──自立を支える安心の仕組み』．
所道彦（2003）「比較のなかの家族政策」埋橋孝文編著『比較のなかの福祉国家』ミネルヴァ書房, pp. 267-295．
中園桐代（2006）「生活保護受給母子世帯と『自立』支援」布川日佐史（編）『『利用しやすく自立しやすい』生活保護自立支援プログラムの活用──策定と援助』山吹書店, pp. 179-221．
虹の連合・大阪就労福祉居住問題調査研究会（2007）『もう一つの全国ホームレス調査──ホームレス「自立支援法」中間見直しをきっかけに』(http://www.osaka-sfk.com/homeless/index.html)．
根岸毅宏（2006）『アメリカの福祉改革』日本経済評論社．

布川日佐史（2006a）「生活保護における就労支援の検証——可能性と課題」社会政策学会第113回大会報告資料.

布川日佐史（2006b）（編）『「利用しやすく自立しやすい」生活保護自立支援プログラムの活用——策定と援助』山吹書店.

水内俊雄（2007）「もう一つの全国ホームレス調査——厚労省調査を補完する」『季刊 Shelter-less』No. 32, pp. 83–122.

水内俊雄・花野孝史（2003）「大阪市内の自立支援センター入所者・退所者の傾向・特徴分析」『季刊 Shelter-less』No. 17, pp. 80–101.

村上英吾（2005）「東京都の自立支援センターにおける就職活動」『季刊 Shelter-less』No. 26, pp. 82–122.

Acemoglu, D. and Pischke, J. S. (1999) "Beyond Becker: Training in Imperfect Labour Markets", *Economic Journal*, Vol. 112, pp. 112–142.

Becker, G. (1964) *Human Capital*, Chicago: University of Chicago Press.

Blundell, R. (2002) "Welfare-to-Work: Which Policies Work and Why?", *Proceedings of the British Academy* 117, pp. 477–524.

Cahuc, P. and Zylberberg, A. (2004) *Labor Economics*, Chicago: MIT Press.

Carcillo, S. and D. Grubb (2006) "From Inactivity to Work: The Role of Active Labour market Policies", OECD Social, Employment and Migration Working Papers, No. 36, Paris: OECD.

Heckman, J., Lalonde, R. and Smith, J. (1999) "The Economics and Econometrics of Active Labor Market Programs", in Ashenfelter, O. and Card, D. (Eds.), *Handbook of Labor Economics*, Vol. 3a, Ch. 31, Amsterdam: Elsevier Science/North-Holland, pp. 1865–2097.

Kluve, J. (2006) "The Effectiveness of European Active Labor Market Policy", IZA discussion paper, No. 2018, IZA, Bonn.

Martin, D. and Grubb, J. P. (2001) "What Works and for Whom: A review of OECD Countries-Experiences with Active Labour Market Policies", *Swedish Economic Policy Review*, Vol. 8, pp. 9–56.

Yavas, A. (1994) "Middlemen in Bilateral Search Markets", *Journal of Labor Economics*, Vol. 12, pp. 406–429.

補論：就業継続期間の分析[19]

鈴木 亘

1. はじめに

　この補論では，元ホームレスの中間施設退所後の就業継続期間，あるいはそれを決める諸要因について簡単な実証分析を行うことにする．仕事を途中で辞めた人の場合には，その継続期間は確定しているが，現在も就業を継続している人々の場合は，現在までの期間は中間ラップに過ぎず，今後も継続すると考えられる．これを統計的には「打ち切り（censoring）」と呼ぶが，この打ち切りを考慮した継続期間の分析としては，サバイバル分析（生存時間分析）と呼ばれる手法が一般的である．ここではその中でも，「Cox の比例ハザードモデル」と呼ばれる手法を用いた分析を行うことにする．これは簡単にいうと，ハザード（就業を前月まで継続していた人が当月に辞めてしまう確率）を分析対象にして，それに影響する要因をモデル化する分析である．

2. データ

　分析に用いるデータは，路上生活から脱して自立生活を送っている元ホームレスへの実態調査データである（虹の連合・大阪就労福祉居住問題調査研究会 2007，水内 2007）．この調査は，2006 年度の春から冬にかけて，かつて野宿生活者であった人々に対して聞き取り調査を実施したものであり，筆者も調査に加わった．調査対象は，全国各地の支援者や支援団体に連絡を取り，抽出してもらった 660 人であり，研究会のメンバーおよび協力者，支援者が聞き取り調査を実施した．

---

[19] 以下の分析は，虹の連合・大阪就労福祉居住問題調査研究会（2007）で行った分析に加筆・修正を加えたものである．

就労継続期間は，まず，公的もしくは民間中間施設を就労退所した人々については，就労退所時から退所時の仕事を辞めたまでの期間，もしくは就労継続をしている場合には調査時点までの月数を用いる．野宿生活から直接自立生活を行っている人々については，直近の居宅保護にかかった時期，もしくは，現在の住居に移ってからの期間から仕事を辞めるまでの月数（仕事を継続している場合には調査時点までの月数）のうち長いほうを用いた．

さて，就業継続期間に関わる要因の候補としては，中間施設のスタッフが現在まで関わりをもっているかどうか，どのような関わりをもっているか，近所や友人との関わりをもっているかどうかといった要因がまず考えられる．その他に，年齢や性別，健康状態，中間施設の種類などを考え，説明変数として用いることにした．変数の加工方法と記述統計は表6-3のとおりである．

3. 分析結果

まず，カプラン・マイヤー法による就労継続期間と就労継続者の割合をグラフ化したものが，図6-3である．横軸が就労継続月数，縦軸が就労を継続している割合（就労率，1.00が100％）である．図中には2本の線が描かれているが，上方にある線が中間施設のスタッフがアフターフォローなどの形で就労退所後も退所者と継続的に関わっているケース，下方の線が関わりのないケースである．どちらの線も，当初，急激に就労率が下がっていくがだんだんと下がり方がなだらかになっていく線を描いている．2本の線を比較すると，中間施設のスタッフの関わりがある場合のほうがどの時点をとっても就労率が高く，したがって継続期間が長いことがわかる．統計的な検定方法であるlog-rank検定を行うと，χ^2検定値は5.71（p値=0.0169）であり，有意に（統計的に確かに），中間施設のスタッフの関わりが継続している場合のほうが，対象者の継続期間が長いことが確認される．

次に，就労継続期間にどのような要因が影響を与えるかについて，比例ハザードモデルを用いた分析結果が表6-4に示されている．表の係数は「ハザード率」で表示されており，1を上回る場合には当月に就労を継続できる確率が低い（辞める確率が高い）ことを示し，逆に1よりも低い場合には就労を継続で

表 6-3　記述統計

変　数	変数の加工方法	サンプル数	平均	標準偏差
女性	女性＝1，男性＝0	306	0.052	0.223
単身	単身者＝1，それ以外0	306	0.948	0.223
年齢		291	54.4	10.1
年齢2乗		291	3066.5	1037.3
最長職：常用雇用	常勤の被雇用＝1，それ以外0	306	0.650	0.478
最長職：日雇	日雇＝1，それ以外＝0	306	0.072	0.259
不健康	よくない，あまりよくない＝1，それ以外0	306	0.239	0.427
隣近所とよく付き合っている	よく付き合っている＝1，それ以外0	306	0.157	0.364
訪ねる友人・知人よくある	よくある＝1，それ以外0	306	0.180	0.385
家に来る友人・知人よくある	よくある＝1，それ以外0	306	0.105	0.307
住宅入居前の利用（病院）	利用滞在施設該当あり＝1，それ以外＝0	306	0.046	0.209
住宅入居前の利用(無料低額宿泊所)	同上	306	0.170	0.376
住宅入居前の利用(宿泊提供施設)	同上	306	0.010	0.099
住宅入居前の利用（更生施設）	同上	306	0.023	0.150
住宅入居前の利用（救護施設）	同上	306	0.023	0.150
住宅入居前の利用（自立支援センター）	同上	306	0.288	0.453
住宅入居前の利用(公園シェルター)	同上	306	0.020	0.139
住宅入居前の利用（ケアセンター）	同上	306	0.010	0.099
住宅入居前の利用（一時保護所）	同上	306	0.033	0.178
住宅入居前の利用（緊急一時保護センター）	同上	306	0.010	0.099
住宅入居前の利用(一泊シェルター)	同上	306	0.000	0.000
住宅入居前の利用(支援者個人宅)	同上	306	0.016	0.127
住宅入居前の利用（NPO・市の借上げ住居）	同上	306	0.056	0.229
住宅入居前の利用(施設の緊急枠)	同上	306	0.000	0.000
住宅入居前の利用（その他）	同上	306	0.020	0.139
施設スタッフと現在も関わりあり	スタッフと現在関わりあり＝1，なし＝0	306	0.399	0.490
施設スタッフと現在も関わり（生活・住宅の相談）	相談，該当あり＝1，それ以外＝0	306	0.062	0.242
施設スタッフと現在も関わり（仕事の相談）	同上	306	0.062	0.242
施設スタッフと現在も関わり（健康面の相談）	同上	306	0.039	0.194
施設スタッフと現在も関わり（その他諸々の相談）	同上	306	0.147	0.355

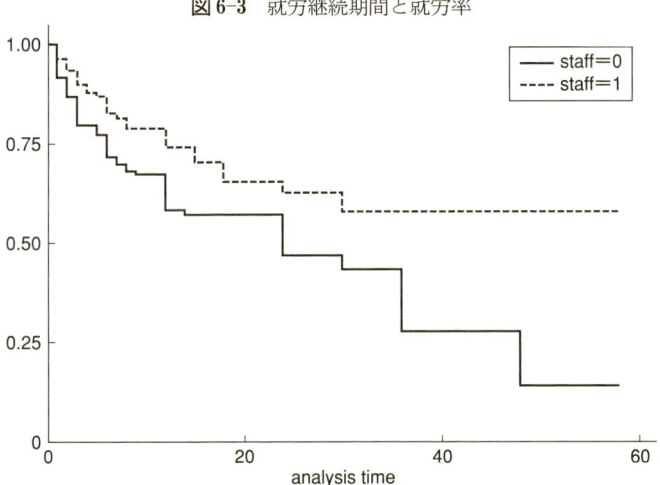

図 6-3　就労継続期間と就労率

きる確率が高い（辞める確率が低い）ことを示す．まず左側の推計（1）をみると，有意な変数は「体調が良くない・あまり良くない」，「住宅入居前の施設利用（一時保護所）」，「施設スタッフと現在も関わりあり」の3つの変数であり，体調が良くないほど，一時保護所を利用した人ほど，中間施設のスタッフがその後関わりをもっていないほど，就業を継続する確率が低いことがわかる．このうち，最も注目すべき変数である「施設スタッフと現在も関わりあり」の係数から判断すると，中間施設のスタッフがその後も関わっている場合には，仕事を毎月継続できる確率が38.6％も増加することがわかった．

次に，その中間施設スタッフの関わりの内容について詳しくみたものが，表6-4の推計（2）である．施設スタッフとの関わりとして，生活・住宅の相談，仕事の相談，健康面の相談，その他の相談に分けてみると，その他の相談が有意となっている．これは，さまざまな諸問題について相談に乗ってもらっている場合に選ばれたものと解釈できるから，特定の相談ではなく，全般的な諸々の相談に乗ってもらえる場合に特に就労継続が長くなるということがいえるであろう．こうした相談に乗ってもらっている場合には，そうでない場合に比べて，仕事を毎月継続できる確率が73.3％も増加する．中間施設のスタッフの関わり・アフターフォローは，すでに触れたように，自立支援センターや救護

表 6-4 比例ハザードモデルの推計結果

	推計 (1)		推計 (2)	
	ハザード率	標準誤差	ハザード率	標準誤差
女性	1.150	0.657	1.102	0.627
単身	1.451	1.067	1.199	0.888
年齢	0.913	0.075	0.930	0.078
年齢2乗	1.001	0.001	1.001	0.001
最長職：常用雇用	1.415	0.392	1.410	0.392
最長職：日雇	0.840	0.462	0.906	0.482
体調が良くない・あまり良くない	1.524*	0.371	1.529*	0.381
隣近所とよく付き合っている	0.729	0.240	0.659	0.224
訪ねる友人・知人よくある	1.694	0.587	1.689	0.608
家に来る友人・知人よくある	1.344	0.550	1.301	0.554
住宅入居前の利用（病院）	0.736	0.393	0.589	0.348
住宅入居前の利用（無料低額宿泊所）	0.468	0.224	0.541	0.259
住宅入居前の利用（宿泊提供施設）	2.242	3.085	2.071	2.644
住宅入居前の利用（更生施設）	0.448	0.299	0.471	0.314
住宅入居前の利用（救護施設）	1.657	1.802	1.185	1.283
住宅入居前の利用（自立支援センター）	1.324	0.409	1.252	0.349
住宅入居前の利用（一時保護所）	2.826**	1.172	2.930***	1.218
住宅入居前の利用（支援者個人宅）	2.037	1.341	1.846	1.291
住宅入居前の利用（NPO・市の借上げ住居）	1.693	0.841	1.937	0.947
中間居住施設スタッフと現在も関わりあり	0.614*	0.178		
施設スタッフと現在も関わり(生活・住宅の相談)	—		1.134	0.502
施設スタッフと現在も関わり(仕事の相談)	—		0.690	0.386
施設スタッフと現在も関わり(健康面の相談)	—		0.829	0.586
施設スタッフと現在も関わり(その他諸々の相談)	—		0.267***	0.132
Number of obs	253		253	
Log likelihood	−438.5173		−434.9834	

注：Cox の比例ハザードモデルによる推定．
　　*は10%，**は5%，***は1% 基準で有意であることを示す．
出所：筆者の一人（鈴木）による計算．

施設，更生施設などについてはわずかに予算措置されているが，予算化されているアフターフォロー期間は非常に短いのが現状である[20]．また，民間中間施設などは，まったく予算措置をされておらず，支援者やスタッフのボランティアに任されていて，行政的には軽視されがちであるといえる．

しかしながら，この分析からは，こうした関わり・アフターフォローによっ

---

[20] このうち，救護施設は2年とやや長いが，対象者の困難さを考慮すると十分ではないという見方もある．

て，元ホームレスの就業継続期間が高まり，自立している期間が延びることがわかった．こうした関わり・アフターフォローによって，再野宿のリスクが低くなり，あるいは生活保護に頼らないですむ期間が延びるのであれば，自立支援事業の一環としてきちんと予算化して積極的に実行することは政策的に重要であり，結局，行政当局の財政にとっても安上がりとなる可能性があるといえるだろう．

参考文献

虹の連合・大阪就労福祉居住問題調査研究会 (2007)『もう一つの全国ホームレス調査——ホームレス「自立支援法」中間見直しをきっかけに』(http://www.osaka-sfk.com/homeless/index.html).

第7章　ホームレス対策と生活保護[1]

鈴木　亘

1. はじめに

　この章では，生活保護と密接に関連のあるホームレスの人々の問題を取り上げ，その現状とこれまでの対策，今後の対策のあり方等について，経済学的視点から検討を行う．我が国のホームレスは，平成不況が深刻化した1990年代半ばから急増したといわれる[2]．2003年のピーク時には，目視調査による全国のホームレス総数は25,296人であり（厚生労働省 2007a），その6割程度が東京23区，横浜市，川崎市，大阪市，名古屋市といった大都市圏に集中していた．その後，2002年に成立した「ホームレスの自立の支援等に関する特別措置法」（以下，ホームレス自立支援法）を契機として，各自治体によるホームレス対策が本格化し，先ごろ行われた2007年の目視調査では，全国のホームレス総数は18,564人（厚生労働省 2007a）と，2003年調査に比べて6,732人，率にして26.6％の減少となった．

　ただし，厚生労働省の調査における「ホームレス」の定義は，「都市公園，河川，道路，駅舎その他の施設を故なく起居の場所として日常生活を営んでいる者」というものであり，具体的には，ダンボール住宅やテント，小屋掛けなどにおいて野宿生活を送っている人々のみを指している．しかしながら，欧米

---

[1] 国立保健医療科学院の阪東美智子主任研究員には，出版コンファレンスにおけるコメンテーターとして非常に有益なコメントをいただいた．また，財務省・財務総合政策研究所の小林航主任研究官をはじめ，出版コンファレンスの出席者の方々からも多くの有益なコメントをいただいた．感謝を申し上げたい．
[2] 東京や大阪などの大都市圏を除いては，その間の経年変化を追う統計すら存在していない．東京，大阪については，東京都福祉局「路上生活者実態調査」，大阪市・花と緑の推進本部「大阪市内の主要公園におけるテント・小屋居住のホームレス数推移」が，経年変化を追っている（鈴木 2003）．

の homeless（people）の定義は，これらの「野宿生活者」に加えてシェルターや福祉施設等の中間施設への入所者を含み，また，安定していない住居や低水準の住居に住む不安定居住者をも含む場合がある（阪東 2007）．野宿生活者に限った厚生労働省の定義においても，この数年の間にホームレス総数が減少したことは一定の評価に値しようが，ホームレスの定義を欧米並みに広げた場合，中間施設や不安定居住層に甘んじている人々は明らかに増加しており，広義のホームレス数が減少しているかどうかはかなり疑問である．しかしながら，現在，厚生労働省が公表している統計や分析では，広義のホームレス層を含む現状が把握できないため，全体として我が国のホームレス問題が改善しているのかどうかすら，明確な判断ができない状況である．そこで，次節では，厚生労働省「ホームレスの実態に関する全国調査検討会」の資料や，筆者も分析メンバーの1人であった元野宿生活者中心の全国調査（虹の連合・大阪就労福祉居住問題調査研究会 2007）を参考にしながら，我が国のホームレスの人々の現状を概観することにする．

2. ホームレスの現状と対策

2.1 野宿生活者のプロフィール

はじめに，厚生労働省による 2007 年の生活実態調査の結果（厚生労働省 2007d）を引用しながら，厚生労働省の定義である狭義のホームレスの人々のプロフィールを確認しておこう[3]．欧米のホームレスは若年層が少なくないのに対して，我が国のホームレスの人々は，図 7-1 にみるように，そのほとんどが中高年であり，50 歳以上の人々が全体の 85.0% を占めている．また，性別は 96.4% が男性である（2003 年調査では 95.2%）．野宿している場所（生活場所が定まっている 84.0% の人々の分）については，公園が多く（36.1%），次いで河川敷（32.7%），道路（15.0%）となっている（表 7-1）．

---

[3] この調査は，2007 年 1 月に取りまとめられたものであり，その前年の秋口以降，各自治体に依頼して，大都市を中心に約 2,000 人を対象に面接による生活実態調査を行ったものである．2003 年に第 1 回の同様の調査が行われており（厚生労働省 2003），比較が可能であるために，以下の各図表では 2003 年調査の結果も合わせて提示している．

第7章　ホームレス対策と生活保護　　207

図 7-1　野宿生活者の年齢構成

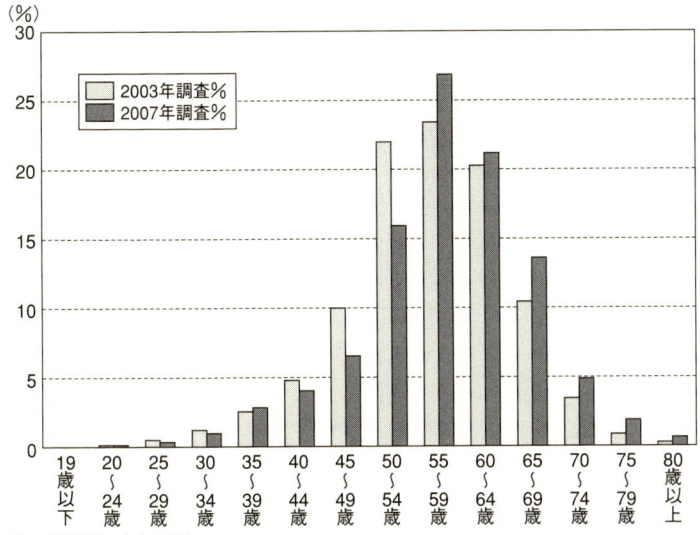

(グラフ：2003年調査%、2007年調査%　年齢階級別)

注：有効回答に占める割合.
出所：厚生労働省（2003, 2007d）より筆者加工.

表 7-1　野宿生活者の生活場所
(単位：%)

	2007年調査	2003年調査
公園	36.1	48.9
道路	15.0	12.6
河川敷	32.7	17.5
駅舎	7.1	7.5
その他	9.1	13.5

注：有効回答に占める割合.
出所：厚生労働省（2003, 2007d）より筆者加工.

　直近の野宿の期間は，5年以上10年未満が最も多く25.7%であり，10年以上の者も15.6%に及ぶ（図7-2）．路上生活直前の職業は表7-2のとおりであり，建設業関連が5割程度を占めているが，製造業やサービス業従事者も以前に比べて増加してきている．また，雇用形態は，正社員の就業が4割以上と，日雇（26.3%）や臨時・アルバイト（19.7%）よりもむしろ多いことがわかる（表7-3）．野宿生活に至った理由は，仕事減少，倒産・失業，病気・けが・高齢での失職といった仕事関連の理由が大勢を占めており，そのほかでは家族問

図 7-2　今回の路上の生活期間

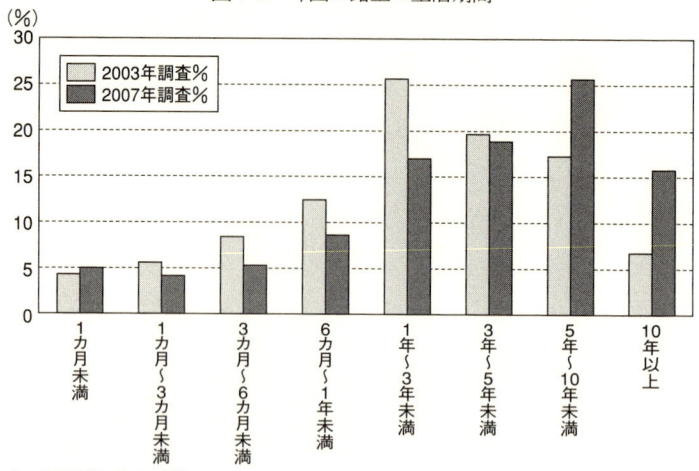

(%)

凡例:
- 2003年調査%
- 2007年調査%

期間	2003年調査%	2007年調査%
1カ月未満	4.5	5.0
1カ月～3カ月未満	5.7	4.2
3カ月～6カ月未満	8.3	5.3
6カ月～1年未満	12.2	8.5
1年～3年未満	25.5	16.8
3年～5年未満	19.4	18.5
5年～10年未満	17.0	25.4
10年以上	6.5	15.3

注：有効回答に占める割合．
出所：厚生労働省（2003，2007d）より筆者加工．

表 7-2　路上生活直前の職業

(単位：%)

	2007年調査	2003年調査
専門・技術的従事者	2.0	1.0
管理的職業従事者	1.7	0.9
事務従事者	1.2	1.1
販売従事者	4.9	4.3
サービス従事者	10.3	8.9
保安職業従事者	2.6	2.7
農林漁業作業者	0.7	0.6
運輸，通信従事者	4.8	3.7
採掘作業者	0.1	0.0
生産工程・製造作業者	13.0	10.5
印刷・製本作業者	1.4	0.9
建設技能従事者（大工，配管工など）	18.5	20.3
建設作業従事者（土木工，現場片づけなど）	30.6	34.9
労務・運搬作業従事者	4.0	3.1
清掃作業・廃品回収	2.5	2.9
その他	1.6	4.3

注：有効回答に占める割合．複数回答であるが，全体が100%となるように調整した．
出所：厚生労働省（2003，2007d）より筆者加工．

表 7-3　路上生活直前の雇用形態

(単位：%)

	2007 年調査	2003 年調査
経営者・会社役員	2.2	2.2
自営・家族従業者	7.1	4.0
常勤職員・従業員（正社員）	43.5	39.8
臨時・パート・アルバイト	19.7	13.9
日雇	26.3	36.1
その他	1.2	4.1

注：有効回答に占める割合.
出所：厚生労働省（2003, 2007d）より筆者加工.

表 7-4　路上生活に至った理由

(単位：%)

	2007 年調査
倒産・失業	17.6
仕事が減った・出なくなった	19.1
病気・けが・高齢で仕事ができなくなった	13.3
労働環境が劣悪なため，仕事を辞めた	3.1
人間関係がうまくいかなくて，仕事を辞めた	9.5
上記以外の理由で収入が減った，または，低い	1.7
借金の支払ができない．取立てにより家を出た	4.4
アパート等の家賃が払えなくなった	8.1
契約期間満了やその他会社の都合で宿舎を出た	1.6
ホテル代，ドヤ代が払えなくなった	3.1
差し押さえや他の事情で，家やアパートから立ち退きさせられた	0.9
病院や施設などから出た後行き先がなくなった	1.8
家庭内のいざこざや，その他家庭内の事情	5.4
飲酒，ギャンブル	4.1
その他	5.2
理由なし	1.0

注：有効回答に占める割合．2003 年調査とは項目が異なるため 2007 年調査のみ．
出所：厚生労働省（2007d）より筆者加工.

題などがやや多い（表 7-4）．一方，路上生活直前の住居形態としては，民間賃貸住宅（アパート・マンション）が 4 割近くであり，勤め先の住宅や寮などを合わせると，賃貸住宅が過半を占める（表 7-5）．他方で，建設日雇労働者の簡易宿泊所（ドヤ）や飯場等は 2 割程度である．

諸外国に比べて我が国のホームレスの人々の大きな特徴は，物乞い（beggar）がほとんど存在せず，その多く（70.1%）が廃品回収や都市的雑業，日雇などの「労働」を行って現金収入を得，自活しているということである．図 7-3 にみるように，1 万円から 3 万円，3 万円から 5 万円，5 万円から 10 万円まで

表7-5 路上生活直前の住居形態

(単位:%)

	2007年調査	2003年調査
持ち家（一戸建て，マンションなど）	8.1	8.1
民間賃貸住宅（アパート・マンション）	38.3	37.5
公共賃貸住宅（公団賃貸住宅・公営住宅等）	3.6	3.2
勤め先の住宅や寮	17.3	13.8
親族・知人宅	4.1	3.1
住込み先	3.3	3.5
飯場・作業者宿舎（飯場など現場に仮設された宿舎）	13.7	13.9
簡易宿泊所（ドヤ）	8.0	11.8
ビジネス・カプセルホテル・サウナ・映画館	1.8	1.9
病院	0.2	0.7
更生施設等の福祉施設	0.3	0.6
自立支援センターやシェルター	0.4	―
その他	0.8	1.9

注：有効回答に占める割合．
出所：厚生労働省（2003, 2007d）より筆者加工．

図7-3 現在の仕事による収入月額

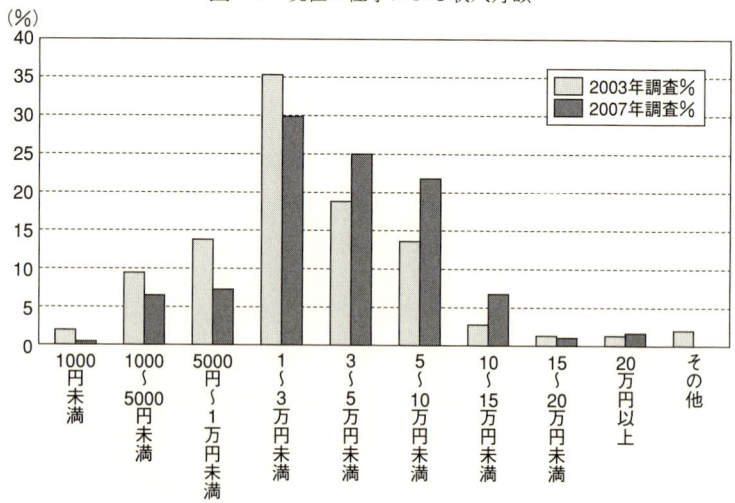

注：有効回答に占める割合．
出所：厚生労働省（2003, 2007d）より筆者加工．

の3つの階層に4分の3以上の人々が分布しており，平均は月額4万円程度である．また，以前に比べて就労意欲は低くなったものの，就職して働きたいという希望者は3割強，ハローワークなどを通じた求職活動をしている人々も2

表 7-6　今後どのような生活を望むか

(単位：%)

	2007 年調査	2003 年調査
きちんと就職して働きたい	37.0	49.7
アルミ缶回収など都市雑業的な仕事	9.1	6.7
行政から支援を受けながらの軽い仕事	10.9	8.6
就職できないので福祉を利用して生活したい	11.4	7.5
入院したい	1.0	0.7
今のままでよい（路上（野宿）生活）	18.3	13.1
わからない	5.6	4.7
その他	6.7	8.9

注：有効回答に占める割合．
出所：厚生労働省（2003，2007d）より筆者加工．

表 7-7　求職活動状況

(単位：%)

	2007 年調査	2003 年調査
求職活動をしている	19.6	32.0
今は求職活動をしていないが，今後求職活動をする予定である	20.6	26.1
求職活動をしていないし，今後も求職活動をする予定はない	59.8	42.0

注：有効回答に占める割合．
出所：厚生労働省（2003，2007d）より筆者加工．

割程度も存在している（表 7-6, 7-7）．

ところで，図 7-1～7-3，表 7-1～7-3，7-5～7-7 については，前回の 2003 年の調査結果と比較することができる．全体として 2007 年調査からは 2003 年調査に比べ，①年齢層が高くなって高齢化が進んだ，②路上生活期間が長期化した，③就労率が上がり，労働収入も増加した，④しかしながら，就労意欲は減退し，求職活動率も下がった，という 4 つの傾向がうかがえる．この理由としては，この数年間の時間の経過があったことや景気が好転したということだけではなく，路上期間が短く，比較的若いが労働収入の低い人々が次節で触れる中間施設等を利用して野宿生活から脱却していき，それでもなお残っている路上生活者の特徴が現れているものと考えられる．また現在，野宿生活を長期に続けている人々は，そうした行政施策の利用を希望していない傾向が強いという特徴がある．2007 年調査でも，①巡回相談員に会ったことがある者 62.3% のうち，実際に相談した者の割合は 57.6%，②シェルターを知っている者 61.9% のうち，利用したことがある者の割合は 21.2%，③自立支援センター

を知っている者66.3%のうち，利用したことがある者の割合は13.2%となっており，行政によるホームレス対策を知りつつも，あまり利用していない状況がわかる．

2.2　ホームレス対策事業とその現状

表7-6，7-7の右欄（2003年調査）にみるように，ホームレス自立支援法策定時の2003年調査では，ホームレスの人々の就労意欲は2007年調査よりも高かった（就職希望者49.7%，求職活動者32.0%）．そして，この調査結果が根拠となり，政府は，ホームレスを「就職して自立することを希望していながら，何らかの原因から，それがかなわない人」であるとし，「就労支援」中心のホームレス対策を策定してきたのである．実際，ホームレス自立支援法，ホームレスの自立支援等に関する基本計画，それを受けた各自治体のホームレス自立支援実施計画と，この5年間のホームレスに対する自立支援施策の中心は，常に自立支援センターを中核とする自立支援事業であった．自立支援センターは，2000年10月の自立支援センターおおよど（大阪市），同年11月の台東寮，新宿寮（東京都）開設を嚆矢とし，名古屋，横浜等が次々に実施して，2007年現在，全国で22カ所が設置され，定員2,060人の規模で運営されている．個別の運営方法については各自治体によって多少の違いはあるが，アセスメントを経て入所し，一定期間の宿泊期間中に，生活相談，住宅相談等を行うほか，公共職業安定所と密接な連携をもって就業相談・紹介を行うことで，就労による自立を目指すものである．厚生労働省（2007b）によれば，2003〜2006年度の退所者22,721人のうち就労によって退所した人数は5,282人であり，就労退所率は23.2%となっている（図7-4）．また，この自立支援事業のほかに，公園対策や日雇対策から派生している緊急一時宿泊（シェルター）事業があり，就労や健康面での自立支援を行っている．2007年現在，全国10カ所において定員2,220人で運営されているが，通常型において2003〜2006年度に退所者した3,523人のうち，就労によって退所した人数は428人であり，就労退所率は12.1%となっている（図7-5）．さらに，こうした2つの公的な事業を支える仕組みとして，巡回相談等の総合相談推進事業や，職業相談・職業紹介，職業能力の開発等の事業が存在する．

図 7-4　自立支援センター退所時の状況

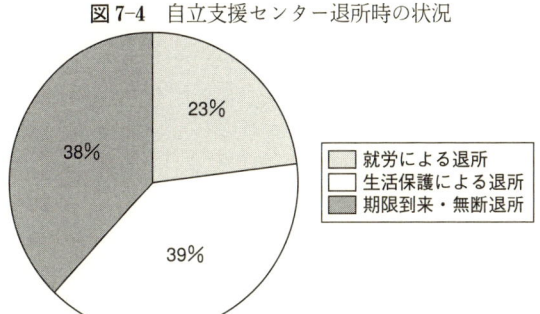

- 就労による退所：23%
- 生活保護による退所：39%
- 期限到来・無断退所：38%

出所：厚生労働省（2007b）より筆者加工．

図 7-5　通常型緊急一時宿泊事業退所時の状況

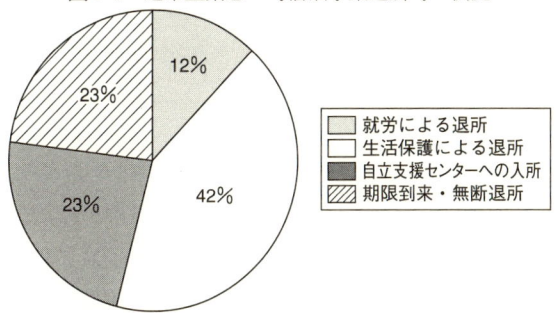

- 就労による退所：12%
- 生活保護による退所：42%
- 自立支援センターへの入所：23%
- 期限到来・無断退所：23%

出所：厚生労働省（2007b）より筆者加工．

　こうした事業に対して，まったく別の対策手段として東京都が2004年から始めているのが，「地域生活移行支援事業」である．これは，東京都内の主要公園に居住していたホームレスの人々に対して，公園から退去することを条件に，東京都が低家賃のアパートを借り上げて2年間の契約（事情がある人は，1年間の延長借家契約が認められる）で，月3,000円の家賃で入居させる事業である[4]．東京都（2007b）によれば，2007年現在までの3年間で1,541人が地域の借上げアパートに移行している．すでに，初期に入居した人々は入居期限を迎えつつあるが，自立とみなされる月収13万円以上を得ている入居者は約2割

---

[4]　この事業は，野宿生活から直接アパートに移るという画期的な面のほかに，主要公園のホームレス撤去という色彩がある．実際，事業によってホームレスの人々が公園から退去した後に，新しくホームレスの人々が公園に移り住むことは禁止されている．

に過ぎず，事業開始時に月収10万円以上を得ていた人々の割合とほとんど変わらない．

こうした公的な諸事業の就労退所率の低さに対して，皮肉なことに自立退所の際の大勢を占めるのは，生活保護を受給することによる福祉的退所である．先の図7-4，7-5にみるように，自立支援センター退所者に占める生活保護受給退所者の割合は39％，緊急一時宿泊（シェルター）事業退所者に占める生活保護受給退所者の割合は42％となっている．地域移行支援事業については，現在まだ途中段階にあるために全体像について明確な統計数値はないが，期限を迎えた新宿中央公園，都立戸山公園，隅田公園からの移行対象者については，既に46％が生活保護を受給している．

また，野宿生活者のうち，巡回相談等によって福祉事務所を経由して生活保護を受け，その後も身体上や精神上の障害があったり，さまざまな問題を抱えている人々については，生活保護法の保護施設も受入先として機能している．そのようなものとして，更生施設（施設数20カ所，定員2,097名（2005年10月時点）のうち，700名程度がホームレス（2002年7月時点）），救護施設（施設数183カ所，定員16,824名（2005年10月時点）のうち，ホームレス受入れ数は764名（2002年7月時点）），宿所提供施設（施設数12カ所，定員951名（2002年7月時点）のうち，ホームレス受入れ数39名（同））が挙げられる[5]．

2.3 民間中間施設の重要性と多様性

野宿生活者の脱野宿化に際して，上記の公的な中間施設に対して量的に優るとも劣らない役割を果たしてきたのが，民間の中間施設である．民間の中間施設とは，第二種社会福祉事業に基づく無料低額宿泊所（施設数224カ所，定員7,765名（2005年10月時点）），簡易宿泊所から共同住宅に転換したサポーティブハウス（施設数10～15カ所，定員1,200～1,500名）[6]，NPOや個人支援者の借上げ住宅・支援者個人宅などを指す．無料低額宿泊所とは，企業の寮や学生下宿等であったスペースを借り上げたり，賃貸住宅や所有居住資産等を活用したり

---

[5] このほか，売春防止法に基づく婦人保護施設などにも一定数のホームレスの人々が入所している．なお，人数はいずれも，虹の連合・大阪就労福祉居住問題調査研究会（2007）からの引用．
[6] ありむら（2007）より引用．

して，生活保護を受けた野宿者や生活困窮者に宿泊スペースを提供している施設であり，NPO や社会福祉法人，個人などの民間団体等が運営をしている．利用料として，生活保護費の中から住宅費や食費，光熱水費，共益費などを徴収しており，数年前には，住居スペースが非常に狭い施設も少なからず存在していたことから「生活保護費の搾取」等としてマスコミなどに批判されたこともあった．しかしながら，現在は，東京都，神奈川県，埼玉県，静岡県，千葉市などで居住スペースや個室化に関してガイドラインが敷かれ，野宿者に対して就労支援，生活支援，介護や疾病のケアなどさまざまな自立支援も行っており，その多くがホームレス対策の重要な一翼を担っているといえる．東京都が 2003 年に行った「宿泊所実態調査」によれば，利用者のうち約 8 割が生活保護費を受給しており，そのうち約半数がホームレス経験者とみられる（東京都 2007b）．また，サポーティブハウスとは，もともと大阪市西成区の釜ヶ崎地区にあった簡易宿泊所が宿所をやめて共同住宅に転換した元野宿者支援施設である．主に生活保護を受給している元ホームレスの人々に対して居住スペースを提供し，生活相談員を配置して，就労支援，生活支援，介護や疾病のケアなどさまざまな自立支援を行っている[7]．

また，一時的に，現時点で野宿から脱したホームレスの人々を数多く居住させている場所としては，入院先あるいは社会的入院先としての病院が挙げられる．厚生労働省の取りまとめた 2006 年 1 月 1 日から 12 月 31 日のホームレスの人々に対する生活保護開始件数は実に 30,298 件にも上っているが，うち「医療機関による開始」が 37.8% に当たる 11,467 件にも及んでいる．もちろん，医療扶助の単給も多く含まれることから，短期間で生活保護が廃止になるケースも多いが[8]，いずれにせよ相当な人数が病院にいることは間違いない．一方，医療機関以外の開始の内訳は，一般住宅における居宅保護 7.9%（2,390 件），無料低額宿泊所 23.6%（7,162 件），無料低額宿泊所以外の社会福祉施設 15.6%（4,713 件），簡易宿泊所 4.0%（1,198 件），その他 11.1%（3,368 件）となっている（図 7-6）．簡易宿泊所での開始は，いわゆる「ドヤ保護」と呼ばれ，

---

[7] サポーティブハウスについては，ありむら (2007)，稲田 (2005) 等が詳しい．
[8] ちなみに，この期間の疾病治癒による生活保護廃止件数は 6,415 件である．

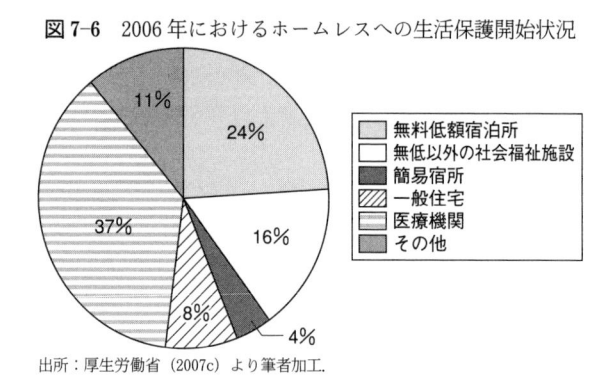

図 7-6 2006 年におけるホームレスへの生活保護開始状況

凡例：無料低額宿泊所／無低以外の社会福祉施設／簡易宿所／一般住宅／医療機関／その他

割合：24%、16%、4%、8%、37%、11%

出所：厚生労働省（2007c）より筆者加工．

簡易宿泊所に居住しながら生活保護を受けるものであり，一般的に劣悪な居住条件となっている．また「その他」の中には，サポーティブハウスのようなホームレスに対する支援やケアを行っている民間中間施設がある一方，支援，ケアのまったく存在しない質の低い居住スペースを，生活保護を受けた元ホームレスの人々に提供する劣悪な施設も存在する．その一例が，釜ヶ崎に多く存在する「福祉マンション」で，簡易宿泊所からの「看板架け替え組」と呼ばれているが，内容は簡易宿泊所と何ら変わらない．こうした施設は釜ヶ崎地区に50 カ所近くも存在する（ありむら 2007）．また，実態は不明であるが，無料低額宿泊所等の登録を行わず，未登録で元ホームレスの生活保護受給者を受け入れている施設，小規模の共同住宅も少なからず存在している．こうした施設も居住条件は劣悪なものと考えられるが，公的な機関や支援者の目の届かないこうした施設・住宅に対して，今後，どのように対処をすべきかということも大きな課題である．

2.4 脱野宿生活者の状況

さて，公的および民間の中間施設を経たり，あるいは野宿生活から直接に野宿生活を脱却した人々は，現在，どのような状況にあるのであろうか．こうした元野宿生活者に対する公的機関の統計は存在していないため，先に触れた虹の連合・大阪就労福祉居住問題調査研究会（2007）を引用して実態をみていくことにしよう[9]．

まず，図 7-7 にみるように，こうした元野宿生活者の約半数が現在，「全福

図7-7　脱野宿生活者の現在の生活類型

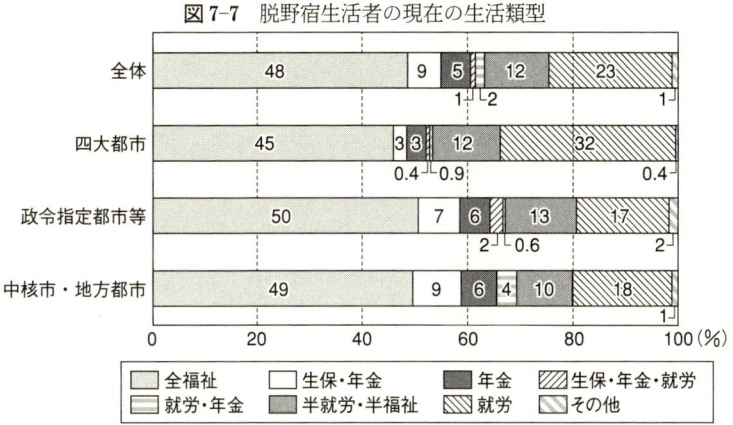

全体	48	9	5	12	23	1
			1 2			
四大都市	45	3 3	12	32		0.4
		0.4 0.9				
政令指定都市等	50	7 6	13	17		2
		2 0.6				
中核市・地方都市	49	9 6 4	10	18		1

凡例：全福祉／生保・年金／年金／生保・年金・就労／就労・年金／半就労・半福祉／就労／その他

出所：虹の連合・大阪就労福祉居住問題調査研究会（2007）．

祉」——つまり，生活保護を受給して生活保護費のみに頼って生活をしている．また，残りの半数についても，その約半分は「半就労・半福祉」あるいは「年金と福祉」といったように，生活保護に年金や労働収入を組み合わせて生活している人々である．つまり，全体の約4分の3が生活保護を受給しながらの生活をしている人々であり，就労自立をしている人々は約4分の1に過ぎない．

現在の居住状況も，決して安定しているとはいえない．住宅の広さについては，大半が6～7.5畳以上のスペースに居住しているが，4.5畳未満のスペースに居住している最低居住水準を満たしていない人々も2割程度存在する[10]．健康状態については，入院を要した持病の保有率が55％，現在気になる症状が存在する人々が62％となっており，状況は悪い．また，日常生活は，友人・知人との交流が少なく（21％），テレビを見たり（54％），散歩をしたりする

---

9) この調査は，2006年度の春から冬にかけて，かつて野宿生活者であった人々に対する聞き取りを実施したものである．調査対象は，全国各地の支援者や支援団体に連絡を取り，抽出してもらった660人であり，研究会のメンバーおよび協力者，支援者に聞き取り調査を行ってもらった．政令指定都市中心に行われた厚労省調査に比べて，全国各地の地方都市や中核都市からもサンプルが得られている特徴がある．調査の概要は，水内（2007）にもまとめられている．

10) 約3畳未満の狭小住宅に住んでいる割合も1割程度存在している．住宅の最低居住水準に定められている広さは，中高齢単身者の場合は9畳以上である．調査対象者のほとんどは中高齢単身者であるため，この基準を当てはめると，実に約4分の3の人々が最低居住水準を満たしていないことになる．

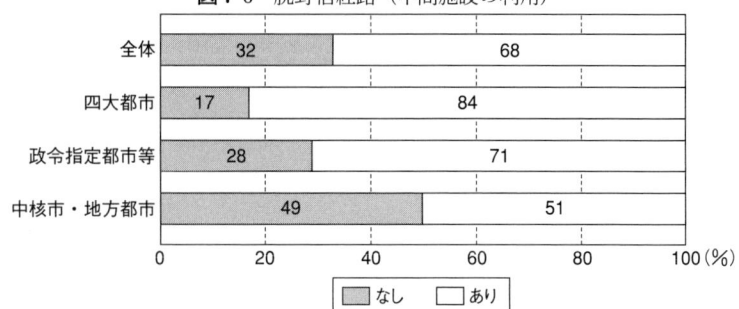

図 7-8 脱野宿経路（中間施設の利用）

	なし	あり
全体	32	68
四大都市	17	84
政令指定都市等	28	71
中核市・地方都市	49	51

出所：虹の連合・大阪就労福祉居住問題調査研究会 (2007).

(56%) 程度であり，地域や人との交わりを望む率も 18% と，孤独な生活を送っていることがわかる．

一方，どのような経緯で現在の生活となったかという点については，公的中間施設と民間中間施設を含めた「中間施設」を経由した者が 3 分の 2 以上である 68% も存在しており，中間施設の役割がいかに大きかったかがわかる (図 7-8)．ただし，中間施設の利用割合は，地域によって大きく異なっている．東京，大阪，名古屋，横浜の四大都市および政令指定都市では，自立支援センターやシェルター等の公的中間施設が多いことから，これらを中心に 7〜8 割程度の人々が中間施設を通過している一方，中核都市ではこうした人々は 5 割程度に過ぎない．地方によって，こうした支援資源の大きな格差が生じている実態がわかる．

3. ホームレス問題の経済分析

3.1 ホームレス対策の経済学的根拠

この節では，前節までの現状を踏まえて，簡単な経済学のツールを用いてホームレスの人々の現状と問題を理解することにする．

ところで，そもそもなぜ，国や自治体がホームレス対策を行う必要があるのであろうか．言い換えれば，政府がホームレスの人々をそのまま放置するのではなく，自立支援センターをはじめとする自立支援事業等の対策に多額の公費を投入する根拠はどこにあるのであろうか．

気の毒なホームレスの人々を救うことは当然であり，このような問いかけを行うこと自体，人道的ではないと感じられる読者もいるかもしれない．しかしながら，ホームレス対策の経済学的根拠を明確にすることは，ホームレス問題に批判的な人々を説得したり，この問題にいくら公費を投入して，どこまで対策すべきかという「対策の規模と範囲」を決めるためにも重要である．

ホームレス対策の根拠として，ほとんどの人々が挙げる回答は，おそらく「セーフティーネットの不備」というものであろう．ホームレスの人々が存在することは，政府が行うべき社会保障や社会福祉といったセーフティーネットが機能していないことの現れであり，したがって当然，政府が税金を使って対策すべきであるというものである．しかしながら，年金未加入者やワーキングプア，生活保護のボーダーライン層，最近ではインターネットカフェ難民など，政府のセーフティーネットから漏れている生活困窮者は他にもたくさんおり，この「セーフティーネット不備論」では，なぜわざわざホームレスの人々だけに対策を行うのかがわからない．また，この回答は，政府が社会保障や社会福祉として用意すべきセーフティーネットとはそもそもどの範囲・規模なのかという別の問いかけを生んでしまい簡単には答えが得られない．さらに，ホームレスの人々の中には，既にみたように，せっかく政府が用意した自立支援事業等の対策の存在を知りながら，それを使わないという選択をしている人々も多い．つまり，セーフティーネットを自ら進んで拒否しているわけであり，セーフティーネット不備論ではこのような選好をもつ人々への対策の根拠が得られない．

3.1.1 外部性

おそらく経済学的に最も素直な回答は，ホームレスの人々には「外部性」があるからというものであろう．経済学（新古典派の経済学）では，ホームレスの人々であっても自らの効用を最大化し，「パレート最適」の状態にいるのであればその状態がベストであり，政府による介入の余地はないという出発点に立つ．介入が正当化されるのは，外部性や情報の非対称性等，何らかの「市場の失敗」が存在する場合に限られる．そのような視点から考えると，まず，ホームレスの人々には明らかに種々の「外部性」が存在していることがわかる．例えば，アメリカのホームレス対策を経済学の観点から論じている代表的著作

である O'Flaherty（1996）は，そのような外部性の例として，①結核などの伝染病が蔓延しやすいこと，②公園や駅，道路などの公共の空間を占拠することにより，他の人々が使用できなくなること，③ホームレスを見ることにより，一般市民が悲しい気分になること，④ホームレスが路上で行う焚き火に由来する火事が起きること，の4点を挙げている．これらは，我が国でも同様に当てはまると思われる．また，このほかの外部性として次の2点が考えられる．

⑤ 周辺環境の悪化と地価・賃貸料の低下：ホームレスが近隣に住むことにより，周辺住民の居住環境が悪化すると考えられる．公共地・公共施設の不法占拠だけではなく，衛生上の問題，臭気の問題なども発生するほか，治安の悪化，もしくは治安が悪化するとの想像から起きる近隣住民の不安感がある．そのために，実際に地価や賃貸料が低下するという形で実害が発生する．鈴木（2004）による大阪市の小地域情報を用いた分析によれば，町丁目内にホームレスが10人増加するとその地域の地価が3%程度下がることが報告されている．

⑥ 医療扶助の利用増：路上生活の長期化に伴って健康被害が進むと，重篤疾患を引き起こして路上で倒れ，最終的には救急搬送で運ばれて緊急入院となる．この場合，医療扶助の単独給付（単給）として，全額を公費で賄われる生活保護費で負担することになるから，この点で外部性が発生する[11]．

さて，こうした外部性に対処するためには，大きく分けてホームレスの人々に対して，①公共空間を占拠することへの罰金や刑罰のペナルティーを科すか，②それとも彼らのために公費をかけて自立支援策を行うか，の2つの方策がある．しかしながら，野宿生活をしているぐらいであるから，罰金を科してもそれを支払うことができず，実質的にペナルティーにはならないだろう．そうなると，刑罰を科すということになるが，例えば刑務所に入った場合には1日3食の食事と安定した居住空間が与えられることになり，これらは公費で賄われる．この場合には，どちらが公費をたくさん用いるかという比較になるが，刑務所から出所した後の社会的自立の困難さまで含めると，ホームレス支援策を

---

[11] この点の詳細は，本書第5章および鈴木（2006）を参照されたい．

行った方がはるかに安くつくに違いない．かくして，外部性への対処として，公費をかけてホームレス対策を行うことが正当化される．

3.1.2 情報の非対称性

次に，ホームレスの人々に対して生じている「情報の非対称性」による市場の失敗として，生活保護へのモラルハザードと，賃貸住宅市場の問題が挙げられる．情報の非対称性とは，取引をする主体間に，取引をする財に対して知りうる情報量に差があるということであり，その場合には市場の失敗が起きて市場取引の効率性を損なうことになる．

従来，生活保護は住民票を所有していないと申請ができないといわれており，この点が長い間，ホームレスの人々が生活保護を申請する際のネックとなっていた．しかしながら，ホームレス自立支援法の成立後，2003年の厚生労働省課長通達により「現在地保護」（実際に居住している地域の福祉事務所に生活保護を申請できること）が認められ，状況が一変した．生活保護制度には受給の要件として稼働能力，資産，扶養義務の3つがあるが，長期間の野宿生活を続けている人々は外見をはじめとして就職能力が低下しており，求職活動をしても就職がきわめて困難であるとして稼働能力要件を満たしやすい．また，そもそもホームレスをしているぐらいであるから，認定される土地家屋もないし，その他貯蓄などもわずかである．さらにホームレスの人々の多くは，身寄りがないか，長年，身内との縁を断つなどしていることから，扶養義務を要請できる人々がいない．したがって，一定年齢に達したホームレスは，要件のすべてを満たし，逆に生活保護がかかりやすい状況となっている．このことが，一定年齢に達するまで野宿生活からの脱却をしない選択をさせたり，その結果，自立・就労能力が失われていくままにさせているのであれば，それはまさに，生活保護費へのモラルハザードと呼ぶことができる．

次に，賃貸住宅市場の問題を考えてみよう．すでにみたように，ホームレスの人々には平均的に月額4万円程度の現金収入があるのであるから，十分に家賃の低い賃貸住宅が市場に提供されるのであれば，野宿生活に至らない，あるいは野宿状態を脱することができる人々も少なくないはずである．しかしながら，このような賃貸住宅市場では情報の非対称性に起因する市場の失敗が存在し，ホームレスの人々やその予備軍である低所得者への十分な賃貸住宅の供給

が行われていない．

　第1に，ホームレスの人々，あるいはその予備軍といった不安定な就労状態の人々は，いつ家賃滞納が生じるかわからない．家賃滞納が続けば，それを理由とした退去を求めることになるが，「借地借家法」による規制のために借家人には強い権利が生じてしまっている．その際，情報の非対称性のために，退去に応じる人なのか，権利を盾に応じない人なのかが識別できない．第2に，野宿生活の長い人々は，病状の悪化に伴う寝たきりや孤独死に至る可能性があるが，この点も識別が難しい．第3に，さまざまな悪い生活習慣をもっていたり，通常の社会生活能力がない場合には，住居を毀損したり，近隣住民に迷惑をかける可能性があるが，それも見かけからは識別できない．毀損した場合には，その賠償に応じる資産力を保有している可能性も低い．第4に，入居する元ホームレスの人がどのような人なのかが近隣住民にわからないことから，ホームレスというだけで近隣住民の不安感を誘い，その賃貸住宅全体の空室化を招いたり，低家賃化につながる可能性がある．第5に，このようなリスクを補うための「保証人」についても，ホームレスの人々にはそもそも保証人になるような身内や親しい人々もなかなかいない．

　こうしたことから，高齢者や傷病者などの「住宅弱者」と同様に，貸家のオーナーや不動産業者が賃貸を拒否したり，敷金・礼金などが禁止的に高くなってしまうことが起こりうる．また，そもそもこのような人々向けの賃貸住宅市場は，供給自体が過小となってしまう．したがって，市場の失敗が存在する「住宅弱者」に対しては，政府による介入・対策が正当化されうるのである[12]．

3.1.3 非価値財

　さらに，外部性や情報の非対称性に比べて重要度は低いと思われるが，ホームレスという選択には，「非価値財」という要素があると思われる．価値財とは，政府が消費者の後悔を防ぐために，温情主義に基づいて，強制的に消費させる財であり，逆に消費させないものは非価値財という．非価値財の例としては，麻薬やギャンブル等が挙げられる．

---

[12] このような情報の非対称性の観点から，賃貸住宅の市場の失敗を論じた文献として，例えばIwata（2002）が挙げられる．

ホームレスという状態は，一般的な消費者がめったに経験することではないために，その状況を正確に理解したうえで合理的に選択することは稀であろう．しかし，ひとたびホームレスになってしまえば，さまざまな不可逆性が存在するために，元の状況に戻ることは非常に難しくなる．そのような不可逆性とは，第1に，さまざまな行政サービスを得るためには住所設定が不可欠であり，住所がない場合にはほぼすべてのサービスが受けられないことである．第2に，住所がない場合には就職もとたんに難しくなる．路上生活が長引けば，履歴書の空白期間も増えることから，就職にはきわめて不利である．第3に，路上生活では犯罪に巻き込まれやすくなる．例えば，少年や近隣住民によるホームレスの人々への襲撃や，ホームレスらによる盗難などさまざまな犯罪に巻き込まれれば，さらにホームレスからの脱却が難しくなる．第4に，ホームレス生活が長引くとホームレス生活に適応してしまい，社会生活のさまざまなスキルや能力を失い，通常の生活に復帰することが困難になってしまう．また，健康被害も想像よりもはるかに大きい．こうしたことから，安易にホームレスになるという選択をしたことを後悔する可能性が高いが，そのときにはすでに遅く，なかなかやり直しが難しい状況となる．このため，政府による介入には一定の正当化が可能である．

また，そもそも消費者として合理的な判断が難しい，消費者主権の前提が成立しないホームレスの人々も一部に存在することにも注意したい．それは，近年，若年のホームレスを中心に増加している精神障害，知的障害をもつ人々である．さらに，アルコール依存，薬物依存，ギャンブル依存などの依存症をもつホームレスの人々や，そこまでいかずとも，金銭管理をしなければならない人々はかなりの数に達する．こうしたことも，政府によるホームレス対策が正当化される要素となる．

3.2 ホームレス発生に関する簡単な経済モデル

次に，ホームレス発生の経済学的要因について，簡単な経済モデルを用いた説明を行おう．ホームレスになった理由としては，すでにみたように，倒産や失業，収入の減少など仕事に関する項目が大勢を占めており，我々はそれを当たり前のように受け入れている．しかしながら，これもすでにみたように，ホ

図7-9 住宅とその他の財の選択

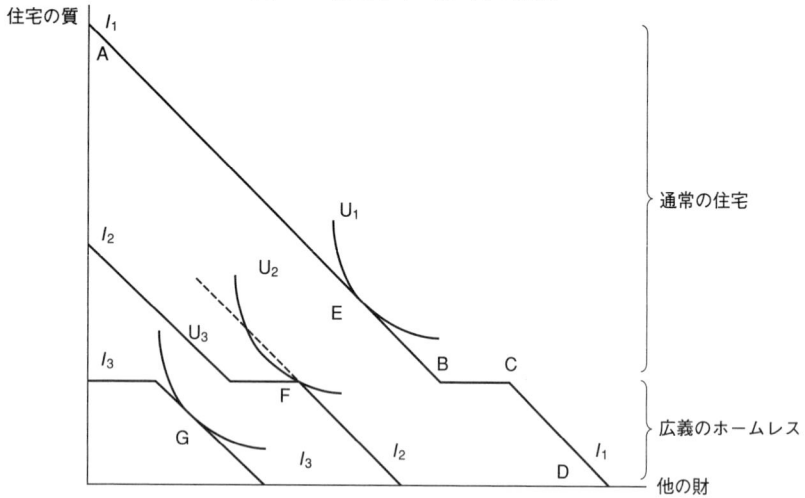

ームレスの人々の多くは現金収入をもっており，また，失業や失職に伴い不安定就労に就いて，今までの住居の家賃を負担できなかったとしても，十分に低家賃の賃貸住宅が供給されているならば住替えをし，野宿状態にまで簡単には至らないはずである．通常の貧困ではなく，「ホームレス状態」に至る理由には，賃貸住宅市場の問題が密接に関わっていると思われる．

そこで，簡単な無差別曲線による分析として，図7-9のように，住宅とそれ以外の財の2財の選択を考える．住宅を表す縦軸は，上にいくほど質が高く，下にいくほど低い質となる．今，一般の人々の予算制約線を I_1-I_1 で表すとしよう．予算制約線は，A—B，B—C，C—Dのパートに分かれるが，ホームレスの状態はC—D間の部分である．ホームレスとは，見方を変えれば，「無料で，最も質が劣悪な住宅に住む人々」とみることができるから，住宅という財の一選択肢と考えることにする[13]．もっとも，ホームレスと一口にいっても，ダンボール住宅の非定住型ホームレスから，テントや小屋掛けなどもう少し「質が高く，高価な」住居もあるし，広義のホームレスとして，インターネッ

---

[13] このように，ホームレス状態を最も劣悪な住宅の選択と捉えるアプローチは，O'Flaherty (1996) でもなされている．

トカフェや24時間営業の飲食店，簡易宿泊所などで過ごす選択も考えられる．そこで，ホームレスの状態でも，D点からC点に近づくほど，質が高く，費用を高く負担していることになる．B—Cの領域は，こうしたホームレス状態から脱却して，賃貸住宅を借りる場合の障害を示している．前項で説明したように，直接に契約拒否[14]を受けないまでも，まず第1に，かなり高額の敷金，礼金を支払わなければならない．また，保証人を必要とすることがしばしば禁止的なほどの費用の高さになる．都市部のように，保証人代行会社が使えるとしても，またそこで多額の費用が発生する．実はこうした敷金，礼金，保証人といった制度が存在する理由自体，前項で触れたように低所得の人々に対する情報の非対称性や借地借家法による規制に対して，供給側が自衛をしているからなのであるが，いずれにせよこの点で，予算制約線は大きく内側にキンク（屈折）してしまう．A—Bは，賃貸した後の予算制約線である．

さて，通常の所得をもつ一般の人々の場合には，C点のキンクは相対的に非常に低く右端にあるため，通常の効用関数[15]を想定すればA—Bの予算制約の中で効用を最大化する選択を行う．今，効用関数をU_1とすれば，E点が選択点となる．

しかしながら，I_2—I_2の予算制約のように，失業などによって所得が低くなった場合には，今住んでいる住居の家賃が賄えず，そのためにひとたび住居を失えば，F点のように広義のホームレスとして簡易宿泊所やテント生活を選択してしまうことになるだろう．そして，住所を失ってしまえば再就職は難しく，従事できる職種も日雇労働に限られたり，職を得られなかったりする．さらに，種々のセーフティーネットである行政サービスも受けられないといった不可逆性が存在するために，所得がさらに下がってくると思われる（I_3–I_3）．そうした中で，ホームレスの中でも，最も質が低い野宿生活に陥ることになってしまうと考えられる（G点）．

この単純なモデルによる説明で重要なことは，ホームレスに簡単になってし

---

14) 契約拒否自体も，禁止的な価格が付いていると考えてモデルの中に取り込むことができる．
15) 内点解をもち，賃貸か持ち家の住宅に住む選択を行うことを仮定する．通常ではない効用関数では，所得が一定程度存在したとしても住宅に住まない端点解を選ぶ場合もあるかもしれないが，そうした人々は特殊であると思われるので，ここでは想定していない．

まう原因としては，所得の低下だけではなく，賃貸住宅市場における市場の失敗が関係しているということである．もし，F点でキンクがなければ（点線），この U_2 の人は，賃貸住宅を借りられたかもしれないのである．賃貸住宅市場の不完全性のために，F点に多くの人が Notch として捕らえられてしまっていることが問題の本質である．ホームレスの人々を野宿状態から脱却させるためには，就労支援をするなどして所得水準を上昇させていく（I_3, I_2 から I_1）ということだけではなく，賃貸住宅市場の不完全性に対処することも政策的な対応として重要である．

3.3 野宿生活脱却に関する簡単なモデル

前項とも関連するが，ひとたびホームレス状態に陥ると，何らかの支援がない限り，そこから抜け出すことは難しくなる．その困難さの中には，2.1 項の非価値財のところで説明した不可逆的な側面の他に，合理的な選択としても，野宿生活を脱却しない選択が行われてしまうという要素がある．これは，生活保護等，福祉プログラムの経済学でよくいわれる「貧困の罠」に似た状況である．

ホームレスの人々は，すでにみたように，廃品回収，都市的な雑業や日雇などの労働を行って，現金収入を得ている人々がほとんどである．このうち，日雇労働は最も賃金率が高く，都市的雑業，廃品回収の順に低くなっていく．興味深いことに，墨田区のホームレス実態調査を用いた鈴木（2007）の分析によれば，建設日雇や公的就労など高い賃金率の労働を行ったホームレスの人々は，月3〜7日の労働を行っただけで，都市的雑業や廃品回収などの他の就労は行わず，そこで労働供給を止めてしまう[16]．一方，賃金率が低い労働を行っているホームレスの人々ほど労働日数は長くなり，廃品回収では平均月に約 19 日，

---

16) これは日雇労働や公的就労といった労働が得られる機会が少ないということも意味しようが，他の日にいつでも可能な都市的雑業や廃品回収に従事しないということは，やはり一種の労働調整を行っていると考えられる．また，実際に日雇労働を行うホームレスの人々には，「プライドの問題」として廃品回収を行う人が少ないという実態がある．しかしながら，プライドであろうとなかろうと経済学的には労働調整であると考えられる．こうした労働供給パターンの説明としては，以下で説明するもの以外に Babcok et al. (1997)，Farber (2005) のような行動経済学的解釈も考えうる．

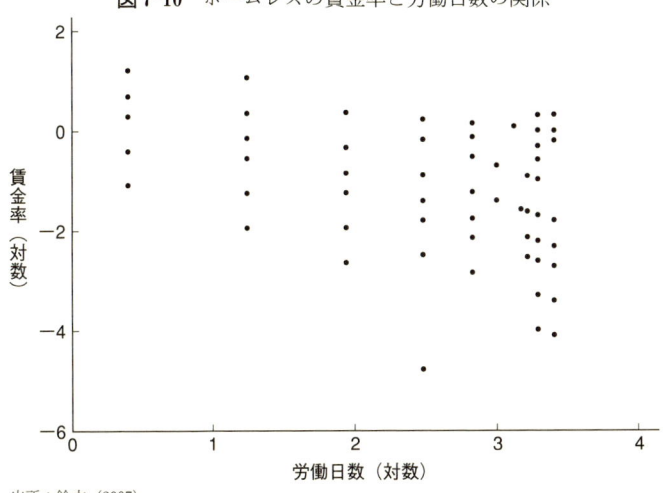

第7章　ホームレス対策と生活保護　　　227

図 7-10　ホームレスの賃金率と労働日数の関係

[散布図：横軸「労働日数（対数）」0〜4，縦軸「賃金率（対数）」-6〜2]

出所：鈴木 (2007).

ほぼ毎日の労働も珍しくない．したがって，図 7-10 のように，賃金率と労働日数には明確な負の関係が存在している．これの背景にはどのようなメカニズムがあるのであろうか．

　その一つの可能性は次のようなものである．図 7-11 は，横軸に労働時間（例えば1カ月当たりの労働日数），縦軸に消費（1カ月の消費額）を取った簡単な労働供給モデルである．今，比較的賃金率の高い労働の場合の予算制約線が図のO—A—Bに描かれている．このようなホームレスの人々は，比較的少ない労働日数で，生存のために最低限必要な所得を超えるにもかかわらず，それ以上の労働を行わない．その理由の一つは，労働をそれ以上行って，野宿生活を脱して低家賃住宅が借りられるほどの所得になったとしても，生活水準が野宿生活よりも上がらないと考えられるためである．すなわち，就労自立すると，家賃がかかる，敷金礼金等の初期投資額も大きい，税金・社会保険料も支払わなければならない，炊き出しや支援団体の支援も対象ではなくなる，住所が設定されると借金の取立てが来る，といったさまざまな費用を急に負担しなければならなくなる．そのために，予算制約線はA点以降はキンクして平行になってしまうか，むしろAの水準より下がるかしてしまい，それ以上の労働供給を行うインセンティブが生じないのである．

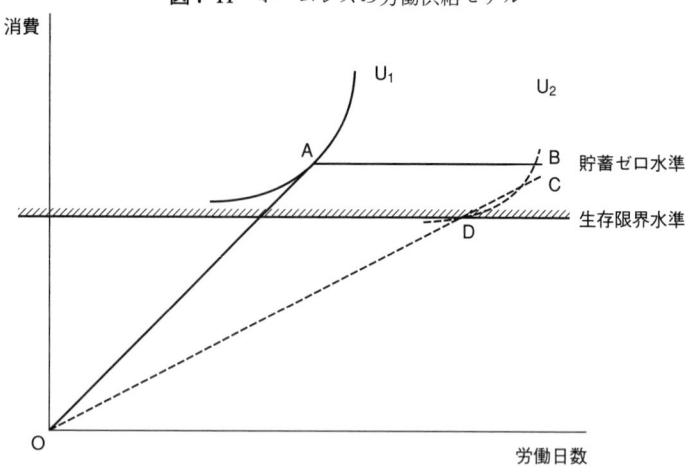

228　第Ⅱ部　生活保護制度と関連領域

図7-11　ホームレスの労働供給モデル

　もう一つの可能性は,「生活保護へのモラルハザード」である．すなわち，一定以上の貯蓄や資産がある場合には生活保護を申請することができないため，いずれ近いうちに生活保護を受給したいと思っている中高年中心のホームレスは，日々消費する以上に労働所得を稼ぎ貯蓄を行う動機が存在しない．このことも，A点で予算制約がキンクすることで表現される．いずれにせよ，そのような予算制約線のキンクの存在が，A点でのnotchを生み，労働量の上限をつくってしまっていると思われる．

　一方，廃品回収のような賃金率の非常に低い労働にしかつけない場合は，A―D―Cの予算制約で表現されている．この場合，生存に必要な最低限の消費額を得るために，限界に近い労働日数を働く必要があり，これがバインドとなってD点までの多量の労働日数の選択を余儀なくされていることが想像される．

3.4　自立支援事業利用に対する簡単な意思決定モデル

　最後に，政府の自立支援事業を利用するホームレスの人々と，その存在を知っていながらも利用しない人々が存在する理由を考えよう．具体的に，自立支援事業の中心である自立支援センター入所の意思決定は，次のような簡単な2期間の人的資本モデルで説明できると考えられる[17]．

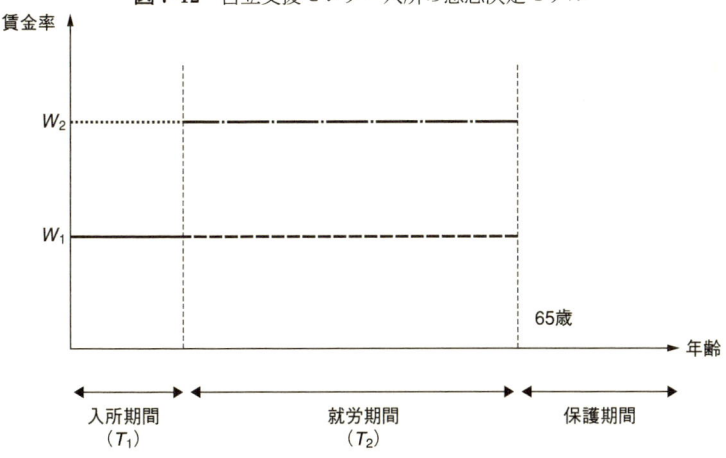

図7-12 自立支援センター入所の意思決定モデル

（縦軸：賃金率、横軸：年齢）

W_2、W_1、65歳

入所期間（T_1）　就労期間（T_2）　保護期間

今，図7-12にあるように，自立支援センターへの入所期間を T_1（2〜4カ月，緊急一時保護センターの入所期間を加えると，3〜6カ月程度），その後の就労期間を T_2 とする．稼動能力要件を問われない65歳以降は生活保護を受けられる可能性が高いので，就労期間は65歳になるまでの期間としている．ホームレスの多くは日雇労働や廃品回収，都市的雑業などによる収入をもっているので，その賃金率（一定期間当たりの賃金とする）を w_1 とし，自立支援センターを就労退所した場合の賃金率を w_2 とする．通常は $w_2 > w_1$ であると想定される[18]．自立支援センターに入所したとしても，すべてのホームレスが就労退所できるわけではないので，就労退所できる確率を π とする．ホームレスは退所後，π の確率で w_2 の賃金を得るが，就労できず期限切れで退所したり，短期雇用を継続できなかった場合には再路上化するので，再び w_1 の賃金に直面する．したがって，ホームレスにとっての T_2 期間の賃金率の期待値は，$\pi w_2 + (1-\pi)w_1$ である．ホームレスが合理的に行動しているとするならば，入所した場合の総価値と，入所しない場合の総価値を比較勘案して意思決定をするはずである．

すなわち，次の正味現在価値（*NPV*: Net Present Value）が大きいほど入

[17) 以下の記述は，鈴木・阪東（2006）に基づく．
[18) 賃金率の違いにより，当然，労働期間（時間）も変化するはずであるが，ここでは単純化のためにその効果を無視して議論を進める．

所する確率が増し，小さくなるほど入所確率が低くなるとする．

$$NPV = \left\{\frac{[\pi w_2 + (1-\pi)w_1]T_2}{1+r} - C\right\} - \left\{w_1 T_1 + \frac{w_1 T_2}{1+r}\right\} \quad (1)$$

ここで第1項は入所した場合の総価値であり，総収入から自立するための費用 C を引いている．費用 C としては，アパートや宿泊所に移った後の家賃（敷金・礼金，保証人代行費を含む），借金の返済などの直接費用が考えられるほか，自立支援センター入所時に失う資産（諸荷物，テント，テントを置いていた場所の価値等）や，やはり入所時に失う犬などの動物や同居家族[19]，ホームレス期間中の一人での自由な生活時間，生活習慣（アルコール，ギャンブル等）の効用価値を含んでいる．第2項は逸失価値である．NPV を整理すると(2)式のようになるが，

$$NPV = -w_1 T_1 + \frac{\pi T_2}{1+r}(w_2 - w_1) - C \quad (2)$$

ここから，①現在の賃金率が高いほど入所確率が低くなる $\left(\frac{\partial NPV}{\partial w_1} = -\left(T_1 + \frac{\pi T_2}{1+r}\right) < 0\right)$，②将来の賃金率が高いほど入所確率が高くなる $\left(\frac{\partial NPV}{\partial w_2} = \frac{\pi T_2}{1+r} > 0\right)$，③就労確率が高いほど入所確率が高くなる $\left(\frac{\partial NPV}{\partial \pi} = \frac{T_2(w_2-w_1)}{1+r} > 0\right)$，④就労期間が長くなるほど（年齢が若いほど）入所確率が高くなる $\left(\frac{\partial NPV}{\partial T_2} = \frac{\pi(w_2-w_1)}{1+r} > 0\right)$，⑤費用が高くなるほど入所確率が低くなる $\left(\frac{\partial NPV}{\partial C} = -1 < 0\right)$，ということがいえる．

鈴木・阪東（2006）は，筆者らが墨田区で行った「墨田区ホームレス実態調査[20]」の個票データを用いて上記のモデルの妥当性を実証しているが，分析の結果，①現在の賃金率が入所希望率に対して負に有意，②若い層のダミー変数（40歳代ダミー）が正で有意であり，記述統計の結果とも合わせて，おおむね

---

[19] 大阪城仮設一時避難所などの例外も存在するが，自立支援センターや緊急一時避難所のほとんどは動物を同伴することができない．また，同居家族についても，緊急一時保護センターの入所時の段階で，離散となる可能性が高い．

[20] この調査については，墨田区（2005）および鈴木他（2005）を参照されたい．

4. おわりに——ホームレス問題の抜本的対策に向けて

2007年は，ホームレス自立支援法施行後5年目の中間見直し年に当たる．このため，2008年の自立支援法改正に向け，厚生労働省社会・援護局において検討会（「ホームレスの実態に関する全国調査検討会」（座長：岩田正美日本女子大学教授））が議論を重ねているほか，ホームレスの各支援団体からの提言なども続いている[21]．この節では，前節までの実態と経済学的な理解から，これまでの対策がどのように評価できるのか整理を行い，具体的に，自立支援法の改正や今後の改革に向けた提言を行うことにする．

4.1 就労支援型自立支援事業の行き詰まり

まず，前節までの現状や考察からいえることは，さまざまな観点からみて，現行の就労支援中心の自立支援事業には限界が生じているということである．第1に，肝心の就労退所率はたかだか2割程度に過ぎない．しかもこれらは退所時の瞬間値に過ぎず，その後の就業継続率はどんどん下がっていく．また，2007年調査において野宿生活者の9％が自立支援センターの退所者である．再入所が認められる約半年の経過後，何度も自立支援センターに入所するリピーターも存在している．第2に，就労支援を行うはずの施設であるにもかかわらず，実際には生活保護を受給して福祉退所する割合のほうが高い．第3に，現状の野宿生活者の中には，自立支援事業を知りながらも利用を希望しない者が多く，こうした長期化しているホームレスの人々の受け皿として機能しなくなってきている．第4に，自立支援センターが存在する一握りの大都市を除いて，その他の政令指定都市，中核都市，地方都市ではこうした資源を用いることができず，公的資源の偏在，格差をもたらしている．こうした状況を変えるためには，自立支援事業自体の見直しとして以下の改革が必要である．

---

[21] こうした一例として，各支援団体の全国組織である「ホームレス支援全国ネットワーク」による提言が挙げられる（http://www.homeless-net.org/）．

まず第1に，その存在目的である就労自立率を高めるために，今までの支援策を評価し，抜本的に見直すことが必要である．これまでのように社会福祉法人や公的法人に運営主体を限るのではなく，NPO法人や営利法人に成果主義的なインセンティブを付けて民間委託することも一案である．また，職業訓練の内容や期間，職業紹介の実施方法なども見直しが必要である．さらに，就労自立率の評価については一定期間後の就労継続率も評価基準とすべきであり，アフターフォローに対する人員や予算の充実が必要である．

第2に，生活保護による福祉的支援が必要な入所者が多くなってきているという現実に鑑み，就労支援という側面だけではなく，日常生活訓練，社会生活訓練も兼ね備えた事業に展開することが必要である．その場合，従来の更生施設との区別が明確ではなくなるが，自立支援センターをいつまでも法外化するのではなく，更生施設化することも一案であろう．また，現在の入所期限を少なくとも半年程度に長くする必要があると思われる．さらに，最近の自立支援センターの入所者の中には，野宿を経験していない生活困窮者も数多くみられ，自立支援事業が「ホームレスの予防」という機能も果たしている．既にホームレスとなった人々への対策だけではなく，こうした予防機能を積極的に評価して，自立支援事業の目的の一つとすべきかもしれない．虹の連合・大阪就労福祉居住問題調査研究会（2007）の調査結果でも明らかとなっているが，野宿を経験していない生活困窮者のほうが，野宿経験者よりもその後の就労自立率や就労持続期間が長く，社会復帰がしやすい．予防は重要かつ効率的な自立支援策である．

第3に，長期化する野宿生活者に対して，自立支援センター入所の魅力をもたせるために，①個室化を進める，②集団生活の制約やさまざまな制約を必要のない限り緩和するといった，「使い勝手」を良くする必要がある[22]．

第4に，自立支援センターがもつ生活相談，住宅相談等，公共職業安定所と密接な連携をもった就業相談・紹介といった機能については大都市の自立支援センターに入所しなければ受けられないというのは，公費の使い道として不公平であり，こうした機能を地方の民間中間施設の入所者などに対しても行うよ

---

22) この点の詳しい対策は鈴木・阪東（2006）が提言している．

う「出張サービス」をさせるべきである．あるいは地方都市がそうした箱物と分離したケア・サービスを独自に開始するのに際して，その事業には国費である「セーフティーネット支援対策等事業費補助金」が使えるようにする必要がある．

4.2 生活保護制度の問題

すでにみてきたように，この5年間のホームレスの脱野宿化には，自立支援事業よりも生活保護制度のほうが有効に機能してきたといえる．しかしながら，生活保護制度というのはいわば「オール・オア・ナッシング」の選択であり，機動性に欠け，効率性も低い．つまり，65歳や60歳といった一定年齢に達するまでの「生活保護を申請する前」のホームレスの人々に対して，貯蓄や必要以上の労働をする動機を失わせている可能性があるし，生活保護に必要なさまざまな要件を満たすために生活状態，健康状態の悪化を放置させる動機も働く．また，さまざまな要件を満たして生活保護にかかった後には，たとえ，はじめは半就労・半支援という形を取ったとしても，第2章の分析にあるように勤労控除の問題があり，就労のインセンティブが持続しない．そのため，結局，病気などのきっかけで就労を終えてしまい全福祉となり，保有している就労能力を十分に活用できない．

こうした問題に対処するためには，「半就労・半支援」という形を公式化して，生活保護制度をもっと早い段階で機動的に運用する一方，自立支援プログラムの活用や，勤労控除の制度を大幅に変更するなどして，生活保護受給後の就労や自立へのインセンティブを確保する必要がある．一定時間の就労を義務化した生活保護受給という考え方も一案であるし，生活保護以外に機動的に支出しうる生活資金貸付制度の拡充も対策として考えられる．

また，生活保護の住宅扶助費が固定的なために実際の賃料との間に差益が発生することから，元ホームレスの人々の中には，福祉マンションやドヤ保護，自治体の認定を受けていない施設，劣悪な小規模共同住宅に入居している人々も少なからず存在している．こうした公的な監視の眼が届かない部分ができてしまっていることも問題である．また，やはり住宅扶助費の固定性のために，生活保護受給者が入居している住宅，施設は，その居住環境・質の良し悪しに

かかわらず，住宅扶助費の上限に家賃が張り付くといった現象が起きている（虹の連合・大阪就労福祉居住問題調査研究会 2007，大阪就労福祉居住問題調査研究会 2006）．これは，低家賃住宅市場の効率性を失わせる価格のディストーションであり，本来であれば市場から駆逐されるような劣悪な住宅を許容してしまっているという弊害を生んでいる．このような状況に対しては，生活保護受給者が利用できる住宅の基準をつくり，無料低額宿泊所のガイドラインのようにすべての種類の住宅に適用し，それを厳守しない住宅・施設に対しては生活保護受給者の入居を認めないといった制度を設けることが考えられる．

4.3 社会的自立・日常生活自立までの長期間の一体的支援の必要性

　この数年のホームレス対策は，厚生労働省が狭義のホームレスの定義に固執することからもわかるように，まず，野宿生活から脱却すること（いわゆる「畳の上」に上げること）のみに焦点が当てられてきたといってよい．そのために，中間施設利用やその後の一般住居に移ってからの自立持続に対して実効性のある対策が行われてこなかった．したがって，自立支援事業を利用しながらも退所後，路上生活に戻ったり，あるいは民間の中間施設入所と野宿生活を行き来するような人々が数多く存在している．さらに，生活保護を受給して一般住宅に移った後も，社会生活や日常生活の些細なトラブルから再び野宿生活や，中間施設に戻る人々も数多い．先に引用した 2006 年中のホームレスに対する生活保護適用状況の統計（厚生労働省 2007c）では，廃止件数とその内訳も示されているが，同年中の廃止件数 18,705 のうち，「失踪による廃止」が 7,527 件と廃止理由の 40.2% にも及ぶ．路上生活者の場合，医療扶助の単給で生活保護にかかる割合が高いために，廃止理由として「疾病治癒」（6,415 件，34.3%）や「死亡」（1,020 件，5.4%）が高いことは理解できるが，それらを合計したよりも「失踪による廃止」のほうが多いという事実は衝撃的ですらある．

　こうしたことを防ぐためにも，今後の支援策においては，中間施設や一般住宅に移った後の生活支援，アフターフォローに重点を置くべきである．そのためには，民間団体との連携を強化し，ホームレスの人々がさまざまな施設や住宅に移っても，連続して一貫したサポートを行える体制を確保する必要がある．こうしたことは，やはり福祉事務所のケースワーカーが行うには限界があり，

むしろ民間の NPO や支援団体にこうしたサポート事業を民間委託してしまう方が現実的であると思われる．また，優良な無料低額宿泊所やサポーティブハウスのような民間中間施設に対しては，そこで行われている支援やケアに対する費用を明示化して，公費によるサポートも必要であると思われる．

4.4 住宅支援の重要性

　最後に，ホームレス対策という趣旨からはやや外れるかもしれないが，3節で取り上げたように，賃貸住宅市場の失敗に対して政策的な対応を行うことの重要性を指摘しておきたい．すでに述べたように，我が国ではホームレス問題を基本的に就労問題と捉える傾向が強く，ホームレス対策もその中心は就労支援となっている．しかしながら，欧米ではむしろホームレス問題は住宅問題と捉える方が一般的であり，ホームレス対策のあり方として，就労支援よりもまず住宅支援という考え方（ハウジングファースト論）が支配的である．

　現在，高齢者等については，それを住宅市場の失敗に直面する「住宅弱者」と認め，国土交通省が，高齢者向け優良賃貸住宅（高優賃），高齢者専用賃貸住宅（高専賃）に対する補助金交付や高齢者円滑入居賃貸住宅の情報提供などの対策を行っている．同様の考え方から，広義のホームレスを住宅弱者と捉え，家賃に対する補助金交付を行う対策が考えられる．生活保護の中だけで考えるのであれば，同じ性質の対策として，生活保護の住宅扶助を単給化して医療扶助の単給並みの機動的な運用を行うことが考えられる．

　いずれにせよ，我が国の就労支援中心の自立支援事業には限界がみえていることから，今後のホームレス対策，自立支援法改正には，ハウジングファーストへの発想転換が必要であると思われる．

参考文献
ありむら潜（2007）『最下流ホームレス村から日本を見れば』（居住福祉学会居住福祉ブックレット 12）東信堂．
稲田七海（2005）「生活保護受給者の地域生活と自立支援——釜ヶ崎におけるサポーティブハウスの取り組み」『季刊 Shelter-less』No. 27, pp. 82-102.
大阪就労福祉居住問題調査研究会（2006）『大阪市西成区の生活保護受給の現状』(http://www.osaka-sfk.com/nishinari/index.html)．

厚生労働省（2003）『ホームレスの実態に関する全国調査報告書』.
厚生労働省（2007a）「ホームレスの実態に関する全国調査報告書の概要」ホームレスの実態に関する全国調査検討会（第4回）配布資料1（http://www.mhlw.go.jp/shingi/2007/07/s0718-13.html）.
厚生労働省（2007b）「ホームレス施策実施状況等」ホームレスの実態に関する全国調査検討会（第4回）参考資料2（http://www.mhlw.go.jp/shingi/2007/07/s0718-13.html）.
厚生労働省（2007c）「自治体ホームレス対策状況結果」ホームレスの実態に関する全国調査検討会（第4回）参考資料3（http://www.mhlw.go.jp/shingi/2007/07/s0718-13.html）.
厚生労働省（2007d）「平成19年ホームレスの実態に関する全国調査（生活実態調査）の分析結果案」ホームレスの実態に関する全国調査検討会（第5回）配布資料・参考資料（http://www.mhlw.go.jp/shingi/2007/09/s0912-10.html）.
鈴木亘（2003）「GISを用いたホームレスの生活圏分析と都市政策」山崎福寿・浅田義久編『都市再生の経済分析』東洋経済新報社，pp. 181-201.
鈴木亘（2004）「小地域情報を用いたホームレス居住分布に関する実証分析」『季刊・住宅土地経済』No. 54, pp. 30-37.
鈴木亘（2006）「仮設一時避難所検診データを利用したホームレスの健康状態の分析」『医療と社会』Vol. 15, No. 3, pp. 53-74.
鈴木亘（2007）「ホームレスの労働と健康，自立支援の課題」『日本労働研究雑誌』2007年6月号，pp. 61-74.
鈴木亘・阪東美智子（2006）「ホームレスの側からみた自立支援事業の課題」『季刊・住宅土地経済』No. 63, pp. 15-23.
鈴木亘・麦倉哲・大崎元・阪東美智子・水田恵・成清正信（2005）「墨田区ホームレスの特徴について――実態調査の結果から」『季刊Shelter-less』No. 27, pp. 125-141.
墨田区（2005）『墨田区ホームレス実態調査』（http://www.city.sumida.lg.jp/sumida_info/houkokusyo/HLjittaityousa/）.
東京都（2007a）『東京ホームレス白書II――ホームレス自立支援の着実な推進に向けて』.
東京都（2007b）『生活保護を変える東京提言――自立を支える安心の仕組み』.
虹の連合・大阪就労福祉居住問題調査研究会（2007）『もう一つの全国ホームレス調査――ホームレス「自立支援法」中間見直しをきっかけに』（http://www.osaka-sfk.com/homeless/index.html）.
阪東美智子（2007）「ホームレス等住宅困窮者に対する住宅問題と住宅扶助のあり方」『季刊Shelter-less』No. 32, pp. 183-194.

水内俊雄 (2007)「もう一つの全国ホームレス調査——厚労省調査を補完する」『季刊 Shelter-less』No. 32, pp. 83-122.

Babcok, L., Loewenstein, G. and Thaler, R. (1997) "Labor Supply of New York City Cabdrivers: One Day at a Time", *Quarterly Journal of Economics*, Vol. 112, pp. 407-441.

Farber, H. (2005) "Is Tommorrow Another Day? The Labor Supply of New York City Cabdrivers", *Journal of Political Economy*, Vol. 113, pp. 46-82.

Iwata, S. (2002) "The Japanese Tenant Protection Law and Asymmetric Information on Tenure Length", *Journal of Housing Economics*, Vol. 11, No. 2, pp. 125-151.

O'Flaherty, B. (1996) *Making Room: The economics of homelessness*, Cambridge: Harvard University Press.

第8章　地方財政と生活保護[1]

林　正義

1. はじめに

　地方公共団体は，生活保護を実施しているという意味で，憲法25条を体現化する重要な役割を担っている．生活保護の財源に関しても，給付額に限れば国が比較的高い割合（75%）で負担しているにしても，その他の部分は地方が負担しているため，地方財政のあり方が大きく関連している．これを傍証するがごとく，2005年の三位一体改革における国庫補助負担金の見直しにおいて，生活保護基準設定の地方への権限移譲とともに国庫負担の削減や一般財源化が提案された．これを機に同年4月から「生活保護費及び児童扶養手当に関する関係者協議会」が設置され，国と地方の立場から議論と検討が続けられた．この協議会は同年11月に一方的に打ち切られ，結論を見ることはなかったが，同月に地方側は声明を発表し（全国知事会・全国市長会 2005），これを受けて組織された検討会が報告書を提出している（新たなセーフティーネット検討会 2006）．

　生活保護の地方分権化に地方側は反発をみせたが，少なくない国では公的扶助（生活保護）が分権化されているのも事実である．カナダやアメリカなどの連邦国家では州政府が公的扶助を含む再分配政策の権限を有しており，給付内容は州別に異なっている．単一国家でもイタリアや一部の北欧国家のように，国としてのガイドラインは存在するが，公的扶助に地方が独自の給付基準を設けている国も存在する．また財源に関しても，日本のように給付額の一定割合を国庫が直接負担している国はデンマークなどごく少数であり，多くの国では一般交付金や税源移譲による一般財源化が行われている（林 2006b）．他国の制

---

[1]　総務省地方財政審議会の木村陽子委員からは，出版カンファレンスにおける討論者として大変有益なコメントを頂いた．

度がベスト・プラクティスである保証はないが，このように少なくない国々で公的扶助が分権化されている事実をもって，公的扶助の地方分権化に一定の意義を見出すことは可能かもしれない．

しかし，公的扶助制度を国際比較する場合は，国によって公的扶助の守備範囲が異なることに注意する必要がある．公的扶助は最後の安全網であるが故に，その守備範囲は他の社会保障制度がカバーしない「残余」の部分となる．例えば，他の安全網が充実していると公的扶助の守備範囲は小さくなり，また逆に他の安全網が貧弱であると，公的扶助の守備範囲は大きくなる．

欧米では，多くの経済学者が公的扶助と地方財政（地方分権）の問題に取り組んできたが (e.g., Brueckner 2000, Crémer and Pestieau 2004)，これは当該諸国において分権化された公的扶助がさまざまな政策的課題を提示してきたことによると考えられる．例えば，北米では憲法によって規定された権限配分（公的扶助の分権化）が制約となって，再分配政策上のさまざまな問題が顕在化したことは想像に難くない．欧州においては，EU統合によりEU諸国が連邦国家における州政府のごとく位置づけられようとしており，こうしたEU諸国の地方化も社会保障政策の分権化に関わる研究を促進しているといえる．これらの研究は，我が国のように分権化賞賛の流れの中で公的扶助のさらなる責任を地方に移譲するという発想ではなく，そもそも公的扶助の分権化は問題であるという認識を出発点にしていることに注意したい．

本章では，我が国における生活保護と地方財政に関する論点を経済理論と国際比較という観点から考察する．まず，第2節では我が国の地方行財政制度における生活保護制度の実態，ならびに，生活保護制度に関わる国から地方への財政移転制度を概観する．また，国からの補助と地方の濫給に関わる議論を取り上げ，当該議論を評価するいくつかの視角を提供する．

次に第3節では，我が国の生活保護費の特徴を概観した後に，他の先進諸国における公的扶助制度を概観する．既述のように，公的扶助を国際的に比較する場合には，国によって公的扶助制度の守備範囲が異なることに注意する必要がある．序章でみたように，日本の生活保護においては高齢者世帯や医療扶助の比率が大きい．したがって，ここでは，他国における老齢年金や医療などの公的扶助に隣接する社会保障制度についても概観し，日本の生活保護の国際的

な位相を確認する．

最後に第4節では，地方による再分配政策の帰結を議論した経済分析を概観・整理する．我が国では生活保護（公的扶助）と地方財政というテーマは政策的にも重要な課題であるにもかかわらず，経済学的観点から公的扶助と地方財政（地方分権）のあり方を考察した研究はほとんど存在しなかった．既述のように欧米における経済学では公的扶助や再分配政策における国と地方の財政役割について多くの研究が蓄積されており，これらの知見は我が国の公的扶助のあり方を考える際に有用な視点を提供するであろう．

2. 生活保護と地方行財政制度

2.1 地方行政組織

保護の決定と扶助費の給付を含む生活保護事務は福祉事務所を通じて実施される．都道府県と市（東京都特別区を含む）は社会福祉法（14条1項）によって福祉事務所の設置が義務づけられている．福祉事務所は生活保護法を含む福祉六法[2]に定められた援護・育成・更生の措置に関する各種事務を一元的に実施しており，その具体的な事務は福祉六法の各々の項で定められている[3]．都道府県や市においては民生部に保護課・厚生課・社会課等が設置され，福祉事務所に委任した事務に対する指揮監督や保護施設の運営指導等が行われる．なお，小規模の市ではその内部組織（例えば「福祉課」）が看板上「福祉事務所」とされ，市役所が実質上の窓口となっている場合も多い．一方，町村による福祉事務所の設置は任意であり，多くの町村は福祉事務所を設置していない．福祉事務所が設置されていない町村では，都道府県の福祉事務所が業務を代行している[4]．都道府県の地方事務所に福祉課を設置すれば福祉事務所に代替できるため，都道府県の地方事務所が福祉事務所の仕事を代行している場合もある．

---

2) 生活保護法，児童福祉法，母子及び寡婦福祉法，老人福祉法，身体障害者福祉法，知的障害者福祉法の総称．

3) 福祉事務所が行わない事務としては，母子生活支援施設入所（福祉事務所の設置主体である地方公共団体による），老人福祉法と身体障害者福祉法による福祉の措置（市町村による）があり，さらに障害者手帳の交付権限は都道府県知事にある．

4) ただし，福祉事務所のない町村でも応急的処置として生活保護事務が行われることもある．

社会福祉法（15条）は，福祉事務所に，①所の長（以下，「所長」と表記），②指導監督を行う所員（以下，「指導監督員」と表記），③現業を行う所員（以下，「現業員」と表記），および，④現業以外の庶務・事務を行う所員（以下，「事務員」と表記）の配置を義務づけている．所長は業務に支障がない限り指導監督員を兼ねることができ，都道府県知事または市町村長（特別区の区長を含む）の指揮監督の下で所務を掌理し，指導監督員は所長の指揮監督の下で現業事務の指導監督をつかさどる．一方，現業員は，所長の指揮監督の下，「援護・育成・更生の措置を要する者等の家庭を訪問し，又は訪問しないで，これらの者に面接し，本人の資産や環境等を調査し，保護その他の措置の必要の有無及びその種類を判断し，生活指導を行う」（社会福祉法15条4項）とされる．なお，指導監督員と現業員は社会福祉主事である必要がある（社会福祉法15条6項）．社会福祉主事の資格は，大卒者であれば，広範な範囲にわたる指定科目から3つの科目を履修すれば得ることができる．したがって，社会福祉主事はしばしば「3教科主事」と揶揄され，福祉分野における高い専門性を示すことにはならないという指摘もある．

　地方公共団体の事務の多くは国の法律やそれに基づく政令によって規定される「法定事務」である．そのうち，「国が本来果たすべき役割に関わるものであって，国においてその適正な処理を特に確保する必要があるもの」（地方自治法2条の9）が「法定受託事務」である[5]．「自治事務」は法定受託事務以外の地方公共団体の事務として残余的に定義されるから，自治事務の中にも法定事務が含まれ，それはしばしば，「法定自治事務」と呼ばれる．

　地方公共団体による生活保護事務は，生活保護法や社会福祉法などが規定する法定事務である．生活保護受給にはさまざまな要件があり[6]，これらの要件

---

[5] 厳密には「法定受託事務」は，①国から都道府県，市町村または特別区に委託される「第一号法定受託事務」，および，②都道府県から市町村または特別区に委託される「第二号法定受託事務」に分けられる．本文中の「法定受託事務」は「第一号法定受託事務」を指す．

[6] 序章で説明したように，具体的には，①勤労可能な者はその能力に応じて働かなければならず（能力活用），②生活に直接必要のない土地，家屋などの不動産，預貯金，生命保険，高価な貴金属類等は活用しなければならない（資産活用）し，また，③親子，兄弟姉妹など，扶養義務者の中で援助可能な者がいれば，その援助を受けなければならない（扶養義務の履行）．さらに，④利用可能な他の公的制度は活用しなければならない（他法活用）．これらの活用の可能性が存在しない場合に，最後の拠り所として生活保護を受給できる．

を確認するためにケースワーカー（生活保護担当の現業員）は資力調査を行う．このような保護決定・保護費給付事務は，救護施設整備に加えて，法定受託事務とされる．もちろん，生活保護事務はそれだけではなく，社会福祉法によって現業員は「本人の資産や環境等を調査し，保護その他の措置の必要の有無及びその種類を判断」するだけでなく，「措置を要する者等の生活指導を行う」ことが求められる．つまりケースワークであるが，これは法定受託事務とされていないため，（法定）自治事務とされる．

2.2 生活保護と政府間財政移転

日本国憲法25条を基礎とする生活保護は，全国統一的な制度として運用されなければならない．特に，生活保護法には「無差別平等」が謳われており，「すべて国民は，この法律（生活保護法）の定める要件を満たす限り，この法律による保護を，無差別平等に受けることができる」（括弧内および強調引用者）とある（総則2条）．したがって，地方公共団体の財政状態や他の地域的要因によって，生活保護の運用に地域格差が存在することは許されることではない．それゆえ生活保護事務には，国庫負担制度と地方交付税制度を通じた財政支援が行われている．

国庫負担

生活保護事務は地方財政法10条によって「国が進んで経費を負担する必要がある」事務とみなされるため，国庫負担制度を通じた財政支援が行われている．同制度の下では表8-1に示す負担率に従い，①保護費（保護の実施に要する費用），②保護施設事務費（被保護者の入所や利用に伴う保護施設の事務費），③委託事務費（被保護者の施設入所や私人家庭での保護委託に伴う事務費），および④社会福祉法人等の保護施設整備費に関して国が一部の経費を負担している．

なお，自立支援プログラム策定実施推進事業（第6章参照）には国庫負担制度ではなく国庫補助制度から財政支援が行われている．実施体制事業は全額補助であるが，自立支援サービス整備事業は半額補助となっている．ただし，この地方負担分は一般財源化され，以下に述べる基準財政需要額の算入を通じて実質的には地方交付税で措置されている．

表 8-1 生活保護の経費負担

	経費負担主体	負担率
保護費・施設事務費・委託事務費	国	3/4
	都道府県または市町村	1/4
保護施設設備費 (社会福祉法人および日本赤十字社設置)	国	1/2
	都道府県・政令指定都市・中核市	1/4
	事業者	1/4

注：地方公共団体が設置する保護施設に関しては2006年度より基準財政需要額の増加を通じた地方交付税措置によって一般財源化され、国庫負担の対象から外れている．

地方交付税

　国庫負担金は生活保護行政にかかる全ての経費をカバーしないため，地方の負担部分（いわゆる「裏負担」）は，地方の一般財源から拠出されることになる．したがって，適切な生活保護行政の実施には十分な地方財源が必要となるが，それに必要な財源をもたない地方が存在するかもしれない．この点に配慮するのが地方交付税である．

　地方交付税は，用途を指定しない一般補助金であり，交付金総額の94％を占める「普通交付税」と残りの6％を占める「特別交付税」に分けられる．前者は地方の行政需要のうち自主財源だけでは足りない部分を補填し，後者は前者の算定時には予測できない地方の行政需要に対応するものとされている．生活保護との関連で重要なのは普通交付税である．地方公共団体に交付される普通交付税額は，基準財政需要額と基準財政収入額の差として与えられる（差が負の場合，普通地方交付税は配分されない）．基準財政需要額とは各地方が等しく合理的かつ妥当な水準で行政を遂行するのに必要な経費の推計値であり，基準財政収入額とは一定の基準のもとで算定される当該地方歳入の推計値である．

　基準財政需要額は歳出項目ごとに算定される．生活保護費の基準財政需要額には，国庫が負担しない生活保護に関わる経費（国庫負担金が充てられる事務経費の地方負担部分を含む）が算入される．したがって，理論的には地方税収入や国庫負担がいくら変動しようとも，地方が負担しなければならない財源は保障されることになる．

　基準財政需要額は，歳出項目別の測定単位，単位費用，および，補正係数の積として求められる．生活保護費に関しては測定単位として当該行政区域の人口（都道府県の場合は町村部人口）が用いられる．次に単位費用とは，平均的な

特徴をもつ「標準団体」における測定単位1単位当たりの経費である．生活保護費の場合，2006年度数値で人口1人当たり6,770円（市部）および6,790円（都道府県）となっている．最後に補正係数は，単位費用では捉えられない費用の変動を調整する係数である．生活保護費の測定単位は人口であるため，補正係数はまず地域人口に占める受給者や福祉事務所職員の比率の違いを調整することになる．また寒冷地では冬期加算が存在するため，それによる扶助費の差も調整される．加えて市部においては，寒冷地における職員手当，人口規模の違い，都市化の度合，そして，行政上の権能の違いも補正係数で考慮される．

2.3 財政移転と濫給

このように地方の生活保護事務は，国庫負担制度や地方交付税制度を通じて財政的に支援されている．しかし，このような国からの補助は古くから地方による生活保護費の無駄遣いにつながると主張されてきた．それは，しばしば「濫費」もしくは「濫給」という言葉で議論され，かつ，実際の政策にも反映されてきた．

補助と濫給

国の補助が地方の濫給につながるという考えは，すでに1908年の「済貧恤救（じゅっきゅう）は隣保相扶の情誼に依り互いに協救せしめ国費救助の濫給矯正方の件」という通達にみることができる[7]．この通達は濫給を理由にして救貧施策における国費負担を制限するものであり，そこでは市町村がまず貧困者の救助をし，市町村に資力がないときに初めて府県が負担し，そして事情やむを得ないとき国庫より支出するという考えがとられた[8]．

この国政事務を地方の負担において実施させる方式は，1943年の市制町村制の改定の際に，国が地方に財源を与えて実施させる方式へと変更された．この方向転換は地方が実施する国政事務が戦時期に増大したことに対応したものであったが，当該事務経費の全額ではなく，その一定割合の補助となった．こ

---

7) 序章で述べたように近代国家としての日本の公的扶助は，1874年の恤救規則に始まる．同規則は前文と5条からなる短いものであり，かつ，救済要件が非常に厳しいものであった．

8) その結果，通達時には約1万3,000人であった受給者は翌年には約4,000人に減少したという（重田 1977）．

こでも，その一つの理由として，「兎角あてがひぶちの金では濫費の弊に陥り無責任なやり方に終わり易い」(奥野 1944) ので，地方公共団体にコスト意識をもたせるためには全額よりも一部負担がよいという認識があったという (市川 1997).

また戦後の生活保護制度設立の場合においても同様の論理がとられた．当時は，国家責任の原則から全額補助にすべきという意見が存在したにもかかわらず，地方公共団体に自己統制をさせ濫給を防ぐという理由で国庫負担が8割となった．戦後の生活保護制度の立案に当たった葛西嘉資 (厚生省社会局長1946年1月25日〜1948年3月15日，厚生事務次官1948年3月16日〜1951年5月8日) は，次のように「証言」している (社会福祉研究所1978, pp. 282-283).

> 私が内藤君 (内藤誠夫，旧生活保護法の起草者——引用者注) といちばん議論したのが，この点でした．内藤は全額国が出せという．私は地方負担がなければいけないという．私がいくらいっても，会議がすすんで暗くなってからも，内藤はねばるんだよ．(中略) 当時は知事が民選になったばかりでしょう．当選したいがために，国からもらってやったという考えで，その金をばらまかれたら困るよ．だから，自浄作用というかセルフ・コントロールができるように，地方負担をさせなければいけないというのが，ぼくの意見だった．当時の行政の責任者としては，そこまで考えなければならない．これは絶対ゆずれませんでした．

最近の三位一体改革においても，国の補助の削減が生活保護率を抑制するという論理に基づき国庫負担率の引き下げが提案された (財政制度等審議会 2005)．同案には全国紙も賛同し，「地方の責任を重くし，生活保護制度の運用の適正化を目指すこの提案こそ，実現させるべきだ」としている (読売新聞 2005).

なお，補助と濫給に関わるこの議論は日本特有の考えではないようだ．後述するようにデンマークでも公的扶助給付に対して部分的な国庫補助を行っているが，UFJ総合研究所 (現三菱UFJリサーチ＆コンサルティング) が行ったインタビューによると，部分補助の理由として，全額補助を行うと地方のモラルハザードが起こるためだ，と当該国の中央政府担当者はコメントしている (財務省財務総合政策研究所 2006).

濫給か漏給か

「濫給」とは，生活保護によって保護されるべきでない世帯を保護することを意味する．一方，濫給に対して「漏給」という概念も存在し，それは，保護

されるべき世帯が保護されないことを意味している．政策当局と保護申請者の間には情報の非対称性が存在し，資力調査における過誤は避けられないため，濫給も漏給もその確率をゼロにすることは不可能である．

　統計学の用語を用いて漏給と濫給を表現すると，漏給は正しいものの棄却を意味する「第1種の過誤」，そして，濫給は間違ったものの受容を意味する「第2種の過誤」に相当する．これら2つの過誤が起こる確率を同時に小さくできることが政策的には最も望ましい．しかし，統計理論から明らかなように，情報量が同一であるときは，第1種の過誤と第2種の過誤にはトレードオフの関係がある．つまり，生活保護行政に投入される資源を一定とすると，漏給（第1種の過誤）を抑えようとすると濫給（第2種の過誤）が増加し，反対に濫給を抑えようとすると漏給が増加してしまう．

　実際の生活保護制度の運営においては，漏給ではなく濫給の防止に力点が置かれているようだ．その状況証拠はいくつかある．第1に，既述のとおり，歴史的に我が国の政策担当者は国の補助が地方の濫給につながることを強く警戒してきた．第2に，事例報告や報道などによる数々のエピソードからも，政策当局者が漏給を軽視していることが含意される．第3に，日本国政府は1965年以来一度も捕捉率（保護を受けるべき世帯が全世帯に占める割合）を推計していない．もちろん，個人資産，家族・親族の支援，および，稼働能力という生活保護の要件すべてを活用し尽くしている世帯を正確に把握することは難しい．しかし，イギリスなど他の先進諸国では公共部門が積極的に捕捉率の推計・公表をしているのに対し，我が国の公共部門には正確な補足率を推計しようという姿勢も存在しない．第4に，その中で研究者が独自に捕捉率の推計を行ってきたが，その値は概して非常に低い（表8-2）．最も高い数値を示している橘木・浦川（2006）による推計でもせいぜい19.7％であり，小川（2000）の推計では10％にも至らない．これらの推計値は所得や消費統計に基づいているため，すべての保護要件を考慮しているわけではない．しかし，所得以外の保護要件が所得と強い相関をもつのならば，すべての保護要件を考慮した捕捉率が算定されたとしてもその値は十分低いと推測されるであろう．

　高い保護率はしばしば濫給と同一視される．しかし，法に照らし合わせて保護されるべき世帯数を明示して初めて，保護率が過大なのか過小なのかがわか

表 8-2 捕捉率

研究	貧困世帯の定義	推計値	資料
和田・木村 (1998)	生活保護世帯の平均消費額・最低生活費以下の世帯	10.0〜9.0% (1988〜1993)	国民生活基礎調査
小川 (2000)	生活保護基準未満の世帯	9.9% (1995)	国民生活基礎調査
駒村 (2003)	生活・住宅・教育扶助と各加算の合計額以下の世帯	18.5% (1999)	全国消費実態調査
橘木・浦川 (2006)	生活保護基準未満の世帯	19.7〜16.3% (1995〜2001)	所得再分配調査

る.現在のところ,公的にあるべき保護率は示されていないし,しかも,そのような保護率は地域によって異なるであろう.したがって,国からの補助が保護世帯を増大させたとしても,あるべき保護率が示されていない限り,それを濫給と呼ぶことはできない.むしろ,現状の保護率があるべき水準より低ければ,国の補助の増大による保護率の増大は望ましいことである.さらに,たとえあるべき保護率が判明し,それが実際の保護率と同一の値を記したとしても,それは必ずしも濫給や漏給の不在を意味しているわけではない.濫給と漏給の件数が同じであれば,実際の保護率とあるべき保護率は一致するからである.

3. 国際比較

3.1 我が国の生活保護費の特徴

序章で議論したように,我が国の生活保護の歳出に関しては次の3点が指摘できる(数値は2004年度実績).第1に,生活保護費総額約2.5兆円のうち,医療扶助が51.9%と半分以上を占めている一方で,生活保護という言葉からイメージされる生活扶助と住宅扶助は合計で45.7%と半分にも満たない.第2に,高齢者世帯と傷病・障害者世帯が受給世帯の約8割以上を占めている.第3に,潜在的に稼働能力があると考えられる世帯(母子世帯およびその他)は受給世帯総数の2割以下であるように,就労が現実的な問題となる受給者が占める割合は小さい.

以下では,主要先進11カ国(アメリカ,カナダ,オーストラリア,ドイツ,イギリス,フランス,イタリア,デンマーク,フィンランド,ノルウェー,ス

ウェーデン)の社会保障制度と比較することによって,この日本の生活保護制度の国際的な位相を特徴づけてみよう[9]. 諸外国との比較に当たっては次の2点が重要である. 第1に,最後の安全網たる公的扶助の守備範囲は,他の安全網が充実すると小さくなり,反対に縮小すると大きくなるから,公的扶助制度に隣接する社会保障制度の守備範囲に注意する必要がある. 第2は,公的扶助とその隣接制度における国と地方の分担である. 公的扶助を地方が担い,他の社会保障を国が担っている場合,国による他の社会保障の守備範囲の違いによって,地方の負担は大幅に異なる. 上記のように日本の生活保護では高齢者と医療費の比率が特に大きいから,以下では特に,他国における低所得高齢者の所得保障と低所得者に対する医療保障に焦点をあてることにする.

3.2 高齢者所得保障

表8-3には低所得高齢者に対する所得保障制度が整理してある. 全11カ国において,無拠出の老齢年金制度,または,低所得高齢者(および障害者)に特化した公的扶助制度が,他制度から独立して存在している. 無拠出の老齢年金があるほとんどの国では,最低居住年数を要件とした40年間で満額の居住条件が設定されている(年数に応じて給付額は比例的に減少). なお,老齢年金が十分でない場合は補完的な公的扶助制度によって最低限の所得は保障される. 多くの国において,高齢者所得保障制度の財源は中央政府(連邦政府)が負担している. 例外は,アメリカの連邦政府と州政府が共同負担する補足的保障制度,広域自治体が財源と実施を担うドイツの基礎保障制度,そして,基礎自治体が財源と実施を担っているスウェーデンの高齢者生計費補助(居住条件が十分でない高齢者に対する補足的扶助)である.

3.3 低所得者の医療保障

表8-4は各国の医療の供給形態を記している. 11カ国のうち,イギリス,イタリア,オーストラリア,カナダ,デンマーク,フィンランド,スウェーデ

---

9) 以下のまとめは,筆者も参加した財務総合政策研究所による調査(財務総合政策研究所 2006,林 2006b)に追加的な調査を行い,さらなる整理・分析を行ったものである.

表 8-3　無拠出の高齢者所得保障制度

	財源	制度	概略
アメリカ	連邦州	補足的所得保障 (SSI)	高齢者や障害者に最低限の所得を保障．連邦と州の一般財源に基づき給付．多くの州で付加的給付．拠出制の社会保障年金 (連邦) 等，他の収入に応じ減額．
カナダ	連邦	老齢年金 (OAS)	一部の高額所得者を除き 65 歳以上の居住者に給付．居住条件あり (10 年以上，満額 40 年)．連邦税が原資．
		補足的所得保障 (GIS)	低額の OAS 受給者に給付し，最低所得を保障．連邦税が原資．資力調査あり．
オーストラリア	連邦	老齢年金	65 歳以上の居住者に給付．資力調査があり，所得や資産により減額．居住条件あり (10 年以上，満額 40 年)．連邦の一般財源が原資．
		特別給付	居住期間が足りなく老齢年金が受給できない等，他の所得保障制度の適用を受けられない者が対象．連邦の一般財源が原資．
ドイツ	地方M	基礎保障	65 歳以上の高齢者 (および継続的に稼得能力が減少した状態にある者) に対する生計維持に必要な給付．一般的な公的扶助制度である社会扶助とは別制度．地方 M の一般財源から支出．
イギリス	中央	年金クレジット	保証クレジットと貯蓄クレジットからなる．保証クレジットは 60 歳以上の低所得者を対象とし一定金額に満たない部分を補塡．貯蓄クレジットは付加給付であり，65 歳以上の低所得者を対象．年金サービス庁の出先機関 (地方年金センター) により給付．
フランス	中央	高齢者連帯手当	最低保障年金額を下回る部分を補塡 (無年金者含む)．
イタリア	中央	社会手当	65 歳以上の低所得者に支給．他の収入がある場合，社会手当水準との差額を支給．
デンマーク	中央	国民老齢年金	65 歳以上の者に支給．居住期間要件あり (3 年以上，満額 40 年)．居住年により同年金額が不十分な場合，暖房手当・個人手当が付加．国均一の基準に沿って地方 L が給付事務．国が全額負担．
フィンランド	中央	国民年金	65 歳以上に支給．居住期間要件あり (3 年以上，満額 40 年)．二階部分拠出型の労働年金受給額により給付額変化．それが一定金額以上になると受給不可．住宅手当や介護手当が付加給付．
ノルウェー	中央	国民保険制度老齢年金	67 歳以上に支給．居住期間要件あり (3 年以上，満額 40 年)．他収入がない場合，付加給付あり．
スウェーデン	中央	最低保障年金	所得比例年金の年金額が一定金額以下の場合に給付．居住期間要件あり (3 年以上，満額 40 年)．
		年金受給者特別住宅手当	年金受給者 (老齢年金の場合は，65 歳以降に支給を開始した場合に限る) に住宅費と収入に応じて支給
	地方 L	高齢者生計費補助	国内の居住期間が短い等の理由で最低保障年金の支給額が低くなる場合に支給．地方 L の一般財源による．

注：地方 L：市町村などの住民に一番近い基礎自治体；地方 M：市町村の上位に位置する広域自治体；地方 U：地方 M の上位に位置する広域自治体 (イタリアのレジョーネ，フランスのレジオン)．なお地方 U は連邦国家における「州」とは区別している．

ン，ノルウェーの8カ国は原則無料（もしくはごく少額の利用料）の医療給付制度を有している．これらの国々では原則，ユニバーサルな医療供給によって低所得者も扶助されていることになる．一方，他の国では次のような対応がとられている．ドイツでは，失業手当II（就業可能な個人を対象）の受給者に対しては，保険料を連邦が負担することで社会保険で対処し，社会扶助（就業が難しい個人を対象）の受給者に対してのみ医療扶助（公的扶助）を給付している．一方，フランスでは，低所得者は無拠出でも医療保険（社会保険）が利用可能となっている．アメリカでは民間保険が主となっているが，低所得の高齢者や障害者は，連邦の社会保障税を原資としたメディケアにより補助されており，他の低所得者は連邦交付金と州の一般財源を原資としたメディケイドによって対処されている．ここから，11カ国の中で日本のように公的扶助によって医療費を賄っている国はドイツ社会扶助のみであることがわかる．

3.4 公的扶助制度の比較
基準，実施主体，財源

表8-5に示すように公的扶助の実施体制は国ごとにかなり異なる．第1に，イギリスとオーストラリアでは中央政府が出先機関を通じて公的扶助を直接運営している．

第2に，北米の連邦国家（アメリカとカナダ）では公的扶助は州の責任であり，実施も州政府が行っている．アメリカはカナダと比べて連邦政府の関与は大きく，連邦政府はTANF補助金を通じて州が一定の要件を満たすよう条件を課している．一方，カナダはブロック補助金が用いられ，公的扶助以外の社会保障分野への支出も認められている．

第3に，他の国々では，中央が基準を設定し，地方が給付を行うという形態をとっている．ただし，中央が一部の制度を直接運営する場合（フィンランドの労働市場手当とスウェーデンの基本給付金）や，中央（連邦）の責任とされる事務を地方と共同で実施している場合（ドイツの社会手当II）もある．またイタリアでは，国のガイドラインは存在するものの，制度設計は最も広い広域自治体（レジョーネ）の責任とされ，それを実施する基礎自治体（コムーネ）間では給付額等が異なっている．

表 8-4 医療の供給形態

	実施	概略
アメリカ	連邦	【メディケア】高齢者や障害者等を対象．病院保険(入院サービス等対象)は社会保障税による．補足的保険(任意：外来等医師診療)は加入者負担(連邦補助あり)．
	連邦／州	【メディケイド】メディケアが対象としない低所得者が対象．連邦と州が共同運営する扶助制度．連邦はガイドラインを示し，州が実施(実施内容は差異あり)．財源は連邦交付金と州の一般財源．一部の州ではカウンティ等に財源拠出．
カナダ	州	州財源より医療サービスを供給．一次医療は医師との契約，二次医療は主に州立病院による．連邦補助金（CHT: Canada Health Transfer）により，ほぼ全国均一的な医療制度を達成．財源は主に自主財源とCHTによる（保険料を課す州あり，比率は小）．
オーストラリア	連邦／州	【メディケア】連邦の一般財源とメディケア課徴金（連邦目的税）を原資とする公的医療保障制度．公立病院による無料サービスの提供，および，他の医療サービスへの支払償還．州は，州立病院の運営，医療従事者の登録，民間病院の許認可等．
ドイツ	連邦（監督）	地域・職域に基づく組合管掌の社会保険．原則的に租税負担なし．失業手当 II 受給者の拠出は連邦が負担．社会扶助受給者は同制度内の医療扶助で対応．
イギリス	中央	【NHS：国民健康サービス制度】二次医療は公的な事業体であって独立採算制を取るNHSトラストによる．国庫により運営．医療費原則無料．
フランス	中央（監督）	社会保険としての基礎制度を雇用連帯省が管轄し，医療保険金庫が運営．RMI受給者および低所得者は無拠出者で基礎制度利用可．一般社会保障税の導入で総医療費の34％が国庫補助．
イタリア	地方U	【国民保健サービス制度】地域保険エージェンシー（ASL）が病院を通じ直接給付（原則無料）．地方Uが同制度維持とASLの財源に責任．生産活動税（IRAP）が主要原資．
デンマーク	地方M	地方Mが医療供給．一次医療はGP，二次医療は公立病院もしくは私立病院．財源は主に地方Mの一般財源．地方Lも学校医，保健婦訪問等に責任．
フィンランド	地方L	一次医療法（国法）が地方Lに，健康増進，病気予防，医療サービス提供等を義務づけ．一次医療は，地方L設置の（小規模地方は共同設置）保健センターによる．自己負担は少額（通常外来22ユーロ／年）．民間の診療所も存在（自己負担大）．二次医療は病院区（地方Lの負担金で運営）による．主に地方の一般財源による．
ノルウェー	中央／地方	地方LがGPとの契約や医療センターの運営を通じ一次医療を提供（他に疾病予防，保健衛生）．一次医療従事医師の10％は地方Lの公務員医．二次医療は中央の責任（病院の大半は国立）．地方Mは，薬物アルコール中毒患者診療，歯科医療を所管．医療費は国民保険給付と自己負担分あり（上限付き）が大部分（一次医療支出：自己負担約30％，国民保健40％，他地方L）．
スウェーデン	地方	国の監督の下，地方Mが一次二次双方の医療を提供．地方Mの医療機関による直接供給か，民間病院と地方Mとの契約による．財源は地方Mの自主財源8割以上，国の補助金1割，利用者負担0.5割ほど(地方Mの総歳出9割以上は医療支出)．利用者負担部分は医療サービス法(国法)の範囲内で設定．

注：地方L：市町村などの住民に一番近い基礎自治体；地方M：市町村の上位に位置する広域自治体；地方U：地方Mの上位に位置する広域自治体（イタリアのレジョーネ，フランスのレジオン）．なお地方Uは連邦国家における「州」とは区別している．

表 8-5 公的扶助の実施体制

	実施	制度	概略／財源
アメリカ	州	貧困家庭一時扶助（TANF）	児童や妊婦がいる貧困家庭を対象．一定の要件を前提に連邦が補助．給付内容は州により異なる．
	州	食料スタンプ	連邦が基準設定，州が運営（資格の判断や給付）．
カナダ	州	社会扶助	州の責任．州ごとに異なる制度．財源の一部は連邦のブロック補助金（CST）．
オーストラリア	連邦	失業手当	被用者と自営業者が対象．他の公的扶助とともに，連邦の一般財源を原資として連邦の出先機関がプログラム運営．資力調査あり．
ドイツ	連邦＋地方M	失業手当II	稼働可能者対象．連邦の責任．運営は地方Mと連邦による共同事業体の場合が多い．住宅および光熱費部分は地方M，他は連邦が負担（地方負担部分には連邦補助）．
	地方M	社会扶助	稼働不可能者対象．連邦が規定．地方Mが実施（州により地方Lに委託可）．州補助金と地方Lの負担金に基づく地方Mの一般財源による．
イギリス	中央	所得調査付求職者給付	拠出制休職者給付の受給資格がない稼働可能者が対象．求職活動を援助しつつ給付．
		所得補助	十分に就労ができない者が対象で，常勤労働（週16時間以上）に従事している人は利用できない．収入が一定水準に達するよう補塡．
フランス	地方M	社会同化最低所得制度（RMI）	国が基準設定，地方Mが裁定．地方L設置のコミューン社会福祉センター等が給付．地方Mの一般財源による（国から石油産品内消費税が移譲）．3カ月以上の延長は職業訓練参加や就労活動を義務づけ．
		就労最低所得制度（RMA）	RMI受給者の就労促進のための扶助．実際の賃金と最低賃金との差額部分を使用者に補助．他はRMIと同様．
イタリア	地方L	社会扶助	失業保険未加入者対象．地方Lが再就業可能と判断した者に失業保険と同程度の給付．若年失業者には受給とともに雇用促進プログラムへの参加を義務づけ．国が給付額の2分の1を負担．全国均一の基準．
		最低生活保障制度	地方Uの責任．地方Uが制度設計をし，地方Lがその一般財源に基づき実施．地方L間で給付内容の差．
デンマーク	地方L	社会扶助	失業保険未加入者対象．地方Lが再就業可能と判断した者に失業保険と同程度の給付．若年失業者には受給とともに雇用促進プログラムへの参加を義務づけ．国が給付額の2分の1を負担．全国均一の基準．
		早期年金	高齢者以外の稼働不能者（障害者等）対象．均一の基準に従い地方Lが給付．国は給付額の35％を負担．
		疾病給付制度	疾病休職中の労働者対象．使用者（1〜2週目）と地方L（3週目〜）が給付．使用者（第1〜2週），国（第3〜4週），国2分の1地方L2分の1（第5〜52週），地方（第53週〜）が負担．

フィンランド	地方L	生計援助	国が地方Lに義務づけ．国基準で地方Lが給付．稼働可能者は就労・職業訓練の拒否で20～40％の給付減．地方により付加給付あり．
	中央	労働市場手当	17～64歳の勤労経験なしの個人か，失業保険基礎手当を満期(100週間)となった個人が対象．資力調査あり．受給期間上限なし．
ノルウェー	地方L	社会経済扶助	国のガイドラインを基に，地方Lが給付額を決定・給付．財源は主に地方Lの一般財源．1991年の社会サービス法により，地方Lは，就労を条件にした給付が可能．就労条件は地方Lによって異なる．
スウェーデン	地方L	社会扶助制度	社会サービス法が地方Lに義務づけ．国基準遵守も原則義務づけ(1998年以前は地方独自の基準)．多くの場合，就労支援給付も付加．求職活動や就労の拒否により給付停止(稼働可能者)．財源は地方の一般財源．
	中央	基本給付金	失業保険未加入の失業者を対象．全額国庫負担．

注：地方L：市町村などの住民に一番近い基礎自治体；地方M：市町村の上位に位置する広域自治体；地方U：地方Mの上位に位置する広域自治体（イタリアのレジョーネ，フランスのレジオン）．なお地方Uは連邦国家における「州」とは区別している．

　第4に，多くの国では受給者の特質に合わせた複数の制度が用意されている．特に，心身の障害等により労働市場で稼得能力を発揮できない者への扶助と，稼得能力を有する健常者への扶助は独立した異なった制度である場合が多い．

　第5に，地方が公的扶助を実施する国では，その財源は中央からの特定補助の場合は少なく，地方の一般財源から充当されている場合が多い．特に，我が国のように中央政府が地方歳出の一定割合を定率負担している国はデンマークのみである．アメリカとカナダの場合は，特定補助ではあるが定率ではない．そして他の8カ国では，地方の一般財源に依存している．ただし，一般財源には一般補助も含まれるため，一般補助金が存在しないアメリカを除き，実質的な上位政府からの補助は存在している．またフランスでは，直接的な補助の代わりに当該事務費に匹敵する地方税が地方に移譲されている．なおデンマーク以外の北欧3国では地方税の比率が高いことに留意しよう．

就労活動と公的扶助

　稼得能力を有する者を対象とした公的扶助は失業保険や失業手当から漏れ落ちた人々を対象とするから，給付に長期間依存させないよう再び労働市場に押し戻すことに力点が置かれている．以下は，各国の簡単な概要である．

　・アメリカにおけるTANFは，受給開始後2年以内に就労活動（勤労体験，

OJTおよび求職活動を含む）を義務づけており，受給期間を生涯で5年間と制限している．
- カナダ・オンタリオ州のオンタリオ就労制度（Ontario Works）は給付の際に就労支援プログラム（就職に必要な基礎的教育と技能習得，若年父母向けの生活指導等）への参加を義務づけている．
- オーストラリアの失業手当では，給付のために実際に求職活動を行っていることを立証する必要がある．
- イギリスの所得調査付求職者給付では，6カ月以上の連続受給者に対し，個人アドバイザーの下，最長4カ月の求職活動を行わせ，就労不可の場合は，補助金付き雇用，ボランティア団体等での就労，職業訓練等のいずれかを選択させている．
- フランスRMIでは，申請者が作成した就労活動計画を実行する旨の契約を地方自治体（デパルトマン）と結んだ後に手当が給付される．さらに，過去24カ月のうち最低12カ月以上の受給者に対しては，賃金のうち法定最低賃金の部分までを使用者に補助するRMAによって受給者の就労を促進している．
- 北欧諸国も就労プログラムを有している．デンマークでは受給に当たって雇用促進プログラムへの申込が義務づけられ，フィンランドでは就労可能な受給者が提示された就労や訓練を拒否すると給付が減額される．スウェーデンも受給者が求職活動や提示された職を拒否する場合，給付が停止される場合がある．さらにノルウェーでも，1991年の法改正により，基礎自治体が就労を条件にした給付をすることが可能となっている．

3.5 小　括

このように11カ国の実態を概観すると，日本では生活保護という単一の制度が性格の異なる対象を丸抱えしているのに対し，諸外国では被保護者の性質ごとに社会保障制度が分化していることがわかる．

第1に，低所得の高齢者に関しては，11カ国すべてにおいて無拠出の老齢年金制度，または，低所得高齢者（および障害者）に特化した制度で対応されている．さらに，アメリカ，ドイツ，スウェーデン以外は，これら低所得高齢

者保護の財源はすべて中央（連邦）政府が負担している．

　第2に医療に関しては，多くの国がユニバーサルな原則無料（もしくはごく少額の利用料）の医療給付制度を採用している．そうでない国でも，フランスでは低所得者は無拠出でも公的医療保険が利用可能であり，ドイツでも失業手当IIの受給者ならば同様である．アメリカでは，連邦の社会保障税によるメディケアと連邦交付金と州の一般財源によるメディケイドによる．日本のように一般的な公的扶助制度の中で医療扶助を提供しているのはドイツの社会扶助だけである．

　第3に，ほとんどの国では拠出制の失業保険から漏れた若壮年健常者に対する無拠出制の失業手当が存在する．これは，6割の労働者しか雇用保険制度に加入していない（橘木・浦川 2006）にもかかわらず，若壮年の健常者が実質的に生活保護制度から排除されている日本の現状と対照的である．もちろん，この制度は稼働能力保有者を対象とすることから，就労を促すようにプログラムが組まれている．また，この失業手当に相当する扶助は，中央直轄のオーストラリアとイギリス，および，州政府直轄のアメリカとカナダを除き，すべて基礎自治体を中心とした地方政府が担っており，財源も一部を除き地方の一般財源に依存している．

4. 地方による再分配政策の経済分析

　以下では，再分配政策における国と地方の役割分担に関する既存の経済学的研究を概観・整理しよう．経済学において再分配政策は「社会正義」および「効率性」という2つの観点から評価される．社会正義に関しては水平的公平性とそれが及ぶ社会の範囲が重要な基準となる．効率性に関しては，人々の選好をも考慮したパレート最適性と，一定のアウトプットを最小の費用で達成するという費用効率性の観点から議論を整理できる．

4.1　社会正義——社会の同定

　社会正義の考え方にはさまざまなものがあるが，経済学においては，多くの場合，社会厚生関数という概念装置を用いて社会正義が表現される．社会厚生

関数は，各個人の厚生（＝効用）を集計することによって社会的な評価のための指標をつくりだす関数である[10]．ここで重要となるのは，この社会厚生関数が含む個人集団の範囲，つまり，「社会」の同定である．それはもちろん，社会厚生関数内部の問題ではなく，その外側に存在する問題となる．

社会の同定は，再分配論でしばしば議論される，sharing community（以下，「SC」と略）に関連する[11]．SCとは，特定の再分配プログラムの給付額が当該再分配プログラムへの拠出額と同一になる共同体を指す．したがって，再分配が国の役割として全国規模で行われることになれば，そのSCは国民全体となり，より小さい地域内で再分配政策の拠出と給付が閉じているのならば，当該地域社会がSCとなる．そのため，再分配政策の引証基準となる特定のSCにおいては「受益（給付）と負担（拠出）」は一致するが，それより小さい地域においては受益と負担は一般的にバランスしない．

社会正義に関連する財政学の原則として垂直的衡平性（vertical equity）と水平的衡平性（horizontal equity）という2つの考えがある．前者の垂直的衡平性とは，より担税力を有するものはより大きな租税負担をすべきという，「強者」から「弱者」への資源移転に関わるルールの問題である．一方，水平的衡平性とは，同様の特徴をもった個人は公共政策の実施において同様に扱われるべきとする，同じ特徴をもった個人間のルールの問題である．地方財政に関しては，水平的公平性がより重要である．水平的公平性の定義における「同様の特徴」の「特徴」が異なれば，「財政上の差別」を正当化する根拠にもなる．この「特徴」に個々人の居住地が含まれない場合，水平的公平性は同一国内に居住する同一国民である限り，居住地にかかわらず同一の財政ルールが適

---

[10] 社会厚生関数は $W=W(v)$ と表記できる．ここで $v'=[v_1,\cdots,v_i,\cdots,v_N]$ は，社会を構成するN人それぞれの効用水準である．この関数は少なくとも，パレート原理（Pareto principle），匿名性（anonymity），および，不平等回避（inequality aversion）という3つの特徴を満たすとされる．パレート原理は，他の個人の効用が一定であるならば，任意の個人の効用上昇は社会厚生水準の上昇につながることを意味する．つまり，パレート改善は社会厚生を水準させる．匿名性は，各個人の効用水準の組み合わせのみが社会厚生に影響を与えることを意味する．したがって，特定の個人が他の特定の個人と比べてどうかということは社会厚生には影響を与えず，所与の v の要因の順番を変えても社会厚生には影響を与えない．社会厚生関数の特性の簡潔な解説については，Boadway and Bruce（1984）の第5章を参照せよ．

[11] sharing community もしくは community sharing を明示的に扱っている議論として，例えば，Banting and Boadway（2004）を参照．

用されることを要請する.

　水平的公平性は，再分配プログラムに関わる SC をどこに設定するかという点にも関係する．この線引きは，一国の憲法に体現化された「国のあり方」に関わる問題である．単一国家では通常，憲法における社会権を背景として国会で議決された法律に基づき再分配政策が進められているように，SC は国民全体になる．その一方，連邦国家では再分配政策に関わる政策のほとんどは州政府の権限となっており，SC の線引きは単一国家ほど自明ではない．さらに連邦国家内でも区分の濃淡がある．例えば，連邦法（社会法典）で州が行う再分配政策をかなりの程度まで縛っているドイツ，ブロック補助金で再分配的歳出に関する州間の財政調整を行っているカナダ，また，州間の一般財源の財政調整を放棄し，州政府に再分配歳出の主要な財源と機能を任せているアメリカなど，多様である．

4.2　パレート効率性

利他主義

　しばしば，「地方分権化により公共サービスが効率的に提供される」と主張される．そのような議論が基づく一つの根拠として，Oates（1972）による「分権化定理（decentralization theorem）」がある．多種多様な選好を有する個人が存在する社会で厚生損失を最小化するためには，各選好のタイプに応じた複数の政策が必要となる．それに対処する方法として，タイプ別に政策単位を分割し，単位別に独自の政策を実行させることが考えられる．この政策単位の分割を空間・地域の分割に求めるのが分権化定理である．つまり，分権化定理は，公共政策に対する選好が地域単位で異なる場合，全国画一的な政策よりも地域別の施策のほうが厚生損失を削減できるとする．

　地域に居住する個人が利他的であれば，分権化定理を再分配政策にも適用することができる（e.g., Pauly 1973）．再分配とはある個人から他の個人への資源の移転である．したがって，資源や所得を拠出することになる個人の効用は減少するため，パレート改善は達成されないと考えられる．しかし，他人が幸せになることによって自分も幸せになる利他的な（altruistic）個人を想定すると，低所得者への所得移転はすべての利他主義者に便益をもたらす．

図8-1 利他主義と分権化定理

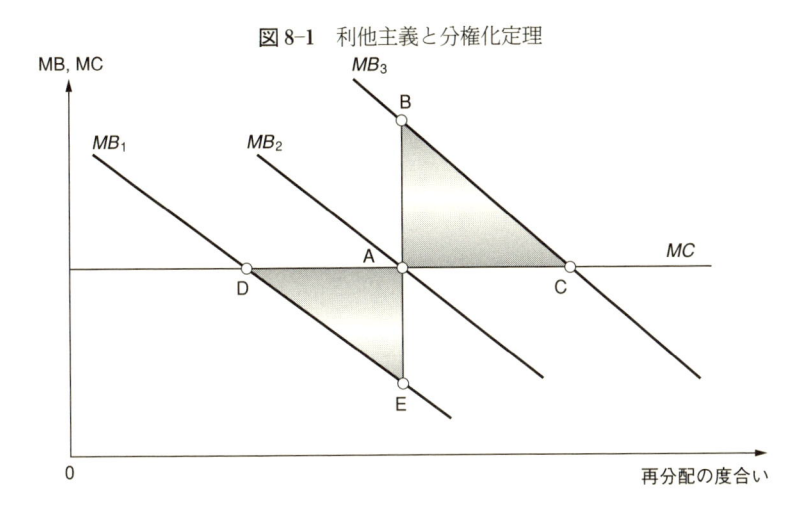

横軸に再分配の度合いを記した図8-1では，3タイプ（$i=1,2,3$）の利他主義者が得る再分配の限界便益（MB_i）が記してある．再分配の限界費用は，単純化のため，各人共通かつ一定であると仮定し，水平線 MC で表している．ここで各タイプの人数は同数であり，再分配の度合いを多数決によって決定する場合，タイプ2が中位投票者となるため，MB_2 と MC が交わる点Aで決定される．ここで，タイプ2にとってこの再分配の水準は最適であるが，タイプ1と3にはそれぞれADEとABCの厚生損失が生じている．したがって，ここでとられる政策は最適ではない．

この地域が3つに分割され，各地域が同一タイプの個人によって居住される場合を考えよう．各地域で再分配政策が独自に決定されるならば，限界費用 MC が変化しない限り，タイプ1の地域ではD，タイプ3の地域ではCの水準で再分配が行われる．この「地方分権化」した世界では，分割前の「中央集権化」の下で発生する厚生損失は存在しない．つまり，効率性の観点からは，中央政府による画一的な再分配よりも，地方政府による独自の再分配が優れていることになる．

このロジックを用いると，再分配政策においても地方分権が中央集権よりも好ましいと主張できる．しかし，これにはいくつかの留意点がある．第1に，この分析では低所得者の厚生は利他主義者の効用を通してのみ考慮され，低所

得者の効用はそれ単独では無視されている．この意味で，この利他主義に基づく議論は倫理的な欠陥をもつ．第2に，利他主義の対象が他の地方の住民に及ぶと，ある地域の再分配は別の地域の利他主義者に正の外部効果を与えるため，再分配の水準は最適ではなくなる．分権化定理の重要な前提は域外スピルオーバーの不在であり，ここでの文脈では，「利他主義の水平線（the spatial horizon of altruism）」（Gramlich 1993）が地方の境界線を越えないことを意味している．したがって，再分配が国家的関心になる程度に応じて地方の優位性は崩れていくといってよい（e.g., Ladd and Doolittle 1982）．第3に，高所得者と低所得者のいずれか，もしくは双方が地方の政策の差異に応じて自由に地域間を移動できる場合は，地方による再分配の優位性は崩れる．以下ではこの問題を詳しく議論しよう．

人口と資本の地域間移動

経済学では，人口を含む生産要素の地域間移動が，地方による再分配の度合いを低下させるという一応の合意がある．地方による再分配の優位性を説いたPauly（1973）でさえ，住民の地域間移動によって地方の優位性は崩れる可能性を示唆している．生産要素の地域間移動による経済学的帰結を考察する租税競争論や支出競争論（cf., 小川 2006, 松本 2006）では，生産要素の地域間移動は税率や再分配の「底辺への競争（race to the bottom）」を誘発すると議論されている．

地方政府が独自の再分配政策を行うことの理論的な帰結は，1980年代のいくつかの研究を経て，90年代以降に頻繁に考察されるようになった（cf., 林 2006a）．そのような研究では，特定の社会厚生関数に基づく地方の再分配政策が生産要素の地域間移動から受ける影響を分析している．Crémer and Pestieau（2004）はベンサム型の社会厚生関数を用いて以下の結果を示している．まず，生産要素の地域間移動が存在しないならば，各労働者の消費が均等になるように所得移転が行われる．一方，小開放地域を仮定する場合，低能力の労働者のみが移動可能ならば再分配は行われるが，高能力の労働者が低能力の労働者よりも多く消費することになる．さらに，地域数の増加は再分配を抑制し，地域数が十分大きくなると再分配はほとんど行われなくなる．また，資本が追加的に移動可能になると，さらに再分配の程度は縮小し，地方政府数の増大と

第8章　地方財政と生活保護

ともに資本課税の程度も小さくなる．

これらの結果は各地域が同一であるという前提に基づいているが，各地域の特徴が異なることを許容すると，必ずしもすべての地域において再分配が低下するとは限らない．例えば，非対称の2地域を対象としたモデルでは，すでに資本移動が発生している状況に追加的に労働者の移動が発生すると，以前よりも再分配の程度が増加する可能性がある (Lee 2002). また，地方の目的関数が異なる場合も同様である．例えば，社会厚生関数の最大化と初期居住者の総所得最大化という異なった目的を有する2つの地方政府を考える場合，高能力の労働者のみが移動可能ならば，前者の地域では高能力者の流出により再分配の程度が減少するが，後者の地域では流入した高能力者への課税を通じて再分配の程度は増大する．

いずれにしても，地方政府が独立して再分配政策を行う場合，生産要素の地域間移動は少なくとも一部の地域において再分配を低下させ，再分配が最適な水準から乖離することが示される．つまり，望ましくない再分配が行われるという意味で，地域間移動は効率性に関わる問題を発生させる[12]．

社会保険

リスク回避的な個人は，将来の所得水準が不確実な世界よりも，その所得が一定の水準で保障されている世界を好む．そのような「安心」を買うための事前的保障の仕組みは一般的に「保険」と呼ばれる．つまり，人々がリスク回避的であれば，保険利用により事前的な効用が増加し，効率性が改善される．このようなリスクは民間保険によって対応可能かもしれないが，リスクの種類によっては公共部門しか対応できない場合もある．特に，この世に生まれる前から保険を購入することは不可能であるから，不運な時代や不利な家庭や地域に

---

12) 理論的分析が前提としている，①給付額の地域差が人口移動に与える影響，ならびに，②州政府間の相互依存関係の存在に関して，アメリカにおいてはいくつかの実証分析がある．前者に関しては，受給額の差異は人口移動に影響を与えないという研究もある (Schroder 1995, Levine and Zimmerman 1999) が，ほとんどの研究は有意な効果の存在を示している (Southwick 1981, Gramlich and Laren 1984, Blank 1988, Enchautegui 1997, Borjas 1999). また AFDC 給付をめぐる州政府間の相互依存関係に関する実証分析には，Saavedra (2000), Figilio et al. (1999), Smith (1997) 等がある．これらの結果は必ずしも明確ではなく，また，各々の結果は同一ではないが，何らかの戦略的相互依存関係の存在は示している (cf. 林 2006a, Brueckner 2000).

生まれるというリスクや,治癒不可能な障害とともに生まれるというリスクなどは民間部門で対処することは不可能であろう.この視点をもつと,狭義の社会保険に加え,公的扶助制度や世代間・地域間所得移転制度などを含む再分配制度全体は広義の社会保険とみなすことができる.

保障しようとする個々の変数がリスクによって大きく変動しても,その個々の変数を集計すると保障水準の変動を抑えられる場合がある.これを「リスクをプールする」というが,そのためには,リスクをプールする集団規模が十分大きく,リスクが互いに独立して変動する必要がある.したがって,被保険者の集団規模は大きいほどよく,その意味で,保険者は地方よりも国のほうが望ましい.また,空間が狭いほど個人に起こる確率的変動は相関しやすいから,リスクの独立性からも地方より国が望ましい.例えば労働市場における集計ショックはしばしば地域単位で発生するだろう.その場合,地域単位の社会保険ではリスクをプールできない.一方,国による社会保険ならば,地域的な集計ショックはプールできるであろうし,全国規模でもプールできないショックは国債の発行等によって通時的に対処すればよい(地方は地方債によって対応できるという議論があるかもしれないが,住民は地域移動を行うことによって地方債の負担から逃れられる可能性がある).このように,リスクをプールするという観点からは再分配政策における分権化のメリットは存在しないことが示唆される.

4.3　費用効率性と地方政府の裁量

上記の議論は,再分配機能は地方政府ではなく中央政府が担うべきという,Musgrave (1959) による古典的な命題を支持する.それではなぜ第2節でみたように,多くの国において地方政府が実際の公的扶助に関与しているのであろうか.以下では,費用効率性という観点から,この点を考察していこう.

公的扶助業務は単なる現金給付[13]だけではない.公的扶助は資力調査を前提とするため,ケースワーカーは単なる書類審査だけではなく,申請者との面談や申請者宅への訪問などを通して給付の適切性を判断することになる.また,保護費給付が決定された後でも,引き続き利用者との面談や自宅訪問などを通

---

13) 現金給付とは,財・サービス購入の原資を用途指定することなしに移転することを指す.

じて，利用者のニーズの把握や就労支援を行うことが期待されている．つまり，公的扶助には現金給付だけではなく対人社会サービスという現物給付[14]が伴う．さらに，そのような業務は定型的な業務ではなく非定型な業務になりやすい[15]．一定の手続きに従う定型業務はマニュアルによって反復可能であり，規模の経済が働きやすいが，特定の手続きに定式化できない非定型業務は，均一的なマニュアルによる管理になじみにくく，規模の経済も期待できない．また，非定型業務には大枠をはめることはできても，その効果は担当者の状況認識や技量に大きく依存することになる．このように公的扶助が定型的な現金給付だけでなく非定型的な現物給付も含むものであるならば，効果的な公的扶助の展開のためには，統一的なマニュアルによる業務だけではなく，福祉事務所やケースワーカーレベルでの高い専門性に基づいた現場での裁量が求められるであろう．

　既述の理論分析からは国レベルで再分配政策が行われるべきことが示唆されたが，それは再分配の財源や基準決定に関するものであり，必ずしも執行に関するものではない．特に公的扶助業務が非定型的な対人社会サービスを含むものであるならば，一定の財源と枠組みとしての政策目標が与えられたうえで，現場レベルでの専門性に裏づけされた裁量が求められるであろう．したがって，公的扶助業務の効果的な展開に関わる問題は，国レベルで定められた政策目標を効果的に達成するための地方裁量の問題となる．

　公的扶助における地方裁量は費用効率性の問題としてとらえることができる．費用効率性とは，与えられた政策目標をできるだけ少ない費用で達成することを意味する[16]．費用効率性の観点から所与の目標達成のための手段や資源の選択を地方に任せる方法は，以下の4つの議論が正しければ十分合理的と考えられる（cf., Banting and Boadway 2004，林 2006a）．

　第1は，地方は中央より住民に近いため地域情報を摑みやすいという議論である．地域情報が公共サービスの提供に不可欠な条件であり，地方が施策に必

---

14) 現物給付とは，特定の財・サービスを直接個人に提供すること，もしくは，第三者によって提供される場合，当該財・サービスの購入を指定してその原資を個人に移転することを指す．
15) 生活保護業務はケースワーク，その現業員はケースワーカーと呼ばれる．「ケース」という言葉には「個々・個別・事例」という意味があることからも，公的扶助業務は単なる給付業務ではなく，一般化できない個別援助からなる非定型業務であることが理解できる．
16) より形式的な定義については Kumbhakar and Lovell（2000）を参照せよ．

要な情報や技術を国より安価に獲得できるのならば，地方政府に公共サービスの生産手段を自由に選ばせることで費用効率性が向上する．

第2は，再分配政策では社会福祉法人などの外部主体がサービス提供に関与する場合が多いため，これら外部主体に近い地方のほうが国よりも効果的に管理できるとする議論である．これら外部主体は公共サービスを提供するための生産要素の一つであるから，その質や量を効果的に統制することは生産性向上のためには重要なことである．

第3は，政策目的を達成するための手段を地方が独自に開発・選択できる場合，その過程でさまざまな手法が開発・選択され，その中から優れた技術革新が起こるという主張である．この状況は多くの政策実験が行われている状況に等しい．実験には失敗も成功もあるが，地方による実験規模は小さいため，失敗しても国が実験に失敗するより損失は少ない．さらに，ある地方の成功はヤードスティック競争を通じ，他の政府によって採用されることになるだろう．

第4は，範囲の経済に関する議論である．貧困の問題にはさまざまな要因が絡み合っているため，それに対応する社会政策も複数の行政項目に及ぶことになる．したがって，単一目標のために組織された団体よりも，複数の業務を総合的に展開している団体のほうが効果的に政策目標に対応できるであろう．つまり，我が国のように地方が多岐にわたる対人社会サービスを提供している場合，公的扶助を地方が実施することによって範囲の経済が働き，効果的な施策展開を期待できるかもしれない[17]．

もちろんこのような議論には注意が必要である．まず，地域をよく知っているとしても，その情報を活用する誘因は存在しないかもしれない．特に第三者のチェックなしに地方に裁量を与えれば，地域の特定利益が地方政府の意思決定に影響を与えやすくし，不正の温床になるかもしれない．同様のことが，プ

---

17) 例えば，我が国の生活保護制度における母子世帯を考えよう．一般的に，受給母子世帯は，経済的支援はもちろん，平均的な家庭なら期待できる実家・親戚・友人等を通じた人的支援も脆弱であるという (e.g., 青木 2003)．このような脆弱な家族資本が母親の就労を阻害しているならば，それを補う育児・教育支援など地域福祉を通じた支援が就労促進に不可欠となる．そうした支援は通常，生活保護制度の枠外にあるため，他の社会福祉サービスと生活保護制度とを効果的に連携させる必要がある．このような施策は全国一律の制度にはなじまないだけでなく，単一の公共サービスのみに特化した組織では効果的に対応することは不可能であろう．

ログラム運営に関与する地方政府と外部主体に当てはまるであろう．また，政策実験の議論に関しても，他者の成功は容易に真似することができるため，自らの技術革新のために努力するよりも，他の政府の成果にただ乗りしようとするかもしれない．その場合，公共財の自発的供給の理論が示すように，地方の技術革新の程度は過小になるかもしれない．

したがって，地方に裁量を認めるだけでは問題は解決しない．地方の意思決定者に，地方裁量のメリットを発揮させ，そのデメリットを抑制するためには，国による誘因づけと統制，ならびに，地域住民によるモニタリングが必要となる．地方が執行を担い続けることを前提として我が国の生活保護制度を再設計するためには，政府間財政移転制度や地方公務員の人事制度までを含めた，地方に対するインセンティブ体系の構築が必要とされるであろう．

5．おわりに

本章では，①生活保護に関連する地方行財政制度の概説，②国と地方の役割分担という視点からの公的扶助制度の国際比較，そして，③地方分権と再分配政策の経済分析という作業を通じて，生活保護制度を評価する視点を提供してきた．以上の考察から次の3点を指摘したい．

第1に，現状の生活保護制度のままでは，経済理論が示すように，国による地方への財源保障と統一的な給付基準の設定が必要である．他の社会保障制度が充実し，生活保護が国の統一的制度では捉え切れない本来の「残余」を受け持つだけならば，地方がその一般財源を用いて独自に政策を展開するメリットも存在するかもしれない．しかし，生活保護が他の社会保障制度のしわ寄せを受けている現状では，国による財源保障と基準設定なしに適切な最後の安全網の運営はできないであろう．

第2に，単一の制度の中で異なった保護対象を丸抱えしている現行制度を見直すべきである．特定の目的にはそれに対応した手段や制度が必要であるように，例えば医療扶助に関しては医療サービス提供の効率化の観点から，高齢者保護（医療扶助を除く）に関しては国民年金のあり方との兼ね合いから，特定の支出や特定の被保護者に適合した扶助制度を構築すべきである．

第3に，地方のメリットを生かせる分野に地方の公的扶助業務を集中させるべきであろう．地方が国の統一的制度では捉え切れない非定型的な本来の「残余」だけを受け持つことになれば，その裁量によって効果的な保護が可能となるであろう．貧困は複合的な要因から生じ，保護を必要とする世帯は平均的な世帯よりも家族資本が脆弱になる傾向がある（青木 2003）．そのような世帯に対する支援は生活保護制度の枠外にあるため，地方が自己の地域福祉計画の中で生活保護制度と他の公的支援制度を効果的に連携させる必要がある．このような施策は地域社会の状況を十分考慮したものにならざるを得ないため，全国一律の制度にはなじまない．ここに生活保護事務における地方裁量の利点と意義があると考えられる．

参考文献

青木紀（2003）（編）『現代日本の「見えない」貧困』明石書店．
新たなセーフティネット検討会（2006）『新たなセーフティネット検討会の提案——「保護する制度」から「再チャレンジする人に手を差し伸べる制度」へ』全国知事会・全国市長会．
市川喜崇（1997）「日本における現在的集権体制の形成——内務省・府県体制の終焉と機能的集権化の進展」早稲田大学大学院政治学研究科博士論文．
小川光（2006）「地方政府間の政策競争」『フィナンシャル・レビュー』No. 82, pp. 10-36.
小川浩（2000）「貧困世帯の現状」『経済研究』Vol. 50, No. 3, pp. 220-231.
奥野誠亮（1944）「市町村財政の実態と国費地方費負担区分（2）」『自治研究』Vol. 20, No. 10, pp. 15-20.
木村陽子（2006）「生活保護の協議会にかかわって」『地方財政』Vol. 45, No. 3, pp. 4-10.
駒村康平（2003）「低所得世帯の推計と生活保護制度」『三田商学研究』Vol. 46, No. 3, pp. 107-126.
財政制度等審議会（2005）「財政制度等審議会　財政制度分科会　歳出合理化部会および財政構造改革部会合同部会　議事録（平成17年5月20日）」(http://www.mof.go.jp/singikai/zaiseseido/gijiroku/zaiseic/zaiseic170520.htm).
財務省財務総合政策研究所（2006）『主要諸外国における国と地方の財政役割の状況』(http://www.mof.go.jp/jouhou/soken/kenkyu/zk079.htm#zenbun).
重田信一（1977）『社会事業史』福祉事務所制度研究会．
社会福祉研究所（1978）『占領期における社会福祉資料に関する研究報告書』社会福祉研究所．
全国知事会・全国市長会（2005）「生活保護制度等の基本と検討すべき課題」．

橘木俊昭・浦川邦夫 (2006)『日本の貧困研究』東京大学出版会.
林正義 (2006a)「再分配政策と地方財政」『フィナンシャル・レビュー』No. 82, pp. 138-160.
林正義 (2006b)「国と地方の役割分担――再分配的歳出を中心にした国際比較」『主要諸外国における国と地方の財政役割の状況』財務省財務総合政策研究所 (http://www.mof.go.jp/jouhou/soken/kenkyu/zk079/zk079_01.pdf).
林正義 (2008)「地方分権の経済理論――論点と解釈」財務省財務総合政策研究所編『分権化時代の地方財政』中央経済社, pp. 43-69.
松本睦 (2006)「政府間税競争の理論」『フィナンシャル・レビュー』No. 82, pp. 37-78.
読売新聞 (2005)「『生活保護』の税源移譲を進めたい」7月15日朝刊.
和田有美子・木村光彦 (1998)「戦後日本の貧困――低消費世帯の計測」『季刊・社会保障研究』第34巻第1号, pp. 90-102.
Banting, K. and Boadway, R. (2004) "Defining the Sharing Community: The Federal Role in Health Care", in Lazar, H. and St-Hilaire, F. (Eds.), *Money, Politics and Health Care*, Montreal: Institute for Research on Public Policy, pp. 1-77.
Blank, R. M. (1988) "The Effect of Welfare and Wage Levels on the Location Decisions of Female-Headed Households", *Journal of Urban Economics*, Vol. 24, pp. 186-211.
Boadway, R. and Bruce, N. (1984) *Welfare Economics*, Oxford: Basil Blackwell.
Borjas, G. J. (1999) "Immigration and Welfare Magnets", *Quarterly Journal of Economics*, Vol. 17, No. 4, pp. 607-637.
Brueckner, J. K. (2000) "Welfare Reform and the Race to the Bottom: Theory and Evidence", *Southern Economic Journal*, Vol. 66, No. 3, pp. 505-525.
Crémer, H. and Pestieau, P. (2004) "Factor Mobility and Redistribution: A Survey", in Henderson, V. and Thisse, J. (Eds.), *Handbook of Regional and Urban Economics*, Vol. 4, Amsterdam: Elsevier, pp. 2529-2560.
Enchautegui, M. E. (1997) "Welfare Payments and Other Determinants of Female Migration", *Journal of Labor Economics*, Vol. 15, pp. 529-554.
Figilio, D. N., Kolpin, V. W. and Reid, W. E. (1999) "Do States Play Welfare Games?", *Journal of Urban Economics*, Vol. 46, No. 3, pp. 437-454.
Gramlich, E. M. (1993) "A Policymaker's Guide to Fiscal Decentralization", *National Tax Journal*, Vol. 46, No. 2, pp. 229-235.
Gramlich, E. M. and Laren, D. S. (1984) "Migration and Income Redistribution Responsibilities", *Journal of Human Resources*, Vol. 19, No. 4, pp. 489-511.
Kumbhakar, S. C. and Lovell, C. A. (2000) *Stochastic Frontier Analysis*, Cambridge: Cambridge University Press.

Ladd, H. F. and Doolittle, F. C. (1982) "Which Level of Government Should Assist the Poor?", *National Tax Journal*, Vol. 35, No. 3, pp. 323–336.

Lee, K. (2002) "Factor Mobility and Income Redistribution in a Federation", *Journal of Urban Economics*, Vol. 51, No. 1, pp. 77–100.

Levine, P. B. and Zimmerman, D. J. (1999) "An Empirical Analysis of the Welfare Magnet Debate Using the NLSY", *Journal of Population Economics*, Vol. 12, pp. 391–409.

Musgrave, R. A. (1959) *The Theory of Public Finance*, New York: McGraw Hill.

Oates, W. E. (1972) *Fiscal Federalism*, New York: Harcourt Brace Jovanovich.

Pauly, M. V. (1973) "Income redistribution as a Local Public Good", *Journal of Public Economics*, Vol. 2, pp. 35–58.

Saavedra, L. A. (2000) "A Model of Welfare Competition with Evidence from AFDC", *Journal of Urban Economics*, Vol. 47, No. 2, pp. 248–279.

Schroder, M. (1995) "Games the States Don't Play: Welfare Benefits and the Theory of Fiscal Federalism", *Review of Economics and Statistics*, Vol. 77, No. 1, pp. 183–191.

Smith, M. W. (1997) "State Welfare Benefits: The Political Economy of Spatial Spillovers", Unpublished paper available at http://www.arkansas.gov/dhhs/chilnfam/nawrs/mwsmith.html.

Southwick, Jr., L. (1981) "Public Welfare Programs and Recipient Migration", *Growth and Change*, Vol. 13, pp. 22–32.

索　引

欧語
AFDC（Aid to Families with Dependent Children）　181
Booth, C.　23, 24
extensive margin　64
hyperbolic discounting　91
intensive margin　64
New Deal for Young People　174
ordeal（試練）　72
RMA（Revenue Minimum d'Activite）　255
RMI（Revenue Minimum d'Insertion）　255
Rowntree, B. S.　23, 24
SCAPIN 775（Supreme Command for Allied Powers Instruction Note 775）　5
Self-Sufficiency Project（SSP）　64
sharing community（SC）　257
tagging（札貼り）　69
TANF（Temporary Assistance for Needy Families）　181, 254
Townsend, P　24

ア行
アクセスコントロール　164
朝日訴訟　26
アフターケア　192
アフターフォロー　192, 203
一時扶助　7
一般財源　243
一般的人的資本　176
一般補助金　244
医療券・調剤券制度　164
医療扶助　7, 147, 154, 234, 235
医療保護施設　8
医療保護法　4
裏負担　243
エンゲル方式　10, 27
オンタリオ就労制度（Ontario Works）　255

カ行
介護扶助　7, 169
外部性　168, 219, 220
格差　21
格差縮小方式　10, 27
学生納付特例制度　123
葛西嘉資　246
家族資本　266
カテゴリー別の公的扶助政策　69
カプラン・マイヤー法　199
簡易宿泊所　192
寒冷地補正　245
企業特殊的人的資本　176
基準及び程度の原則　6
基準財政収入額　244
基準財政需要額　244
基礎年金改革　86
救護施設　8
救護法　4
（旧）生活保護法　5
救貧　3
強制貯蓄　94
緊急一時避難所（シェルター）　190, 212, 214
緊急一時保護センター　190
近視眼的（myopic）な家計　91
勤労控除　57, 183
勤労所得税額控除（Earning Income Tax Credit, EITC）　60
軍事扶助法　4
ケア付き就労　193
経済財政諮問会議　1
ケースワーカー　243
ケースワーク　243
欠格条項　5
現業員　242
現金給付　70, 263
健康で文化的な最低限度の生活　55
現在地保護　221
現物給付　70, 263
更生施設　8, 190
厚生損失　177
公的年金　82, 104, 119
公的扶助　3, 21, 22
効率性　256
国民生活基礎調査　180
国民年金　115, 122
国民年金の保険料免除制度　122
国庫負担　243
固定化　41
コホート（世代）効果　129

雇用創出　176
雇用のクラウディング・アウト　177
雇用補助　178

サ行

最低所得保障　56, 73, 84
最低生活　3, 23, 26
最低生活の原理　6
最適所得税理論　66
サバイバル分析　131, 198
サポーティブハウス　192, 214-216
三位一体改革　1, 239
シェルター　190, 211, 212
ジェンダー　132
自己選択 (self-selection)　71
自己負担　164
事実上の無保険者　149
支出競争論　260
市場の失敗　176, 219
自治事務　242
指導監督員　242
児童扶養手当　174, 179
児童扶養手当法　174
社会権　258
社会厚生関数　256
社会実験　59
社会正義　256
社会手当　3
社会福祉基礎構造改革関連法案　1
社会福祉主事　242
社会保険　3
借地借家法　222, 225
若年者納付猶予制度　123
就職支援セミナー　194
従前生活保障　3
住宅弱者　222, 235
住宅扶助　7, 234, 235
就労継続期間　199
就労形態別　133
就労支援　174, 231
就労支援ナビゲーター　186
就労支援プログラム　185
就労自立支援　174
就労税額控除 (Working Tax Credit, WTC)　62
就労世帯税額控除 (Working Family Tax Credit, WFTC)　62

宿所提供施設　8
宿泊所　192, 214, 215, 225, 234
授産施設　8
恤救規則　4
受動的雇用政策 (passive employment policy)　173
情報の非対称性　219, 221, 222, 225, 247
常用雇用転換奨励金　189
職業訓練　176
職業紹介　176
職場体験講習　194
所得調査付求職者給付　255
自立支援　185, 228
自立支援事業　212
自立支援センター　190, 211, 212, 214, 229-231
自立支援プログラム　174, 185
資力調査　3
(新) 生活保護法　5
申請保護の原則　6
申請免除　122
人的資本論　176
水準均衡方式　8, 27
垂直的衡平性　257
垂直的効率性　43-45
水平的衡平性　257
水平的効率性　43-45
スティグマ　160
生活困窮者緊急生活援護要綱　4
生活扶助　7-13, 26, 27
生活保護基準額　6, 183
生活保護制度の在り方に関する専門委員会　53, 185
生活保護費及び児童扶養手当に関する関係者協議会　1, 239
生活保護法　241
生活保護法 73 条対象者　156
生存時間分析　198
税方式　105
世代間の搾取　108
世代間不公平　108
世帯単位の原則　6
世帯分離　6
積極的雇用政策 (active employment policy)　173, 177
積極的労働市場政策　173
絶対的貧困基準　24
セーフティーネット　219

全国市長会　2
全国知事会　2
全国母子世帯等調査　180
戦時災害保護法　4
総合相談推進事業　212
相対所得　25
相対的剥奪（Relative Deprivation）　24
相対的貧困　25
測定単位　244
租税競争論　260

タ行
第1種の過誤　247
対人社会サービス　263
第2種の過誤　247
ただ乗り　166
脱野宿生活者　216
単位費用　244
短期被保険者証　151
地域生活移行支援事業　213
地域福祉計画　266
地方交付税　243
地方財政法　243
中間施設　190, 211, 218, 234
直接雇用　178
貯蓄クレジット（saving credit）　85
貯蓄の罠（savings trap）　84
定額給付方式　84
定型業務　263
底辺への競争　260
定率負担　254
テーパリング（tapering）　184
デモグラント　4
動学的に効率的な経済　108
東京都　213
特定補助　254
特別交付税　244
ドヤ保護　215
トライアル雇用事業　193
トライアル雇用奨励金　189

ナ行
内藤誠夫　246
内部化　168
長生きのリスク　89
ナショナル・ミニマム　4
虹の連合・大阪就労福祉居住問題調査研究会

206
日本国憲法25条　5, 54
年金課税　109
年金クレジット（pension credit）　85
年金制度からの「逃散」　108
年齢効果　127
野宿生活　190, 206, 211, 225, 227, 234
野宿生活者　190, 206, 215, 231

ハ行
ハウジングファースト　235
ハローワーク　185, 210
半就労・半支援　193
半就労・半福祉　217
非価値財　222
必要即応の原則　6
非定型業務　263
被保険者資格証明書　151
日雇労働者等技能講習事業　191
費用効率性　264
標準生計費方式　8
比例ハザードモデル　199
頻回受診者　157
貧困　21, 23, 27, 28, 31, 40, 42, 45, 56, 182
貧困感　27
貧困基準　23
貧困ギャップ率　31-40
貧困政策の効果　42
貧困政策の効率性　42
貧困層への所得移転　45
貧困の期間（スペル）　40
貧困の罠（poverty trap）　56, 182, 226
貧困率　28, 31-40, 120
不安定居住者　206
フェーズアウト　61, 84
フェーズイン　60
福祉事務所　241
福祉六法　241
普通交付税　244
負の所得税　57, 59
プール　262
フラット・タックス　58
ブロック補助金　251
分権化定理　258-260
ベーシック・インカム　58
ヘッドスタート　178
法定自治事務　242

法定事務　242
法定受託事務　242
法定免除　95, 122
防貧　3
保険数理的に公正な公的年金　89
保険料　97, 105, 107
保険料徴収　97
保険料の帰着　105
保険料方式　105
保護施設　8
保護請求権　5
保護率　247
母子及び寡婦福祉法　174, 187
母子加算　7
母子家庭等就業・自立支援センター　187
母子世帯　10, 11, 175, 179–189
母子福祉改革　183
母子保護法　4
保障クレジット (guarantee credit)　85
保証人　222, 225
保障年金　84
補正係数　244
捕捉性の原理　6
捕捉率　43, 247
ボーダーライン層　219
骨太の方針　1, 53, 148
ホームレス　175, 190–195, 205, 206, 212–216, 218, 235
ホームレス就業支援事業　190, 212
ホームレス就業支援推進協議会　194
ホームレス自立支援法　190, 205, 212, 221, 231
ホームレス等試行雇用事業　193
ホームレスの実態に関する全国調査検討会　206, 231

マ行

マーケット・バスケット方式　8, 26
マザーズ・ハローワーク　187
マッチングモデル　176
未加入　117, 125
密度補正　245
未納　117, 125
民間中間施設　192, 214
無差別平等の原理　5
無料低額宿泊所　214
モラルハザード　93, 97, 103, 141, 221, 228, 246

ヤ行

ヤードスティック競争　264
要否意見書制度　164
歪み　177

ラ行

ライフサイクル仮説　88
濫給　245
濫費　245
リスク　262
利他主義　259
利他的 (altruistic)　258
リビングウィル　162
レセプト　161
労働需要　178
老齢加算　7, 101
老齢加算の廃止　101

ワ行

ワーキングプア　38
ワークテスト　179
ワークファースト　186
ワークフェア　73

執筆者紹介

阿部　彩（あべ・あや）国立社会保障・人口問題研究所　社会保障応用分析研究部部長
1995 年タフツ大学フレッチャー法律外交大学院より Ph. D. 取得. 国際連合, 海外経済協力基金を経て現職.
主要著作　小塩隆士・田近栄治・府川哲夫編『日本の所得分配――格差拡大と政策の役割』東京大学出版会, 2006 年（共著）,『子どもの貧困――日本の不公平を考える』岩波書店, 2008 年,『子どもの貧困 II――解決策を考える』岩波書店, 2014 年など.

國枝繁樹（くにえだ・しげき）一橋大学大学院経済学研究科／国際・公共政策大学院准教授
1984 年東京大学経済学部卒業. 1989 年ハーバード大学より Ph. D. 取得. 大蔵省（1984）, 防府税務署長（1990）, 大蔵省銀行局・主税局等（1984-1998）, 大阪大学大学院経済学研究科（1998-2000）を経て 2000 年から現職.
主要著作　「コーポレート・ファイナンスと税制」『ファイナンシャル・レビュー』69 号, 2003 年,「最適所得税制と日本の所得税制」『租税研究』4 月号, 2007 年など.

鈴木　亘（すずき・わたる）学習院大学経済学部経済学科教授
1994 年上智大学経済学部卒業. 2000 年大阪大学大学院経済学研究科博士後期課程単位取得退学. 2001 年経済学博士号取得（大阪大学）. 日本銀行（1994-1998）, 大阪大学社会経済研究所（2000-2001）,（社）日本経済研究センター（2001-2002）, 大阪大学大学院国際公共政策研究科（2002-2004）, 東京学芸大学教育学部（2004-2008）を経て 2008 年から現職.
主要著作　矢野誠編『法と経済学』東京大学出版会, 2007 年（共著）など.

林　正義（はやし・まさよし）東京大学大学院経済学研究科教授
1989 年青山学院大学国際政治経済学部卒業. 1991 年同大学大学院より政治学修士取得. 1998 年クイーンズ大学より Ph. D. 取得. 三和総合研究所（1991-1999）, 明治学院大学経済学部（1999-2004）, 財務省財務総合政策研究所（2004-2006）, 一橋大学大学院経済学研究科／国際・公共政策大学院准教授（2006-2010）等を経て 2014 年から現職.
主要著作　「地方交付税の経済分析：現状と課題」(『経済政策ジャーナル』3(2), 6-24. 2006), "Increasing Marginal Costs and Satiation in the Private Provision of Public Goods : Group Size and Optimality Revisited" (with H. Ohta, *International Tax and Public Finance* 14(6), 673-683. 2007), 畑農鋭矢・林正義・吉田浩著『財政学をつかむ』有斐閣, 2008 年など多数.

生活保護の経済分析

2008 年 3 月 21 日　初　版
2014 年 12 月 25 日　第 6 刷

［検印廃止］

著　者　阿部　彩・國枝繁樹・鈴木　亘・林　正義

発行所　一般財団法人　東京大学出版会
　　　　代表者　渡辺　浩
　　　　153-0041 東京都目黒区駒場 4-5-29
　　　　電話　03-6407-1069　Fax 03-6407-1991
　　　　振替　00160-6-59964

印刷所　株式会社理想社
製本所　牧製本印刷株式会社

©2008 Aya Abe, Shigeki Kunieda, Wataru Suzuki and Masayoshi Hayashi.
ISBN 978-4-13-040238-5　Printed in Japan

[JCOPY]〈㈳出版者著作権管理機構　委託出版物〉
本書の無断複写は著作権法上での例外を除き禁じられています。複写される場合は，そのつど事前に，㈳出版者著作権管理機構（電話 03-3513-6969，FAX 03-3513-6979，e-mail: info@jcopy.or.jp）の許諾を得てください。

橘木俊詔 浦川邦夫	日本の貧困研究	A5・3200円
小塩隆士 田近栄治編 府川哲夫	日本の所得分配	A5・3800円
小塩隆士 田近栄治 府川哲夫	日本の社会保障政策	A5・3800円
井堀利宏 金子能宏編 野口晴子	新たなリスクと社会保障	A5・4200円
副田義也	生活保護制度の社会史［増補版］	A5・5500円
白波瀬佐和子	日本の不平等を考える	46・2800円
白波瀬佐和子	少子高齢社会のみえない格差	A5・3800円
白波瀬佐和子編	変化する社会の不平等	46・2500円
平岡公一編	高齢期と社会的不平等	A5・5200円
アマルティア・セン 後藤玲子	福祉と正義	46・2800円
国立社会保障・ 人口問題研究所編	社会保障制度改革	A5・3800円
国立社会保障・ 人口問題研究所編	社会保障財源の制度分析	A5・4800円
国立社会保障・ 人口問題研究所編	社会保障財源の効果分析	A5・4800円
小西秀樹	公共選択の経済分析	A5・4500円
秋月謙吾	行政・地方自治　社会科学の理論とモデル9	46・2800円
西尾　勝	地方分権改革　行政学叢書5	46・2600円

ここに表示された価格は本体価格です．御購入の
際には消費税が加算されますので御了承下さい．